Daniel Fischer

Über das Verhältnis von Zahl und Wirklichkeit

VS RESEARCH

Daniel Fischer

Über das Verhältnis von Zahl und Wirklichkeit

Der Umgang mit statistischem Wissen im massenmedialen Diskurs

Mit einem Geleitwort von Prof. Dr. Wolfgang Bonß

VS RESEARCH

Bibliografische Information der Deutschen Nationalbibliothek
Die Deutsche Nationalbibliothek verzeichnet diese Publikation in der
Deutschen Nationalbibliografie; detaillierte bibliografische Daten sind im Internet über
<http://dnb.d-nb.de> abrufbar.

1. Auflage 2009

Alle Rechte vorbehalten
© VS Verlag für Sozialwissenschaften | GWV Fachverlage GmbH, Wiesbaden 2009

Lektorat: Dorothee Koch / Britta Göhrisch-Radmacher

VS Verlag für Sozialwissenschaften ist Teil der Fachverlagsgruppe
Springer Science+Business Media.
www.vs-verlag.de

Umschlaggestaltung: KünkelLopka Medienentwicklung, Heidelberg
Gedruckt auf säurefreiem und chlorfrei gebleichtem Papier
Printed in Germany

ISBN 978-3-531-16927-9

Geleitwort

Die vorliegende Arbeit entstand im Kontext des Sonderforschungsbereichs 536 ("Reflexive Modernisierung"). Dieser beschäftigt sich mit Folgeproblemen der Modernisierung der Moderne, die unter anderem das Verhältnis von Wissenschaft und Gesellschaft betreffen. In ihrem eigenen Selbstverständnis sind moderne Gesellschaften wissenschaftsgesteuerte "Arbeitsgesellschaften", die ihre Probleme "rational", nämlich unter Bezug auf wissenschaftliche Deutungsmuster und Berechnungsverfahren zu bewältigen versuchen. Dies gilt auch für das Thema "Arbeitslosigkeit", das seit langem entsprechend inszeniert wird. So hat sich die Verkündigung der monatlichen Arbeitslosenzahlen in Deutschland zu einem festen Ritual entwickelt, auf das kaum mehr verzichtet werden kann. Aber mit seiner Verwissenschaftlichung verändert sich der Diskurs über die Arbeitslosigkeit, und dies betrifft sowohl die Art und Weise, wie die monatlichen Zahlen verkündet werden, als auch die Einschätzung ihrer Bedeutung.

Genau hier setzt die Untersuchung von Daniel Fischer an. Sein Thema ist der Umgang mit statistischem Wissen im massenmedialen Diskurs über Arbeitslosigkeit. Für drei Schlüsseljahre, nämlich 1973, 1982 und 2005, rekonstruiert er die jeweilige Diskurslandschaft, wobei seine Befunde über das Fallbeispiel "Arbeitslosigkeit" weit hinaus gehen. Seine Analysen lassen eine Gleichzeitigkeit von Universalisierung und Relativierung zahlengestützter Diskurse erkennen, die auf das verweisen, was man einen reflexiv-modernen Umgang mit den Kategorien von Zahl und Maß nennen könnte. Dieser läuft keineswegs auf eine schlichte "Herrschaft der Zahlen" hinaus, auch wenn diese mehr Macht bekommen. Denn der Rekurs auf die Sphäre der Berechenbarkeit ist nicht unbedingt mit dem Anspruch auf wachsende Steuerung verbunden, sondern erweist sich eher als eine unverzichtbare Rahmung für einen Diskurs, der letztlich jenseits der Zahlen geführt wird.

München, im März 2009

Wolfgang Bonß

Danksagung

Es ist nicht die Regel, dass Diplomarbeiten veröffentlicht werden und auch eine vielleicht sehr gelungene Arbeit genügt allein nicht zum Ausnahmefall. Vieles an dieser Arbeit, von der Themenwahl bis hin zur Veröffentlichung, verdankt sich dem institutionellen Umfeld, in dem sie entstand. Ich bedanke mich daher ausdrücklich beim SFB 536 „Reflexive Modernisierung", dass man mir die Veröffentlichung finanziell ermöglicht hat. Vor allem bedanke ich mich bei meinen Betreuern vor Ort, Benedikt Köhler und Wolfgang Bonß, ohne deren fachliche Unterstützung eine veröffentlichungswürdige Arbeit wohl gar nicht erst entstanden wäre. Auch bei Cordula Kropp möchte ich mich bedanken für vielerlei Unterstützung bei der Organisation meiner Betreuung.

Ich bedanke mich auch bei meinen mir nahe stehenden Kommilitonen aller Fachrichtungen für allerlei kritische Diskussion zur Arbeit, für eifriges Korrekturlesen und für organisatorische Unterstützung, zumal in hektischen Momenten während der Schlussphase der Bearbeitungszeit. Besonders nennen möchte ich Michael Weyrich, Meike Hopp, Alexander Kirschner und Christiane Saller.

Nun, gut ein Jahr nach der offiziellen Abgabe, blicke ich zurück auf viele weitere Diskussionen - nicht nur über meine Arbeit, sondern generell über die behandelten Theorien und Methoden, sowie über Sinn und Zweck sozialwissenschaftlicher (Nachwuchs-)Forschung - die zum Teil in die Überarbeitung des Manuskripts mit eingeflossen sind. Hier danke ich unter anderem Felix Bader, Dominik Baldin, Regina Becker, Norbert Schöning, Ulrich Tausend und Dominikus Vogl. Für Hilfe beim Layout und Formatieren danke ich, neben dem zum Teil bereits genannten, üblichen Expertenkreis, besonders Ivana Cevra.

Notwendigerweise bleiben viele ungenannt, die, und sei's durch gepflegte Ablenkung, zum Entstehen dieser Arbeit beigetragen haben. Nicht namentlich fehlen lassen möchte ich jedoch meine Eltern, denen ich diese Arbeit widme: Maria Fischer und Meinhard Oberleitner.

München, im März 2009

Daniel Fischer

Inhaltsverzeichnis

Abbildungsverzeichnis

1 Einleitung

Forschungsfrage, These

Die Arbeit beschäftigt sich mit einer soziologischen Analyse des massenmedialen Diskurses über Arbeitslosigkeit. Die These lautet, dass dieser Diskurs einem Wandel unterliegt, der sich als „reflexiv-moderner Wandel" beschreiben lässt. Als reflexiv-moderner Wandel wird ein solcher Prozess bezeichnet, in dessen Verlauf die institutionellen Grundlagen des Wandels selbst sich wandeln (vgl. Beck et al. 2001: 31). Eine der wichtigsten solcher Grundlagen besteht für den Diskurs über Arbeitslosigkeit, so die Ausgangsüberlegung, in einem starken Vertrauen und einer hohen Aufmerksamkeit gegenüber statistischem Wissen über Arbeitslosigkeit. Die Institution der amtlichen Arbeitslosenstatistik gilt insofern als konstitutiv für die gesellschaftliche Verständigung über Arbeitslosigkeit. Ihr kommt dabei eine Doppelfunktion zu: Erstens hinsichtlich der wissenschaftlichen Erfassung, Sichtbarmachung und Berechnung von Arbeitslosigkeit und, zweitens, *dadurch* als Grundlage, auf die sich eine politische, öffentliche Diskussion bei der Wahrnehmung, Deutung und (handlungsleitender) Bewertung von Arbeitslosigkeit stützt.

Bis in die 1960er/1970er Jahre hinein lässt sich generell eine Geschichte der „Verwissenschaftlichung gesellschaftlicher Problemwahrnehmung" (Ronge 1977, nach Bonß/Hartmann 1985: 11) schreiben, und noch in den frühen 1984 wird ein „steigender Bedarf nach sozialwissenschaftlicher Prognosefähigkeit" diagnostiziert (Nonnemacher 1984, ebd.: 12). Dieses stabile Gefüge aus wissenschaftlicher Erfassung sozialer Phänomene, geknüpft an eine dadurch ermöglichte, politische Steuerung von Gesellschaft, durchläuft jedoch im Zuge reflexiv-moderner Wandlungsprozesse eine fundamentale Krise:

> „[Es] wird ein Prozess der Demystifizierung der Wissenschaften in Gang gesetzt, in dessen Verlauf das Gefüge von Wissenschaft, Politik und Öffentlichkeit einem grundlegenden Wandel unterworfen wird. In der Konsequenz kommt es zu einer folgenreichen Entmonopolisierung wissenschaftlicher Erkenntnisansprüche: Wissenschaft wird immer notwendiger, zugleich aber auch immer weniger hinreichend für die gesellschaftlich verbindliche Definition von Wahrheit." (Beck 1986: 256)

Ziel dieser Arbeit wird es sein, derart weitgehende und abstrakt ansetzende Behauptungen empirisch, das heißt an Einzelfällen zu prüfen. Und die Behauptung ist, dass sich der Diskurs über Arbeitslosigkeit ganz hervorragend für eine solche Analyse eignet. Denn in der jüngeren Vergangenheit lassen sich in mehreren Bereichen der Gesellschaft, auf die sich Arbeitslosenstatistik als Institution bezieht, teils einschneidende Veränderungen und Ereignisse beobachten. Zu nennen sind hier vor allem die Hartz-Reformen in den Jahren 2003 bis 2005 (die sich auf die statistische Erfassung *und* auf die politische Organisation des Arbeitsmarkts beziehen), einige Neuerungen im rein statistischen Bereich (zum Beispiel die eingeführten Arbeitsmarkterhebungen nach ILO-Standard) und nicht zuletzt die historisch hohe Arbeitslosigkeit anfangs des 21. Jahrhunderts. Hier verspricht der Themenkomplex Arbeitslosenstatistik – als Arena von „Wissenschaft, Politik und Öffentlichkeit" (Beck) gleichermaßen – also eine ideale Möglichkeit, die Behauptung eines solchen Wandels empirisch zu prüfen. Die Frage lautet also: Lässt sich anhand der Entwicklung des Diskurses über Arbeitslosigkeit die Entstehung eines reflexiv-modernen Umgangs mit statistischem Wissen nachvollziehen?

Aktueller empirischer Bezug

Die Vermutung, dass sich anhand dieses Themenkomplexes ein solcher Wandel untersuchen lässt, ist getragen von der Beobachtung eines höchst inkonsistenten Umgangs mit statistischem Wissen im Bereich Arbeitslosigkeit im massenmedialen Diskurs: Einerseits lässt sich ein starker Zahlenskeptizismus beobachten, der scheinbar ganz im Zeichen der „klassischen" Statistikkritik steht, die, wie sich in vielerlei Bonmots zeigt, bereits den Stellenwert eines gesellschaftlichen Grundwissens besitzt (zum Beispiel: „Traue keiner Statistik, die du nicht selbst gefälscht hast", „Lügen, verdammte Lügen, Statistik").[1] So titelt der Spiegel im Rahmen der Statistik-Reformen im Zuge von Hartz IV mit „Clements Frisiersalon" (Anonymus 2004), das Manager-Magazin spricht angesichts über 5 Millionen Arbeitsloser im März 2005 vom „Zählen gegen den Untergang" (Anonymus 2005) und im Bundestag werden „Anfragen zur Wahrheit und Klarheit in der Arbeitsmarktstatistik" gestellt (Bundestag 2004: 15/2709), weil allerorten „Schönfärberei" (Anonymus 2004b) vermutet wird; andererseits ist die Produktion von Daten, Zahlen und Statistiken sowie deren Verbreitung, Verwendung und Diskussion, im Bereich der amtlichen Statistik generell und der Arbeitslosenstatistik im Speziellen, weiterhin ungebrochen bzw. nimmt sogar zu. So be-

---

[1] Auch einige Bestseller in der Populärliteratur greifen diese Thematik auf. In den USA bereits 1954 erschienen: Darrell Huff: *How to Lie with Statistics*, W.W. Norton & Company Inc, New York 1954. In Deutschland: Walter Krämer: So lügt man mit Statistik, Campus-Verlag, Frankfurt 1991.

ginnt eben jene Anfrage bezüglich „Klarheit und Wahrheit in der Arbeitsmarkt-statistik" gerade mit der Feststellung:

„Empirisches Wissen über den Arbeitsmarkt ist eine Voraussetzung dafür, die richtigen Maßnahmen zur Lösung der drängenden Probleme am Arbeitsmarkt ergreifen zu können. Gerade deshalb muss in Zukunft auch die Arbeitsmarktstatistik eine bessere Informationsquelle über tatsächliche Verfügbarkeiten und Bewegungen am Arbeitsmarkt darstellen." (Bundestag 2004).

Diese hier exemplarisch dargestellte doppelte Wahrnehmung von statistischem Wissen – als *sowohl* unsicheres Wissen, *als auch* unverzichtbares Wissen – erscheint auf den ersten Blick paradox, wird aber aus Sicht der Theorie reflexiver Modernisierung gerade als symptomatisch für „zweitmoderne" Konstellationen gesehen. Die Frage ist: Wie kommt es dazu und welche Aus- bzw. Rückwirkungen hat dies auf die Wahrnehmung des quantifizierten Gegenstands? Lässt sich eine Korrelationsgeschichte von statistischem Begriff und sozialer Bedeutung von Arbeitslosigkeit schreiben und lässt diese Geschichte sich lesen als reflexive Modernisierung des Umgangs mit statistischem Wissen im öffentlichen Raum?

Aktueller soziologischer und interdisziplinärer Bezug

Der wissenschaftssoziologische Kontext dieser Arbeit ist bereits an mehreren Stellen angeklungen. Die veränderte Rolle der Wissenschaften bei der Herstellung gültigen Wissens ist unter dem Label *science studies* ein aktuell prominentes Feld soziologischer Forschung (vgl. Bauchspies et al. 2005). Auch hier wird die Rolle von Zahlen und Statistiken stark betont (Porter 1995), genauso wie die gestiegene Relevanz der öffentlichen Wahrnehmung des Zusammenspiels von Wissenschaft und Politik immer stärker thematisiert wird.[2] Die *science studies* sind also sicherlich eine wichtige, wenngleich auch nicht die einzige Disziplin, die sich mit Verschiebungen der Grenzen von Wissen/Nicht-Wissen, respektive der gesellschaftlichen Herstellung dieser Grenzen beschäftigen.

Denn die Verständigung in Maß und Zahl, als Prototyp der Herstellung von Eindeutigkeit in Entscheidungssituationen, dominiert und radikalisiert sich zudem zunehmend auch in weiteren Bereichen der Gesellschaft. Kalthoff sieht in modernen Gesellschaften nur noch „wenige Bereiche, die nicht auf die eine oder andere Weise kalkulativ durchdrungen sind." (Kalthoff 2007: 1). Jeder dieser Bereiche entwickelt in der Folge spezifische Umgangsformen mit dieser durch Zahlen erzeugten Realität. Dies gilt insbesondere für die Wirtschaft – zum Bei-

---

[2] Vergleiche dazu die vom Bundesministerium für Bildung und Forschung (BMBF) abgehaltene Tagung *Science and its publics* - Verantwortungsbewusste Wissenschaft in Europa, München 2006.

spiel in Form neuer, komplexer Buchhaltungs-Strategien vieler größerer und mittlerer Unternehmen (*benchmarking*, Kennziffern-Logik; dazu: Kalthoff 2006) – aber auch für die spätestens seit dem „Bologna-Prozess" heftig debattierte Quantifizierung akademischer Qualität (Weingart/Hinterberger 1984, Bolleboeck 2007).

Unter dem Begriff *accountancy* kann die Verständigung in Maß und Zahl also nicht mehr nur als „*language of business*" sondern als „Schrift der Gesellschaft schlechthin" bezeichnet werden[3], allerdings ohne dass diese Schrift sich auf einen breit durchgesetzten Konsens stützen könnte, was Art und Grad der Korrespondenz zwischen Zahlenwelt und Empirie anbelangt. Insofern reagiert die aktuelle soziologische Forschung auch jenseits ihrer wissenschafts- und wissenssoziologischen Spezialisierung auf diese Ausweitung kalkulativer Praktiken und diskutiert deren gesellschaftliche Implikationen (vgl. für eine Anthropologie der Kalkulation: Kalthoff 2007, für eine historische Darstellung: Desrosiéres 2005, aus gesellschaftstheoretischer Perspektive: Vollmer/Mennicken 2007).

Doch auch abseits der Soziologie wird die gestiegene und doch ambivalente Bedeutung von Zahlen erkannt und reflektiert. Gert Wagner vom Deutschen Institut für Wirtschaftsforschung (DIW) spricht von der „Macht der Zahlen" (ebd.: 2005), der Ökonom Michael Powers von der „Audit society" (Powers 1994). In allen hier vorgestellten Umgangsformen und Untersuchungen dieser Umgangsformen existiert ein ähnlicher Problembezug: Dieser nämlich, dass die Zahlen, gleich in welchem Bereich, immer wichtiger, „mächtiger" werden, gleichzeitig aber auch immer unsicherer und dadurch stärker hinterfragbar. „*Goodharts Law*" (Evans 1985), ein aus der Betriebswirtschaftlehre stammendes Theorem, demzufolge Kennziffernsysteme als *self-fulfilling prophecies* auf die abzubildenden empirischen, sozialen Phänomene wirken, bildet ein prominentes Beispiel dafür, wie tief die Anerkennung dieser Ambivalenz bereits im wissenschaftlichen Diskurs verankert ist.

Auch in anderen Kontexten als dem der Arbeitslosenstatistik, auch in anderen Disziplinen als nur der Soziologie lässt sich also ein gestiegenes Interesse an Funktionsweise und sozialen Implikationen von Zahlenlogiken beobachten. An dieses Interesse schließt die vorliegende Arbeit an und versucht, am Beispiel der Arbeitslosenstatistik, nicht nur die Folgen des Quantifizierens für die quantifizierten Gesellschaftsbereiche zu beobachten, sondern gerade auch die Rückwirkung auf die Praxis des Quantifizierens zu beschreiben. Worin bestehen die Folgen reflexiver Modernisierungsprozesse für die gesellschaftliche Einbettung und Wahrnehmung der amtlichen Arbeitslosenstatistik, als historisch gewachsener und gesellschaftlich hochgradig relevanter Zahlenlieferant *par excellence*?

---

[3] So eine These auf einer jüngst in Frankfurt abgehaltenen Tagung zur „gesellschaftlichen Herrschaft der Zahlen" (IfS 2006).

Vorgehen

Diese hier nur angedeutete Ambivalenz im Umgang mit statistischem Wissen ist in dreifacher Hinsicht Gegenstand dieser Arbeit. Sie soll, erstens, empirisch *beschrieben* werden: Welche Akteure gibt es im Diskurs über die Zahlen zur Arbeitslosigkeit, und welche Akteure bedienen sich welcher Umgangsformen? Welche Zwecke sind damit verbunden? Wie sind diese unterschiedlichen Umgangsformen aufeinander bezogen – oder: Sind sie überhaupt aufeinander bezogen oder handelt es sich um parallel existierende, nicht aufeinander abbildbare Diskurse? Sie soll, zweitens, *verstanden* werden hinsichtlich ihrer sozialen Voraussetzungen, das heißt: Wie und warum wird es möglich, in einer bestimmten Form über diese Thema zu sprechen? Die ersten beiden Fragestellungen verknüpfend soll schließlich, drittens, eine *Historisierung* des Diskurses angestrebt werden. Dazu werden, an Jahressätzen ausgewählter Tageszeitungen, Fallstudien zu drei Jahrgängen aus den letzten vier Jahrzehnten durchgeführt und diskursanalytisch ausgewertet.

Zu fragen ist dann: Haben sich, verglichen mit dem Diskurs im Rahmen des stabilen „Gefüges" aus den 1960er/1970er Jahren, in jüngerer Vergangenheit neue Grundmuster im Umgang mit statistischen Wissen herausgebildet? Werden die alten Grundmuster dadurch abgelöst oder kommt es zu einer Koexistenz mehrerer Sichtweisen? Welche statistischen Inhalte dominieren zu einer jeweiligen Zeit, welche verschwinden, welche tauchen neu auf? Welche Auswirkungen hat dies auf die Wahrnehmung von Arbeitslosigkeit? Und schließlich: Lässt sich mit Blick auf die Entwicklung des Diskurses tatsächlich von einem reflexivmodernen Wandel sprechen, insofern dass sich der Stellenwert des statistischen Wissens nicht nur graduell ändert, sondern dass man tatsächlich eine neue Qualität im Umgang mit statistischem Wissen beobachten kann?

Forschungsstand

Die Frage nach dem Forschungsstand auf diesem Gebiet ist in zwei Schritten zu beantworten: In methodischer Hinsicht kann die Arbeit an einige Diskursanalysen anschließen, wie sie insbesondere in Deutschland seit Anfang der 1990er Jahre Arbeiten entstanden sind. Hier ist auf die Arbeiten von Poferl (1997), Keller (1998) oder von Ferree und Gamson (2002) hinzuweisen, die ähnliche Diskursanalysen geleistet haben und an deren Vorgehensweise sich diese Arbeit weitestgehend orientiert.

Was die thematische Ebene betrifft, kann sich diese Arbeit jedoch auf nur wenige Vorarbeiten berufen. Denn obwohl Arbeitslosigkeit selbst, als Gegenstand beispielsweise der Volkswirtschaftslehre, der Psychologie und Soziologie

oder in den amtlichen Forschungseinrichtungen, als sehr gut untersuchtes Feld
gelten kann, ist die Erforschung der öffentlichen Wahrnehmung von Arbeitslosigkeit ein lange Zeit vernachlässigtes Gebiet. Uske hat darauf hingewiesen
(1995: 18), und in der Konsequenz eine zur vorliegenden Untersuchung scheinbar recht ähnlich gelagerte Arbeit geschrieben (Uske 1995). In dieser wird jedoch weder die Rolle der Statistik genügend berücksichtigt, noch wird der zeitliche und theoretische Rahmen breit genug angelegt. Uskes These lautet lediglich,
dass „die öffentliche Behandlung des Themas Massenarbeitslosigkeit vor dem
Hintergrund bestimmter sozialstruktureller Prozesse einen neuen Interpretations-
rahmen geschaffen hat." (ebd.: 11). Das Prüfverfahren weist aus soziologischer
Perspektive zudem einige Fragwürdigkeiten auf. Erstens wird mit Untersuchung
der öffentlichen Auseinandersetzung mit Arbeitslosigkeit „auf hoher See" begonnen (Uske analysiert den Zeitraum von den frühen 1970er bis in die frühen
1990er Jahre), ohne auf die historischen Voraussetzungen von Entstehung und
Entwicklungen dieses Themengebiets einzugehen. Zweitens weist die methodische Anlage erhebliche Mängel auf (Uske selbst weist allerdings darauf hin und
betont den eher explorativen Charakter seiner Arbeit; ebd.: 17). Drittens bewegt
die Untersuchung sich generell in relativ theoriefreier Zone: Die beschriebenen
Veränderungen im Diskurs werden *eo ipso* erklärt und eher parallel beschrieben
als aufeinander bezogen. Theoretische Arbeit erfolgt erst im Nachhinein mit
Bezug auf Links „Normalisierungsthese" (Link 1997), nicht jedoch im Zuge der
Thesengenerierung und Konzeptualisierung der Untersuchung. Hier versucht die
vorliegende Arbeit, sich deutlich mehr an standardisierten Forschungsdesigns zu
orientieren.

2 Aufbau der Arbeit

Über die schrittweise Umsetzung dieses Forschungsdesigns soll in diesem Kapitel ein kurzer Überblick gegeben werden. In der Einleitung wurden bereits einige Überlegungen zur Hypothesenbildung, Vorgehen und Zielformulierung getätigt. Kapitel 3 systematisiert diese Überlegungen und stellt den Zugriff auf das zur Verfügung stehende theoretische Material dar: Vorgestellt werden der gesellschaftstheoretische Rahmen (was Thesenbildung, Operationalisierung und Interpretation betrifft), die methodologischen Grundlagen (was den Diskursbegriff angeht) sowie forschungspraktische Aspekte (zum Verhältnis von Öffentlichkeit und Medien). Kapitel 4 beschäftigt sich mit der Herausarbeitung eines Analyserasters, mittels dessen die zu analysierenden Texte befragt werden sollen. Denn nur im Rekurs auf die Geschichte der Arbeitslosigkeit, sowie ihrer Erfassung und Politisierung kann der Wandel des Diskurses hinsichtlich seiner Tragweite bewertet werden. In Kapitel 5 folgt die methodische Anlage der Arbeit. Überlegungen zum konkreten Vorgehen bei der empirischen Überprüfung (Stichprobenziehung, Datenerhebung etc.) der hergeleiteten Thesen sowie Schwierigkeiten bei der Analyse werden reflektiert und bewertet. Die Kapitel 6, 7 und 8 bilden den empirischen Hauptteil der Arbeit. Zunächst werden die Ergebnisse der einzelnen Erhebungszeitpunkte vorgestellt und im Schlussteil (Kapitel 9) miteinander verglichen und vor dem Hintergrund der Theorie reflexiver Modernisierung und alternativer theoretischer Interpretationen diskutiert.

3 Theorie

In diesem Abschnitt wird das theoretische Material vorgestellt, das dieser Arbeit zugrunde liegt. Die Theorien werden allerdings nicht ganzheitlich präsentiert, sondern es soll bei dieser Vorstellung darum gehen, die benutzten Theorien jeweils auf ihre forschungspraktischen Implikationen hin zu befragen und daraus Entscheidungen für die Durchführung des empirischen Teils der Arbeit abzuleiten. Drei solcher Entscheidungsfelder lassen sich hier voneinander abgrenzen: Theoretisches Material wird benötigt für das Forschungsdesign, also die Thesengewinnung, die Bildung von Indikatoren und Entscheidungsregeln für die Annahme bzw. Ablehnung der Hypothese (3.1). Theoretische Überlegungen werden auch benötigt zur innerwissenschaftlichen Verordnung bzw. was die methodologischen Grundlagen anbelangt (3.2). Schließlich gilt es, das Verhältnis von Medien und Öffentlichkeit theoretisch und forschungspraktisch zu bestimmen (3.3).

3.1 Gesellschaftstheoretischer Rahmen

Gerahmt wird die Untersuchung von der Theorie Reflexiver Modernisierung (Beck 1993, Beck et al. 1997, Beck et al. 2001, Beck et al. 2004). Aus ihr heraus werden Fragestellung, These, analytisches Vorgehen und Interpretationsvorschläge formuliert.

3.1.1 Die Theorie Reflexiver Modernisierung

Zu bemerken ist, dass die Theorie Reflexiver Modernisierung (im Folgenden: TRM) bereits *de dicte* eine Modernisierungstheorie ist, die ihr Hautaugenmerk auf die Verstehens- und Erklärungsleistung von Phänomenen gesellschaftlichen Wandels legt. In diesem Anspruch auf Erklärung und Deutung von Phänomenen gesellschaftlichen Wandels grenzt sich die TRM von drei anderen Modernisierungstheorie-Schulen ab: Sie negiert die Interpretation von Wandlungsphänomenen als Ergebnisse ausschließlicher linearer Modernisierungsprozesse (der funktionalen Ausdifferenzierung, der Rationalitätssteigerung) und diagnostiziert stattdessen ein „Zeitalter der Nebenfolgen" (Beck 1997: 19). Zweitens grenzt sie sich ab von einer Interpretation des Wandels als einer Abkehr von der Moderne:

Diese Abgrenzung gilt sowohl in Richtung einer postmodernen Denkart, und dem häufig damit assoziierten Argument der „Beliebigkeit" der Interpretation (ebd.: 24)[4], als auch in Richtung einer „anti-modernen" Denkart in Form der Interpretation von Wandlungsphänomene als „Ende und Auflösung der Moderne" (ebd.: 10).

So klar die Abgrenzung der TRM gegenüber anderen Theoriekonzeptionen erfolgt, so inkonsistent ist jedoch die Formulierung der eigenen Position. Die TRM war und ist: „Eine Kontroverse" (1997). Leitend für alle Konzeptionen von Theorien um den Begriff „Reflexive Modernisierung" jedoch ist, im internationalen Rahmen (Beck/Giddens/Lash 1997) wie im zeitlichen Verlauf (Beck et al. 2001, Beck et al. 2004), die Unterscheidung zwischen Erster Moderne und Zweiter Moderne. Einigkeit herrscht ebenfalls weitgehend in der Beschreibung dessen, was die Strukturen und Prozesse der ersten Moderne charakterisiert (siehe nächster Abschnitt). Begrifflich sehr inkonsistent erfolgt dagegen die Etikettierung des Übergangs von Erster zu Zweiter Moderne. In der Frühphase wird eine „Erosion des Grundgefüges der Moderne" behauptet (Beck et al 1997: 22), infolge dessen es zum „Strukturbruch" (Beck et al. 2001: 19) oder gar „Epochenbruch" (ebd.: 25) kommt. Diese Begrifflichkeiten suggerieren allesamt *im Endeffekt* recht fundamentale Unterschiede zwischen Erster und Zweiter Moderne. Andererseits wird der tatsächlich beobachtbare Prozess der Reflexiven Modernisierung eher moderater beschrieben. Hier ist anfangs von „Grundlagenwandel" (1996: 7), später von „Diskontinuität" und „Meta-Wandel" die Rede (Beck et al. 2001: 25, 31ff.). Schließlich werden die Metaphern des „Bruchs" und der „Erosion" relativiert und man spricht von „institutionellen Grundlagenkrisen" (Beck et al. 2004: 19) oder einem „rapiden Strukturwandel" (ebd.: 20). An die Stelle der Figur der „Erosion" erstmoderner Strukturlogiken und eine „Entweder-oder"-Logik erst- und zweitmoderner Konstellationen tritt die Metapher des „Sowohl-als-auch" (ebd.: 32).

Die Behauptung eines derart tiefgreifenden Wandels impliziert einen Gesellschaftsbegriff, der einen solchen Wandel zumindest theoretisch zulässt.[5] Die TRM betreibt in diesem Kontext eine ihr eigene Rekonstruktion der „Ersten

---

[4] Wobei diese Abgrenzung im Jahr 2005 bereits weit weniger scharf formuliert wird als noch im Jahr 1997 (vgl. Beck et al. 1997: 23f. versus Beck et al 2005: 37f.). Ohnehin muss der häufig an postmoderne Denkansätze gerichtete Vorwurf der „Beliebigkeit" (zum Beispiel Habermas 1988: 391ff.), der zumeist auf Paul Feyerabends Diktum „Anything goes!" verweist, als überholt gelten. Eine Reihe von Missverständnissen wurden hier im Laufe der Zeit geklärt (Preston 2000, Sukopp 2007).

[5] Im Gegensatz etwa zum Gesellschaftsbegriff Niklas Luhmanns, der Modernitätsmerkmale definiert, welche gerade darin modern sind, dass *ihre eigene* Veränderung bereits mitgedacht wird (Luhmann 1990: 89). Unter diesen Vorzeichen wäre eine derart weitgehende These des gesellschaftlichen Wandels, wie die TRM sie vornimmt, schwer zu behaupten. Auch Beck et al. haben an anderer Stelle darauf hingewiesen (ebd. 2004: 47/48).

Moderne", für die sie häufig kritisiert worden ist (Münch 2002, Beck et al. 2004: 22, 45ff.). Diese Rekonstruktion operiert über die Unterscheidung von Basisprinzip, Basisinstitution und Basisunterscheidung.

Als *Basisprinzipien* gelten Rationalität, Individualität, Globalität, Egalität, denen größtenteils gleichlautende Modernisierungsprozesse entsprechen (Rationalisierung, Individualisierung, Globalisierung, Demokratisierung).[6] Diese bilden die Koordinaten und Leitideen der gesellschaftlichen Modernisierung in der Ersten Moderne. Die dialektische Verknüpfung von Basisprinzip und Modernisierungsprozess gehört dabei zum soziologischen Konsens, ebenso wie die Tatsache, dass externe Nebenfolge der Modernisierungsprozesse zu Folgeproblemen in anderen Modernisierungsprozessen führen (so führt Globalisierung nicht zwingend zu mehr gesellschaftlicher Egalität).[7] Doch behauptet die TRM einen Relevanzgewinn dieser Nebenfolgen insofern, dass diese bereits *vorab* in institutionelle Entscheidungsprozesse miteinfließen (ebd.: 47).

Das spezifisch Neue an der TRM (vor allem in den jüngeren Veröffentlichungen) ist gerade diese Fokussierung auf die institutionelle Ebene bzw. die Ebene institutioneller Entscheidungen. Hier entstehen die beschriebenen Krisensituationen, weelche die Basisinstitutionen in Frage stellen. Als *Basisinstitution* gelten „die institutionellen Lösungen, die den jeweiligen Basisprinzipien in bestimmten Phasen der Moderne zugeordnet wurden" (ebd.: 21), also etwa die Institution des Nationalstaats zur Herstellung von Egalität der Bürger, die Institution moderner, universitär organisierter Wissenschaft zur Entwicklung rationalen Wissens etc. Die Rede von einer „institutionellen Grundlagenkrise" bzw. von „entkernten Institutionen" (Beck et al. 1997: 19) leitet sich dann aus folgender Behauptung ab: Während die „prinzipiellen" oder „prozessualen" Widersprüchlichkeiten der Moderne in der klassischen Modernisierungssoziologie noch als zukünftige, und auch dann nur als punktuelle „Zuspitzungen, Krisen und Mehrdeutigkeiten" betrachtet werden, sind sie in zweitmodernen Kontexten eine „permanente Funktion" und werden dadurch zur „dauerhaften Krise" (Beck et al. 2004: 47). Die Frage lautet dann: Wie verändern sich die „institutionellen Lösungen", wenn einerseits die externen Nebenfolgen dieser Lösungen nicht mehr ausgeblendet werden können, und andererseits das Bewusstsein darüber wächst, dass nicht einmal die intendierten „Lösungen" widerspruchsfrei hergestellt werden können? Daraus ergibt sich das Charakteristikum zweitmoderner institutioneller Konstellation: Nicht mehr *externe* Folgeprobleme von Modernisierung

---

[6] Die genaue Ausformulierung ist jedoch, wie oben angedeutet, im Detail umstritten. Hier wird auf einen Vorschlag von Bonß (2007) zurückgegriffen.

[7] Für die Paradoxien gesellschaftlicher Modernisierung klassisch: Habermas 1981, Band II, Kapitel 8; zitiert nach Habermas 1988: 412.

erschweren institutionelle Stabilität, sondern *interne* Nebenfolgen sind es, die diese gefährden (Beck et al. 1997: 27).

Die Widersprüchlichkeit der Modernisierung zeigt sich im Bezugsproblem der Institutionen. Dieses besteht in der Stabilisierung und Reproduktion von Dualismen und Grenzziehungen (Beck et al. 2004: 47), die als *Basisunterscheidungen* bezeichnet werden: Zum Beispiel die Unterscheidungen zwischen Natur und Gesellschaft, Arbeit und Nicht-Arbeit, Wissen und Nicht-Wissen, Markt und Hierarchie (ebd.:38). Aus diesen Unterscheidungen heraus werden gesellschaftliche Strukturen und gesellschaftliche Zusammenhänge institutionell hergestellt und stabilisiert. Die Haltbarkeit, bzw. der Glaube an die Herstellbarkeit dieser Unterscheidungen gilt als zentrales Merkmal erstmoderner Gesellschaft. Diese Entscheidungen sind jedoch nicht als rein kognitive Akte zu verstehen, sondern implizieren weitreichende Konsequenzen: Beispielsweise was die Bewertung von Risiken anbelangt (infolge der Unterscheidung zwischen Natur und Gesellschaft bzw. anthropogener/nicht-anthropogener Zurechnung zum Beispiel des Klimawandels) oder was ethische Fragen anbelangt infolge der Unterscheidung zwischen Leben und Tod (Beck et al. 2004: 34). Diese Unterscheidungen bleiben nicht immer derart abstrakt und fundamental, sondern beziehen sich durchaus auf empirische Einzelfälle: etwa die amtlich-statistische Unterscheidung zwischen In- und Ausländer oder zwischen Arbeitslosem und Nicht-Arbeitslosem, aus der sich individuell ganz konkrete Rechte und Pflichten ableiten.

3.1.2 Fragestellung, Arbeitshypothese

Fragestellung und Hypothese der vorliegenden Arbeit besitzen genau den historischen Fokus, der das bisher Gesagte in den Blick empirischer Prüfbarkeit rückt. Die These lautet: Die amtliche (Arbeitslosen-)Statistik lässt sich sehr konkret als Schlüsselinstitution moderner (Arbeits-)Gesellschaft beschreiben[8] – fußend auf den Basisprinzipien Rationalität (Wissenschaftlichkeit) und Egalität (Staatlichkeit) – mit der Aufgabe zur Bereitstellung rationalen Wissens über Arbeitslosigkeit und insbesondere der Unterscheidung zwischen Arbeitslosen und Nicht-Arbeitslosen. Dieses statistische Wissen spielt in der Ersten Moderne eine her-

---

[8] Im Folgenden spreche ich von der Arbeitslosenstatistik als Schlüsselinstitution moderner Gesellschaft. Trotzdem verstehe ich diese Schlüsselinstitution als durch Basisprinzipien gedeckte Kategorie mit gesamtgesellschaftlichem Geltungsanspruch und damit im Prinzip als homolog zu Basisinstitution. Als *Basis*institutionen gelten in der Regel gewichtigere und weitreichendere Phänomene (unter anderem der Nationalstaat, die Familie oder das Quantifizieren an sich). Die Arbeitslosenstatistik lässt sich auf dieser Ebene nicht einordnen, weshalb hier der genannte begriffliche Kompromiss vorgeschlagen wird.

ausragende Rolle für die Wahrnehmung und Behandlung von Arbeitslosigkeit im öffentlichen Raum. Die Frage lautet dann: Hat sich der Umgang mit statistischem Wissen seit den 1970er Jahren so grundlegend verändert, dass man von einem „reflexiven Wandel" sprechen kann? Gerät die Institution der Statistik in der öffentlichen Wahrnehmung so weit in Kritik, dass sich dies als Beispiel einer institutionellen Krise im Zuge reflexiver Modernisierungsprozesse begreifen lässt? Welche Reaktionsweisen auf diese veränderte Konstellation lassen sich in der öffentlichen Wahrnehmung beobachten?

3.1.3 Operationalisierung

Für diese Arbeit folgt aus dem Gesagten, dass die amtliche Arbeitslosenstatistik *als Schlüsselinstitution (erst-)moderner Gesellschaft* rekonstruiert werden muss, mit Fokus dabei vor allem auf die Frage *welche Unterscheidungen* hier getroffen werden und *zu welchem Zweck* dies geschieht. Aus dieser Rekonstruktion heraus lässt sich ein erstmoderner Diskurs über Arbeitslosigkeit beschreiben und der konkrete Beitrag des statistischen Wissens zu dessen Konstituierung benennen. Dies ist Gegenstand des vierten Kapitels.

Um später überhaupt Aussagen über einen Wandel des Stellenwerts statistischen Wissens über Arbeitslosigkeit treffen zu können, muss dieser also zunächst einmal herausgearbeitet werden. Dies kann und darf nicht in theoretischer Abstraktion geschehen, sondern muss *am Fall* passieren. Die Frage lautet: Was ist Arbeitslosenstatistik bzw. worin besteht die gesellschaftliche Einbettung dieser Institution. Diese historisch-soziologische Rekonstruktion wird vergleichsweise üppig ausfallen, um die Darstellung der gesellschaftlichen Besonderheit und Brisanz dieses Phänomens (4.1 und 4.2), vor allem auch im Hinblick auf seine statistische Erfassung zu garantieren (4.3). Hier lässt sich auf wichtige Arbeiten aus dem Bereich der *governmentality studies* zurückgreifen, welche unter dem Begriff des „Regierens"[9] die politische Rationalisierung sozialer Phänomene analysieren und dabei insbesondere dem Aspekt der „Quantifizierung" und der „Repräsentation" hohes Gewicht verleihen (für viele: Katzmair 2000, Walters 1994). Schließlich folgt ein Abschnitt über das *nicht-statistische Wissen* über Arbeitslosigkeit, das den Gesamtwissensbestand über Arbeitslosigkeit komplettiert (4.4). Ein Analyseraster fasst die wichtigsten Elemente des Diskurses zusammen. Unter dessen Perspektive erfolgt die empirische Analyse. Hier wird außerdem versucht, einige statistische „Strukturmomente" (Giddens 1988)

---

[9] Hier ist die Foucault'sche Verwendung des Begriffs gemeint, dazu ausführlich ders. 2004: Vorlesung 3 und 5.

zu formulieren, die den erstmodernen Diskurs über Arbeitslosigkeit konstituieren.

3.1.4 Indikatoren

Welche Phänomene gelten als Indikatoren für einen reflexiv-modernen Wandel des Diskurses? Diese Frage ist in zwei Schritten zu beantworten: Zunächst gilt es, Indikatoren für den Wandel des statistischen Wissens bzw. der Institution der Statistik selbst zu bestimmen. Beck et al. unterscheiden zwischen vier Formen eines Meta-Wandels (2001: 31ff.): Durch nicht intendierte Nebenfolgen einfacher Modernisierung, durch radikalisierte Modernisierung, durch Infragestellung der kognitiven Grundlagen sowie durch Auflösen der Basisunterscheidungen. Zu fragen ist dann danach, ob sich die Entwicklung der amtlichen Arbeitslosenstatistik auf einen oder mehrere solcher Prozesse zurückführen lässt.

Ist dies möglich, ist nach Umgangsformen mit diesem Meta-Wandel im öffentlichen Raum zu fragen. Hier wurden bereits Vorschläge zur begrifflichen Bestimmung der „Erscheinungsformen des Neuen" gemacht (Beck et al. 2004: 32ff.), die allesamt zwischen reflexiv-fundamentalistischen und reflexiv-pluralistischen Reaktionsweisen unterscheiden (dazu: Beck et al. 2001: 48ff.). Zentral für diese Unterscheidung ist das Argument der „Anerkennung von Pluralität und Ambivalenz" (Beck et al. 2004: 25), von der aus sich neue Umgangsformen entwickeln.

Doch lassen sich Indikatoren für einen reflexiv-modernen Wandel im Umgang mit statistischem Wissen auch abseits der hier angeschlagenen theoretischen Abstraktion formulieren: Ein solcher ließe sich dann diagnostizieren, wenn sich beobachten lässt, dass die öffentliche Diskussion sich wieder stärker an Fragen, Problemen und Unterscheidungen aufhält, auf die mit der Institution der Statistik in der Ersten Moderne „prinzipiell" eine Antwort hätte gefunden werden sollen. Denn „Grundlagenkrise" der Institution der Arbeitslosenstatistik hieße gerade, dass die Rationalität (Basisprinzip) des Wissens über Arbeitslosigkeit, das durch die amtliche Statistik (Basisinstitution) hergestellt wird, hinterfragt wird. Zu erwarten wären also Formen öffentlicher Distanzierung oder Relativierung von statistischem Wissen *gerade in Fragen* auf deren Beantwortung die Statistik sich spezialisiert hat. Aus einem vermehrten Auftreten solcher Distanzierung ließe sich folgern, dass es nicht mehr nur die Zahlen sind, die in Frage gestellt werden, sondern dass es die Institution des „Zählens" selbst ist, die hinterfragt wird, und damit wiederum der Glaube an die institutionelle Unterscheidbarkeit sozialer Gruppen, Akteure, Phänomene.

3.1.5 Interpretation

Die Ergebnisse der Untersuchung werden schließlich mit Hilfe der TRM versucht zu interpretieren: Welche Reaktionsmuster auf die neue Situation lassen sich unterscheiden, welche sind historisch konsistent, welche sind neu? Darauf wurde im letzen Abschnitt bereits näher eingegangen. Doch auch andere Interpretationsmöglichkeiten sind möglich: Dies kann entweder erneut im Bezug auf die *governmentality studies* geschehen – hier wäre die Frage nach neuen „Regierungsweisen" stärker betont; oder es gelingt ein Bezug hin zu den Überlegungen Bruno Latours, die sich ebenfalls mit der Kontingenz moderner Unterscheidungen auseinandersetzen. Latour argumentiert dabei allerdings unter umgekehrten Vorzeichen wie die TRM: Die Moderne, bzw. im Sprachgebrauch der TRM die „erstmodernen" eindeutigen Unterscheidbarkeiten und daran gekoppelten Strukturen (institutionelle Zuständigkeiten, Wissens- und Macht-Standards) seien immer nur ein programmatisch ausformuliertes, jedoch praktisch nie realisiertes Projekt (Latour 1995). „Moderne" ist bei Latour etwas, das immer nur retrospektiv möglich ist. Jedoch unterstellt auch Latour für die jüngere Vergangenheit *„a heightened awareness, that mastery is impossible"*, und bezieht sich dabei sehr ähnlich der TRM auf die Herstellung von Unterscheidbarkeit und Beherrschbarkeit sozialer Phänomene (Latour 2000, nach Beck et al. 2001: 19).

Auch eine Gegenüberstellung mit postmodernen Interpretationsangeboten ist möglich. Dies vor allem deshalb, weil gerade die postmodernen Ansätze die gegen Ende des 20 Jahrhunderts sich stark verändernde Rolle des Wissens sehr stark akzentuieren. Lyotard beispielsweise sieht im Verhältnis von szientifischem und narrativem Wissen das Schlüsselelement schlechthin für das Verständnis der *„condition postmoderne"* (1979). Auch er behauptet, hierin sehr ähnlich zur TRM, einen Legitimationsverlust der „großen Erzählungen", und hier insbesondere der Aufklärung bzw. des wissenschaftlichen Rationalismus, den man am Beispiel der statistischen Erforschung von Arbeitslosigkeit und einer darauf basierenden Politik zumindest ansatzweise nachvollziehen können müsste.[10] Einen anderen Ansatz, der gemeinhin unter dem Label Postmoderne verortet wird, liefert Baudrillard (1976). Hier wird ebenfalls auf die symbolischen Formen des Wissens hingewiesen, aber dabei vor allem eine spezifische Entwicklung des Verhältnisses von „Zeichen" (Signifikant) und „Bezeichnetem" (Signifikat) betrachtet. Dieses Verhältnis überschreitet nach Baudrillard die Dimension der bloßen Repräsentation (etwa zwischen Arbeitslosenzahl und Arbeitslosigkeit), und es entwickelt sich eine eigene („Hyper"-)Realität der Zei-

---

[10] Gleichwohl ist die theoretische Einlassung von Lyotards Ansatz, wie auch dessen weitere Ausarbeitung sehr weit von der TRM entfernt und wird von dieser, wie oben erwähnt (3.1.1), stark abgelehnt.

chen, die in einem Produktions- und Herrschaftsverhältnis zur „tatsächlichen Realität" steht. Auch diese Betrachtungsweisen könnten sich an der vorliegenden Studie „nachvollziehen" (nicht: empirisch prüfen!) lassen.

3.2 Methodologische Grundlagen

Die vorgestellte Forschungsfrage soll mittels einer Diskursanalyse der massenmedialen Berichterstattung über Arbeitslosenstatistik geprüft werden. Der Begriff der „Diskursanalyse" beschreibt mittlerweile allerdings ein weitläufiges Feld und bedarf daher der Spezifizierung. Keller unterscheidet zur Verordnung diskursanalytischer Verfahren zwischen der theoretisch-programmatischen Dimension und der methodischen Dimension. Keller selbst entwickelt einen eigenen Ansatz der „Wissenssoziologischen Diskursanalyse" (Keller 2005: 183), an dem sich auch diese Arbeit orientiert.

3.2.1 Diskursverständnis und Problemkonstitution

Die theoretisch-programmatische Dimension impliziert bestimmte Entscheidungen im Hinblick auf die Operationalisierung bzw. auf die Konstituierung des Forschungsgegenstands. Die Operationalisierung, mithin die Scharnierüberlegungen zwischen Theorie und Empirie, müssen sich also nicht nur auf ihre Adäquanz hinsichtlich der zu prüfenden These befragen lassen, sondern aus ihnen spricht stets auch ein wissenschaftstheoretisches Verständnis, das es mitzuberücksichtigen und darzulegen gilt (Keller 2005: 176-189). Ziel von Kapitel 4 ist es darum, das „Untersuchungsfeld zu sondieren" (Keller 2004: 82) und abzustecken, innerhalb dessen der Untersuchungsgegenstand sich bewegt. Nur aus diesem heraus lässt sich das *Interpretationsrepertoire* bestimmen, aus dem der zu untersuchende Diskurs schöpfen kann: „[Dieses] enthält die Bausteine, die (...) für die Interpretation von Handlungen, der eigenen Person, und gesellschaftlichen Strukturen im Sprechen verwendet werden." (Potter/Wetherell 1995: 188f., zitiert nach Keller 2005: 235).

Die Notwendigkeit eines solchen Interpretationsrepertoires für die Analyse ergibt sich aus dem *sozialkonstruktivistischen Diskursverständnis*, das dieser Arbeit zugrunde liegt. Untersucht werden in der Folge „Prozesse der sozialen Konstruktion, Objektivation, Kommunikation und Legitimation von Sinn-, das heißt Deutungs- und Handlungsstrukturen auf der Ebene von Institutionen, Organisationen und sozialen (kollektiven) Akteuren." (Keller 2004: 57). Die Wirklichkeit, also „alles was wir wahrnehmen erfahren, spüren, [wird] über sozial konstruiertes, typisiertes (...), objektiviertes Wissen vermittelt." (ebd.). Erst

durch dieses Kontextwissen wird die „narrative Struktur" erzeugt, die aus einzelnen Sprechakten einen Diskurs im hier verstandenen Sinn erzeugt (ebd.).
Der Diskurs über Arbeitslosenstatistik wird demnach analysiert als Diskurs,
der über sich selbst hinausweist – also auf andere Themengebiete, Problemstel-
lungen – sowie als Diskurs, der auf Veränderungen in diesen anderen Themen-
gebieten reagiert. Der Diskurs über Arbeitslosenstatistik ist also kein autonomer
Bereich, sondern wird unter Foucault'scher Perspektive als Macht/Wissen-
Komplex verstanden, dessen „Materialität" (Foucault 1970: 10f.) sich auf soziale
Tatsachen auswirkt. Wie bereits angedeutet gilt es darum, einen Blick auf die
Entstehung des Phänomens Arbeitslosigkeit bzw. Arbeitslosenstatistik zu werfen, um die Grundlagen eben der sozialen Konstruktion, der Typisierung und der
Objektivierung dieses Wissens herauszuarbeiten, und um das Kontextwissen,
über das die Akteure im Diskurs prinzipiell verfügen können, zu generieren. Nur
dann wird die Frage beantwortbar: Welche „Sinn-, Deutungs-, oder Handlungs-
probleme" werden durch die Arbeitslosenstatistik gelöst – und erzeugt?

3.2.2 Diskursverständnis und Untersuchungseinheiten

In methodischer Hinsicht ergibt sich für die wissenssoziologische Diskursanalyse aus dem eben Gesagten, dass eine Trennung vorgenommen werden muss
zwischen „Autor" und „Aussage".[11] Nur so werden trennscharfe Beobachtungen
von Verschiebungen im Diskurs möglich, nur so kann ein Wandel der Struktur-
prinzipien empirisch nachvollzogen werden. Als Untersuchungseinheiten gelten
also *soziale Akteure* (Autor) und deren „Aussagen", verstanden als der „typisier-
bare Gehalt" der bloß „singulären, verstreuten Äußerungen" welche in der Empirie zu beobachten sind (Keller 2005: 201). Diese Äußerungen werden nur innerhalb eines *Diskurses* zu *Aussagen*. Eine weniger hoch-aggregierte Form von
bedeutungsstiftender Struktur bilden „*story lines*". Der Begriff *story lines* verweist bereits auf eine komplexere, feingliedrigere narrative Struktur als der Begriff „Diskurs". Um bei der Analyse also „mehr Varianz" erfassen zu können,
wird versucht, möglichst kleine Erzählstränge zu extrahieren, um hier Verschiebungen besser nachzeichnen zu können. Zu fragen ist auf der Akteursebene: Von
wem werden (welche) Zahlen und Statistiken benutzt und von wem nicht? Zu
welchen Zwecken geschieht das und welche Semantiken werden von den Akteuren benutzt um Zahlen und Statistiken als „Sinnerzeuger" zu verwenden? Wie
verändert sich die Akteursstruktur im Diskurs im Verlauf der Zeit? Auf Ebene
der Aussagen geht es um die Fragen: Welche *Elemente des Interpretationsreper*-

---

[11] Diese Begriffe stammen aus dem klassischen Foucault-Jargon. Vgl. Foucault (1974): „Was ist ein
Autor?", sowie Foucault (1969): „Was ist eine Aussage?".

toires werden zu welchen *Zeitpunkten* besonders betont bzw. welche *story line* ist zu bestimmten Zeitpunkten vorherrschend? Welche *story lines* entstehen möglicherweise neu?

3.3 Forschungspraktische Überlegungen

Die theoretische Heranführung an die Untersuchung endet mit einer Beschreibung des empirischen Feldes, in dem die Untersuchung stattfinden soll. Was muss beachtet werden, wenn man Öffentlichkeit als mediale Öffentlichkeit begreift und untersucht?

3.3.1 Zum Begriff Öffentlichkeit

Die Soziologie der Öffentlichkeit ist von großen begrifflichen Differenzen geprägt, so dass hier starke Ausklammerungen von möglichen Perspektiven vorgenommen werden müssen. Habermas hat bereits auf diesen Mißstand hingewiesen (1962: 54), der allerdings bis heute nicht überwinden werden konnte (Schäfers 2007: 11). Unterschieden werden können normative und forschungspraktische Konzeptionen, wobei insbesondere die normativen Konzepte große Unterschiede aufweisen. Normatives Hauptkriterium für das Konzept von Öffentlichkeit, auf dem diese Arbeit basiert, ist die bereits auf Hegel zurückgehende Idee: „Was jetzt gelten solle, tut dies nicht mehr durch Gewalt, wenig durch Sitte und Gewohnheit, wohl aber durch Einsicht und Gründe." (Hegel: Rechtsphilosophie §116, zitiert nach Habermas 1962: 101). Diese Konzeption von Öffentlichkeit lässt sich problemlos selbst als Basisinstitution moderner Gesellschaft beschreiben, die den Basisprinzipien „Egalität" und „Rationalität" genügt. Sie steht darüber hinaus im Einklang einer nunmehr und nur mehr über *Sachzwänge* operierenden Politik, die mittels rationaler Argumente ihre Handlungsforderungen stützt und durchsetzt.[12]

Auch andere Konzeptionen von „Öffentlichkeit" sind jedoch denkbar, etwa die Idee eines „symbolischen Raums" (Bourdieu 1998) in dem um „Deutungshoheit" bei alternativen Problemkonstitutionen gerungen wird (dazu detailliert Keller 2005: 47ff.; 74 ff.). Doch liegt der Fokus weniger auf „Diskurskonkurrenzen" (ebd.), denn auf der Rolle der Statistik als Rationalitätskriterium des „öffentlich Gültigen" (Hegel). Wie verändert sich der Stellenwert von Statistik als wichtiger Akteur der „Verwissenschaftlichung von Politik und öffentlicher Mei-

---

[12] Weber würde hier von „bürokratischer Herrschaft" bzw. „rationaler Herrschaft" sprechen, funktionierend „kraft des Glaubens an die Geltung legaler Satzungen und der durch rational geschaffene Regel begründeten sachlichen Kompetenz." (Weber 1919: 160).

nung" (Habermas 1969)? Dies schließt jedoch nicht aus, beispielsweise die Frage nach Diskurshegemonien bei der Diskussion der Endergebnisse erneut aufzunehmen. Unter diesem Aspekt lässt sich die Verschiebung der Problemwahrnehmung von Arbeitslosigkeit diskutieren.

Mögliche weitere Anknüpfungspunkte bestehen hinsichtlich der Erforschung politischer Kommunikation, deren Gegenstand Arbeitslosenstatistik in hohem Maße ist. Hier ist auf die Arbeiten von Edelman hinzuweisen (Edelman 1976). Edelman untersucht „die symbolischen Funktionen politischen Handelns", eine seiner Thesen bezieht sich auf die „politische Funktion öffentlicher (politischer) Kontroversen": Nach Edelman stabilisiert die öffentliche Kontroverse gerade das gesamte Repertoire an Deutungsmustern in einem bestimmten Themenbereich, indem durch die Kontroverse alle am Diskurs Beteiligten genötigt sind, ihre Argumente zu aktualisieren. Werden politische Situationsdeutungen (unter Anderem durch den Einsatz statistischen Wissens) dagegen nicht kontrovers diskutiert, sind rasche Umschwünge in der öffentlichen Meinung zwar nicht vorprogrammiert, jedoch wahrscheinlicher als im entgegengesetzten Fall (ebd.: 107). In diesem Zusammenhang sei nochmals auf die Arbeit von Uske verwiesen (1995), der gerade die Verschiebung semantischer Beschreibungen von Arbeitslosen und Arbeitslosigkeit beschreibt, allerdings ohne zu versuchen, wie Gamson, Bourdieu und auch Edelman vorschlagen würden, diese auf Definitionskämpfe unterschiedlicher Gruppen zurückzuführen, bzw. in Abhängigkeit politischer und womöglich gar statistischer Kontroversen zu betrachten.

3.3.2 Öffentlichkeit als mediale und soziale Praxis

Die Rolle der Medien als Generator und Vermittler von Wirklichkeit erfährt in der Soziologie steigendes Interesse. Niklas Luhmann (1995) hat in diesem Bereich eine grundlegende Arbeit geschrieben und die Erzeugungsmuster einer systemspezifischen, medialen Realität untersucht. Auf dieser Abstraktionsebene kann diese Arbeit allerdings nicht vorgehen. Auf die vielfältigen Selektionsvorgaben medialer Kommunikation und ihre Relevanz für die Diskursanalyse hat jedoch Keller hingewiesen (2003): „[Ihnen] können bestimmte Fokussierungsleistungen zugerechnet werden, die je nach Textgattung (Nachricht, Kommentar, Hintergrundbericht) unterschiedlich ausfallen. Selektionsvorgaben bestehen beispielsweise hinsichtlich der Routine der Berichterstattung, Nachrichtenwerte, professionelles *agenda-building* und vermutete Resonanzfähigkeit." (ebd.: 212). Doch werden die Medien heute in der Sozialforschung kaum mehr als bloß *mediale Praxis*, und damit als Spezialform von Öffentlichkeit betrachtet sondern als „organisatorisches und infrastrukturelles Unterfutter" (Schäfer 2007: 14) von Öffentlichkeit schlechthin. Die Massenmedien werden darum in dieser Arbeit als

„Arena" begriffen (Keller 1998: 41f.), in der die auf dem Weg der statistischen
und theoretischen Erfassung gewonnenen „Einsichten und Gründe" (Hegel) für
die gesellschaftliche Auseinandersetzung mit Arbeitslosigkeit „öffentlich er-
probt" werden. Denn „erst die Repräsentation in den Massenmedien stiftet in den
Gegenwartsgesellschaften letztlich die Qualität des ‚allgemein öffentlichen Diskurses'." (Keller 1998: ebd.).
    Unter Annahme dieser Betrachtungsweise wird die Verwendung statisti-
schen Wissens in medialen Kontexten als *soziale Praxis* gedacht. In dieser Hinsicht schließt das Vorhaben an soziologische Arbeiten im Bereich Verwendungsforschung an (Beck/Bonß 1989). Aus dieser Perspektive wird Verwendung
sichtbar als „lange, meist örtlich, zeitlich und sozial versetzte Interpretationspro-
zesse", welche die „Ergebnisse [wissenschaftlicher Forschung, Anm. D.F.], im
Handlungs-, Sprach-, Erwartungs- und Wertkontext der Praxis überhaupt erst
erschaffen." (ebd.: 501). Die Weiterverarbeitung statistischen Rohmaterials in
öffentlich gültiges und wirksames Wissen ist also noch einmal ein eigener, nach
eigenen Regeln ablaufender Prozess. Beck/Bonß (1984) schlagen hier eine Perspektive jenseits des „wissenschaftszentristischen Blicks" vor, der sich nicht
damit beschäftigt, das Maß der Inkompetenz im öffentlichen Umgang mit statistischem Wissen zu bestimmen, sondern diese „Inkompetenz" qualitativ und in
positiven Begrifflichkeiten zu beschreiben (vgl.: Fischer 2007a). Genau dieser
Prozess steht in der Arbeit im Blickpunkt. Also zum einen: Welche Rolle spielt
statistisches Wissen bei der Herstellung von „öffentlich gültigem Wissen"? Und
zweitens: Welche anderen Wissensformen und -vorräte spielen hierbei eine för-
derliche oder hinderliche Rolle?

3.3.3 Mediale Kommunikation als Analysegegenstand

In technischer Hinsicht orientiert sich die Analyse schließlich am Ansatz von
Ferree und Gamson (2002: 11). Diese schlagen ein „Foren-Modell" zur Beschreibung öffentlicher Diskurse vor (Abb.1). Unter allen möglichen öffentlichen Diskursen („*Public Spheres*") besitzt der massenmediale Diskurs jedoch
den Rang eines „*Master Forum*" (ebd.: 9). Keller unterscheidet inhaltlich ähnlich
zwischen „Spezialdiskursen" und „öffentlichen Diskursen" (2005: 224), Schäfer
unterscheidet systemtheoretisch zwischen „teilsystemspezifischer" und „gesellschaftlicher Öffentlichkeit" (Schäfer 2007: 13). Anhand dieses Modells lässt sich
die bisher versuchte Eingrenzung des Diskurses anschaulich rekonstruieren.

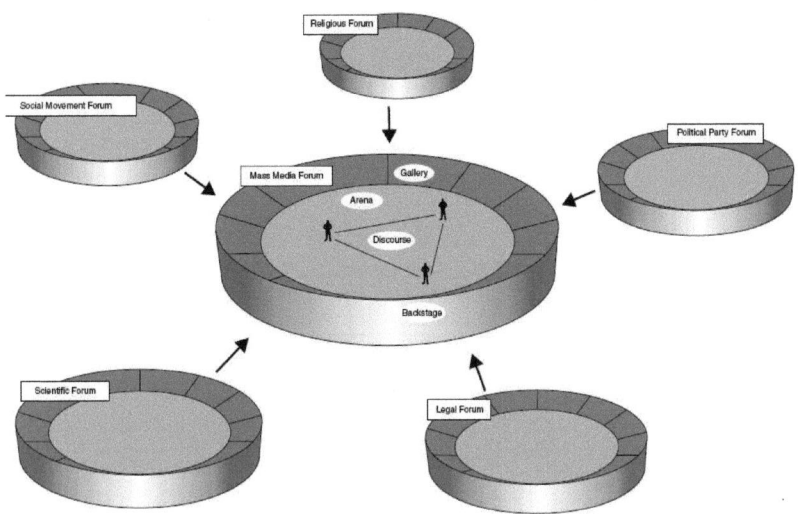

Abbildung 1:   Graphische Darstellung des Forum-Modells bei Ferree/Gamson
(ebd. 2002: 11)

Im Zentrum steht das „*Mass Media Forum*", das in Abschnitt 3.3.1 und 3.3.2
behandelt wurde. In der Peripherie sind hier die Spezialdiskurse angesiedelt. Im
„*Legal Forum*" sind beispielsweise Gesetzesgrundlagen für amtliche statistische
Erhebungen oder Zählweisen zu finden, als „*Political Party Forum*" bezeichnet
finden sich hier Prozesse der politischen Meinungsbildung (Reden, Forderungen,
Bundestagsdebatten), im „*Scientific Forum*" forschen wissenschaftlicher Institute
zum Thema Arbeitslosigkeit (auch die Ergebnisse der amtlichen Statistik sind
hier anzusiedeln); nicht explizit eingebaut findet sich das im nächsten Kapitel
rekonstruierte „historische Gedächtnis" aus dem heraus ein öffentlicher Diskurs
mindestens ebenso schöpft, wie aus zeitgenössischen Spezialdiskursen. Ferree
und Gamson gehen davon aus, dass diese Spezialdiskurse im interessierenden
„*Mass Media Forum*" als „*Gallery*" funktionieren. Der öffentliche Diskurs, hier
im Modell die „*Arena*", rechnet mit diesen Spezialdiskursen und dem dort vorhandenen Wissen.[13] Er muss nicht das gleiche Maß an Fachwissen und Spezialisierung repräsentieren, kann aber das dort angesiedelte Wissen auch nicht ein-

---

[13] Eben darum sprechen Ferree und Gamson vom „*Master Forum*" gesellschaftlicher Öffentlichkeit,
weil dieses sich im Vergleich zu teilsystemischen Öffentlichkeit durch das höchste Maß an Zugäng-
lichkeit und zeitlicher Verfügbarkeit für alle gesellschaftlichen Akteure auszeichnet (vgl. Schäfer
2007: 11).

fach ignorieren. Im Gegenteil: Die Umwelt des Diskurses konstituiert erst das Bezugsproblem des Diskurses, und Änderungen dort wirken „irritierend" (Luhmann) auf den Diskurs ein, wo sie dann nach eigenen Regeln weiterverhandelt werden.

Für diese Arbeit ist es nun notwendig, dieses Modell für die spätere Analyse zu modifizieren. Aus der Perspektive der Theorie reflexiver Modernisierung lässt sich formulieren, dass in der *gallery* die für diese Arbeit wichtigen Schlüssel- und Basisinstitutionen operieren (unter anderem Arbeitslosenstatistik im *„Scientific forum"*, nationalstaatliche Arbeitsmarktpolitik im *„Political Party Forum"*, doch auch „abstraktere" Basisinstitutionen wie beispielsweise die kulturelle Bedeutung von Erwerbsarbeit). Von dort aus strukturieren diese gemeinsam den Diskurs in der Arena. Die Basisprinzipien jedoch sind omnipräsent (vgl. 3.1), sie bilden den normativen Unterbau auch des *„Mass Media Forum"*, in dem der Diskurs geführt wird. Zu beobachten gilt es nun, wie das statistische Wissen dort verwendet wird, und inwiefern das Kriterium der Rationalität dabei hinterfragt oder umakzentuiert wird

4 Die Arbeitslosigkeit der Gesellschaft

In diesem Kapitel soll eine kurze Geschichte der Arbeitslosigkeit dargestellt werden. Inwiefern handelt es sich hierbei um ein Phänomen moderner Gesellschaft? Das Hauptaugenmerk gilt dabei der Rolle der Statistik bei der Konstituierung dieses gesellschaftlichen Phänomens. Kann man tatsächlich von der Arbeitslosenstatistik als Schlüsselinstitution („Basisinstitution") moderner Gesellschaft sprechen? Leitend bei dieser Analyse ist die soziologische Definition von Institution: Institutionen werden funktional definiert als „handlungsentlastend" für soziale Konflikt- und Problemwahrnehmungen. Ihr Beitrag besteht in einer Regulierung des „sozialen Miteinanders" hinsichtlich sowohl „existentieller" als auch „kultureller Bedürfnisse" (Korte et al. 2003: 145ff.). Das folgende Kapitel versucht, diesen Problembezug der Arbeitslosenstatistik herauszuarbeiten. Wo entstehen existentielle, kulturelle Bedürfnisse durch Arbeitslosigkeit? Worin besteht der Handlungsbedarf, auf den Arbeitslosenstatistik reagiert? Wie wird die Problemwahrnehmung von Arbeitslosigkeit durch Statistik erzeugt und verändert, und welche alternativen Problematisierungsformen von Arbeitslosigkeit gibt es in anderen Bereichen der Gesellschaft?

4.1 Die moderne Gesellschaft als Arbeitsgesellschaft

4.1.1 Erwerbsarbeit in der modernen Gesellschaft

Bei nahezu allen soziologischen Klassikern spielt Erwerbsarbeit eine zentrale Rolle für die Theoretisierung von Gesellschaft. Stellvertretend für viele seien hier Karl Marx und Emile Durkheim genannt: Bei beiden Theoretikern steht immer eine Doppelrolle der Erwerbsarbeit im Blickpunkt: Zum einen ihr Charakter als „zentrales Definitionsmerkmal des modernen Menschen", zum anderen ihr „gesellschaftskonstitutives Element" (Bonß 1999: 145). Ersteres wird möglich, weil die Art der Tätigkeit erstmals in der Geschichte zumindest graduell Gegenstand von individuellen Entscheidungen wird. Als Kehrseite dessen, was Marx an der Austauschbarkeit menschlicher Arbeitskraft als „Warencharakter" charakterisiert (Marx 1867: 525ff.), wächst eben auch der Bereich an Tätigkeiten, die für den Einzelnen überhaupt in Frage kommen. Erst der über die staatli-

che Organisation des Schulwesens prinzipiell ermöglichte Zugang in alle Aus-
bildungszweige sowie die Entstehung vielfältiger Industriezweige unterstützen
die Ausweitung dieses Möglichkeitsraums. Stellung und Bereich (Branche) des
Einzelnen innerhalb des Erwerbssystems werden so mehr und mehr individuell
zurechenbar und dadurch identifikatorisch. Für „Erwerbsarbeit" (im Gegensatz
zu selbständiger Arbeit) bedeutet dies einen enormen kulturellen Zugewinn.
Die „gesellschaftskonstitutive" Kraft von Erwerbsarbeit dagegen entsteht
einerseits heraus aus der fortschreitenden Arbeitsteilung samt immer stärkerer
Spezialisierung der beteiligten Akteure, sowie andererseits über die vertraglich
geregelte Organisation aller Arbeitsverhältnisse. Durkheim hat den Vertrag als
die häufigste Beziehung in modernen Gesellschaften betont und dafür insbesondere die Arbeitsteilung und die durch sie sich verstärkende soziale Vernetzung
als Ursache gesehen (1893: 1.Buch).
    Jedoch: Sowohl Marx als auch Durkheim beschreiben diese Doppelrolle
mitnichten als reibungslos funktionierend, sondern betonen stets das Risiko pathologischer Formen der Vergesellschaftung durch Arbeit – sei es bei Marx die
Rede von der „Entfremdung" des einzelnen Arbeiters durch die Produktionsver-
hältnisse (Marx 1867), bei Durkheim die Diagnose einer tiefgehenden moralischen Krise der Gesellschaft insgesamt aufgrund des Verlusts mechanisch stabi-
lisierter Solidarität (1893: 3.Buch). Bei beiden Theoretikern spielt moderne,
kapitalistisch organisierte Erwerbsarbeit also eine sowohl zentrale, als auch ambivalente Doppelrolle auf individueller und gesellschaftlicher Ebene.

4.1.2   Arbeit als soziologische Schlüsselkategorie

Diese hohe funktionale Relevanz von Arbeit in Form von Erwerbsarbeit ist jedoch keine historische Konstante, sondern Ergebnis einer zugleich symbolischen
Aufwertung von Arbeit im Lauf der Geschichte (Bonß 1999: 145ff.): Vormoder-
ne Arbeits-Semantiken, welche die „Last der Arbeit" und ihr „Joch der Notwendigkeit" (Hannah Arendt, nach Bonß 1999: ebd.) betonen, reichen dabei bis in
die griechische Antike zurück und erfahren erst im Zuge der Aufklärung eine
schrittweise Umgestaltung - über Arbeit als „des Bürgers Zier" (Schiller, nach
Bonß: ebd.), bis hin zum weitgehend alternativlosen Medium der individuellen
Inklusionssicherstellung, Statuszuweisung und Identitätsbildung gleichermaßen.
Schmidt (1999) benutzt den Begriff der „Identität" gleich für mehrere gesellschaftliche Positionierungen, die über Arbeit erzeugt werden und betont damit
als Novum moderner Erwerbsarbeit ihre Übersetzungskraft aus der Praxis der
Arbeit hinein in soziale und individuelle Tatsachen: Schmidt nennt, erstens,
kognitive Identität, bezogen auf die klare Unterscheidbarkeit von „echter" Er-

werbsarbeit (oder „abhängiger Arbeit") und „Nicht-Arbeit"[14]; zweitens *soziale* Identität, bezogen auf den finanziellen und kulturellen Status des Individuums und damit auf dessen Ansprechbarkeit innerhalb der Gesellschaft; drittens *historische* Identität, bezogen auf den Wohlstand und die Lebensweise einer Gesellschaft als Ausdruck ihrer Arbeitsleistung (ebd. 12ff.). In der Konsequenz „erwirbt" sich die moderne Gesellschaft eins ihrer Lieblingslabels im Diskurs soziologischer Gesellschaftsbeschreibungen: Das Label der Arbeitsgesellschaft.[15] Diese Beschreibung wird möglich aufgrund einer fortgeschrittenen Institutionalisierung der Erwerbsarbeit in die Organisationsweise moderner Gesellschaften. Brose (2000) nennt als Grundpfeiler moderner Arbeitsgesellschaften: Das System der sozialen Sicherheit (Kranken-, Renten-, Invalidenversicherung), die abhängige Industriearbeit (als Prototyp für die oben angesprochene „kognitive Identität"), hochgradige funktionale und geschlechtsspezifische Arbeitsteilung, sowie ein konsistentes Zu- und Abgangs-Modell der individuellen Biographie um die Phase der Erwerbsarbeit herum (Ausbildung, Rente).[16] Erwerbsarbeit bildet insofern die Hauptquelle sowohl für die Vergesellschaftung des Individuums, wie auch für die Stabilität einer bestehenden sozialen Ordnung und wird konsequenterweise auch im Rahmen der Theorie Reflexiver Modernisierung als „Basisinstitution" erstmoderner Gesellschaft bezeichnet (vgl. Bonß 2007).

4.2 Arbeitslosigkeit als eigenes Wissensobjekt

Erst vor dem Hintergrund dieser eminenten funktionalen und symbolischen Aufwertung von Erwerbsarbeit und ihrer Institutionalisierung lässt sich verstehen, wieso Arbeitslosigkeit zu dem komplexen und schwerwiegenden Problem wird, als das es uns heute beinahe selbstverständlich erscheint. Auf den Punkt gebracht: Je mehr durch Erwerbsarbeit erworben wird, umso größer ist der Mangel (verstanden als Nicht-Erwerb) der im Fall von Arbeitslosigkeit besteht. Bereits hier lässt sich die Komplexität der gesellschaftlichen Einlassung dieses

---

[14] Hiermit sind Tätigkeiten wie Elternarbeit, Hausarbeit oder Bürgerarbeit gemeint.

[15] genauer gesagt: Das Label der *industriellen* Arbeitsgesellschaft. Das Zusatzetikett der „Industrialität" verweist dabei in der Regel auf die maschinelle Komponente der Arbeitskraft, also auf die zunehmende Dominanz technischer Geräte in den Produktionsverhältnissen. Doch auch eine zweite Charakteristik der Arbeitsgesellschaft lässt sich daraus ableiten: Diese bezieht sich auf die beschriebene Aufwertung von Arbeit in Bezug auf das Individuum, die in der Folge den „Zwang der Notwendigkeit" umformuliert haben müssen in ein tugendhaftes Dazutun zur öffentlichen und inneren Ordnung. Der „Fleiß" (lat. *industria*) wird damit zum Inbegriff moderner Arbeitskultur. Insbesondere in Deutschland wird der „männliche Industriearbeiter" zu einer „heroischen" Figur (Brose 2000: 11).

[16] explizit ist hier von einer „ununterbrochenen" Erwerbsarbeitsphase die Rede (ebd.: 12); Arbeitslosigkeit ist hier also (noch) nicht als biographische Normalerfahrung vorgesehen.

Phänomens erahnen. Nach Arbeitslosigkeit zu fragen heißt nicht nur, nach der
Anzahl der von ihr „Betroffenen" zu fragen, sondern das heißt, nach monetären
Kosten zu fragen, genauso wie nach politischen Risiken und volkswirtschaftli-
chen Zusammenhängen, die durch Arbeitslosigkeit entstehen. Denn je viel-
schichtiger die Dimensionen sind, auf denen Erwerbsarbeit wirkt (siehe voriger
Abschnitt), umso differenzierter und vielschichtiger sind die Kompensationsleis-
tungen, die politisch und gesellschaftlich realisiert werden müssen, wenn durch
Arbeitslosigkeit die vergesellschaftenden und stabilisierenden Funktionen von
Erwerbsarbeit nicht mehr auf alle Individuen zugreifen. Hier liegen immense
Gefahren für die Stabilität der sozialen Ordnung. Niess schreibt für die Situation
in Deutschland im späten 19. Jhd.: „Der Horror vor den beschäftigungslosen
Massen, die früher unter der Knute drakonischer Strafen nicht gegen ihr Schicksal aufzubegehren wagten, jetzt aber mit Aufstand drohten, nötigte der bürgerli-
chen Gesellschaft Konzessionen ab." (1982: 205).

Darin besteht, in aller Pauschalität, ein erstes Bezugsproblem, auf das unter
anderem die Arbeitslosenstatistik als gesellschaftlicher Institution reagiert: In der
Wahrnehmung eines immer drastischeren, und zugleich immer komplexeren
Gefahrenpotentials von Arbeitslosigkeit. Hier geraten die „Lebensbedingungen"
(Korte/Schäfers) einer modernen Gesellschaft in Gefahr, und ein Wissen über
Art und Grad dieser Gefährdung wird zunehmend überlebensnotwendig für die
Aufrechterhaltung von öffentlicher Ordnung und staatlicher Struktur. Dieses
Wissen selbst nun aber ist, soll es staatlichen Zwecken dienlich sein, seinerseits
modernen Basisprinzipien unterworfen; das heißt es muss sich dabei, angesichts
„bürokratischer Herrschaft" (Weber 1919), um rational legitimiertes Wissen
handeln. Im Abschnitt zum „Begriff der Öffentlichkeit" (3.3.1) wurde dazu bereits einiges gesagt; Max Weber schreibt hierzu:

> „Die zunehmende Intellektualisierung und Rationalisierung bedeutet also *nicht* eine
> zunehmende allgemeine Kenntnis der Lebensbedingungen, unter denen man steht.
> Sondern sie bedeutet etwas anderes: das Wissen davon oder den Glauben daran: dass
> man, wenn man *nur wollte*, es jederzeit erfahren *könnte*, dass es also prinzipiell kei-
> ne geheimnisvollen unberechenbaren Mächte gebe, die da hineinspielen, dass man
> vielmehr alle Dinge – im Prinzip – durch *Berechnen beherrschen* könne (...). Nicht
> mehr, wie der Wilde, für den es solche Mächte gab, muss man zu magischen Mitteln
> greifen, um die Geister zu beherrschen oder zu erbitten. Sondern technische Mittel
> und Berechnung leisten das." (Weber 1919: 316; Hervorhebungen D.F.) .

Die Arbeitslosenstatistik entspricht also dem „technisches Mittel" zur „Berechnung" und dadurch angestrebtem „Beherrschen" der mannigfaltigen Gefahren,
die durch Arbeitslosigkeit entstehen. Die beginnende statistische Erfassung stellt
dabei zwar nur eine gesellschaftliche Reaktion auf dieses Bezugsproblem dar, für

unsere Zwecke ist sie jedoch die wichtigste, und wird darum ausführlicher behandelt. In Abschnitt 4.4 werden andere Reaktionsweise kurz vorgestellt. Um die in 3.1 eröffnete Differenz zwischen individueller und kollektiver Wirkebene von Erwerbsarbeit aufrechtzuerhalten, wird zwischen einem „Problem der Arbeitslosen" und einem „Problem der Arbeitslosigkeit" unterschieden. Hier wird auch auf Fachliteratur aus dem Bereich der *governmentality studies* zurückgegriffen, die sich zum Großteil auf Entwicklungen in England beziehen. Herausgearbeitet werden die Fragestellungen und Probleme, vor denen die notwendig werdende „Regierung der Arbeitslosigkeit" (Fischer 2007b) durch statistische Erfassung steht.

4.2.1 Das Problem der Arbeitslosen

Das „Problem der Arbeitslosen" besteht darin, eine definitorische Abgrenzung zwischen der historisch bekannten Figur des „Armen" und der historisch neuen Figur des „Arbeitslosen" zu finden. Dahinter steht die Überlegung, dass man Arbeitslose mit anderen staatlichen und finanziellen Leistungen unterstützen müsse als Arme. Diese Überlegung entsteht aus einer Beobachtung der Entwicklung der Armut in der Gesellschaft infolge politischer Versuche, Armut zu bekämpfen. Townsend, britischer Ökonom, schreibt bereits 1786:

> *„But what is most perplexing is, that poverty and wretchedness have increased to the same extent that efforts have been made for the comfortable subsistence of the poor." (zitiert nach Bohlender 1998: 511).*

Darum wird es notwendig, andere Unterstützungsmöglichkeiten zu finden als nur die finanzielle, um gerade jenen, die nur zeitweilig arbeitslos sind, nicht den Weg in die Armut, sondern den Weg zurück in einen selbstständigen Unterhalt zu subventionieren. Man „entdeckt" die Arbeitslosigkeit politisch also gleichsam als Steuerungsbereich für die Grenze zwischen Armut (im Sinne von gesellschaftlicher Exklusion) und Wohlstandsteilhabe (im Sinne gesellschaftlicher Inklusion). In einem kenntnisreichen Aufsatz zur „Entdeckung der Arbeitslosigkeit" zitiert William Walters (1994) Alsager Hill, einen Sozial-Reformer aus England Ende des 19.Jhds.:

> *„Without some method of classification, nothing can be accomplished (...) and in no way shall we better be able to separate the body of the real industrious but unemployed poor from the clamorous horde of idle, dissatisfied and incompetent folk (...) than by some method of registration as is here shadowed forth."* (ebd. 1994: 267)

Gegenstand dieser Überlegung ist also die Trennung der „echten" von den „unechten" Arbeitslosen. Der „echte" Arbeitslose gilt dabei als entweder saison-
oder anderweitig nachfragebedingt temporär beschäftigungslos. Er ist grundsätzlich körperlich, geistig und moralisch in der Lage, Beschäftigung anzunehmen
und darum berechtigt, Arbeitslosenunterstützung zu beziehen. Davon zu trennen
sind diejenigen, die aufgrund körperlicher oder geistiger Defizite nicht in der
Lage sind zu arbeiten (diesen werden weiterhin die so genannten „*poor rates*"
ausbezahlt). Die letzte Gruppe sind die der „*undeserving poor*" oder auch
„*vagrant poor*" (Bohlender 1998: 514), die ein „Übel der Gesellschaft darstellen" (ebd.). Lange Zeit gilt daher als Maxime politischen Handelns im Bereich
Arbeitslosigkeit:

> „*Let us know exactly who are the unemployed, and than we can deal with them.*"
> (William Booth, Leiter der Salvation Army, zitiert nach Walters 1994: 268).[17]

Diese Phase bringt eine Reihe von Differenzierungsversuchen hervor, um die
Gruppe der „*deserving unemployed*" eindeutig zu bestimmen und dadurch einen
als „natürlich" betrachteten Auslesungsprozess, der die willigen Arbeiter überleben, die unwilligen und kranken verschwinden lässt, zu unterstützen.[18] Niess
spricht hier von der „sozialdarwinistischen Argumentationslinie" (1982: 56-59).

Auch in Deutschland ist dieser definitorische Abgrenzungsprozess des Arbeitslosen aus dem Bereich Armut heraus deutlich nachzuvollziehen. Die ersten
beiden Krisen des industrialisierten Deutschlands (1840, 1872) radikalisieren das
Phänomen Armut: Hier entsteht der Sozialcharakter des „Eigentumslosen"
(Zimmermann 2006: 34). Noch 1885 wird Arbeitslosigkeit jedoch als eine Ursache für das eigentliche Krisenphänomen Armut betrachtet, neben „Trunksucht,
Faulheit, Großer Kinderzahl, (...)." (ebd.: 57). Jastrow fasst diese Periode zu-

---

[17] Diese Aussage geschieht aus einer typisch erstmodernen Perspektive heraus, die auch in Webers
Position zur Rationalisierung des Wissens durchklingt: Ein Überkommen des Datenmangels, so das
Argument, liefere das Wissen und beseitige alle Unklarheiten, um so eine entsprechende Politik
forcieren zu können. Habermas spricht ebenfalls von einem „Verfügenkönnen, das die empirischen
Wissenschaften ermöglichen", das aber mit der „Potenz eines aufgeklärten Handelns nicht zu ver-
wechseln" sei (Habermas 1969: 112). Dieser Gedanke ist interessant, denn er reflektiert eine Unterscheidung zwischen Erkennen („Sichtbarkeit") und Bearbeiten („Verfügbarkeit") einer Sache; hier
wird eine Differenz sichtbar zwischen einem Diskurs, der auf die „Wahrheit" (Aufklärung) eines
Phänomens ausgerichtet ist und einem Diskurs, der sich auf technische Kontrolle eines Phänomens
bezieht. Diese beiden Diskurse funktionieren gewiss nicht unabhängig voneinander, sind aber
scheinbar auch nicht grundsätzlich aufeinander verwiesen. Darauf wird unter Punkt 4.3.1 noch näher
eingegangen
[18] Entschieden werden muss beispielsweise, ob auch Frauen arbeitslos sein können (im Sinne des
Anspruchs auf Unterstützung), ebenso die Frage nach der Mindeststundenanzahl geleisteter Arbeit
um als arbeitslos gelten zu können sowie die Frage nach der Mindestentlohnung von Arbeit u.v.m.

sammen: „Wir sagen: Arbeitslosigkeit. Wir meinen: Nahrungslosigkeit." (zitiert nach Zimmermann 2006.: 41). Erst wenn Arbeit selbst den Wert eines „Gutes" besitzt, also den moralischen Diskurs teilweise verlässt und in den ökonomischen, besitzindividualistischen Diskurs eintritt (vgl. 3.1), wird das Adjektiv „arbeitslos" sinnvoll und gebräuchlich.[19]

Der Fokus liegt also in beiden Ländern auf einer akteurszentrierten Beschreibung des Phänomens Arbeitslosigkeit, das gegen das bereits bekannte Phänomen der Armut abgegrenzt werden muss. Doch kommt es in beiden Ländern zu einem Scheitern der ersten Quantifizierungsversuche. 1909 heißt es bei Beveridge (Director of Labour Exchanges in England): „Classification of men according to the causes of their unemployment is, strictly speaking, impossible." (zitiert nach Walters 1994: 274). Hans von Scheel (Leiter des Statistischen Reichsamtes 1877-1891) urteilt: „Die Arbeitslosenzählung ist ein der schwierigsten Aufgaben die es überhaupt gibt (...). Alle diese Voraussetzungen zu erfassen, ist eine fast unlösbare Aufgabe." (zitiert nach Zimmermann 2006: 52).

4.2.2 Das Problem der Arbeitslosigkeit

Die ersten Gehversuche im Bereich Arbeitslosenstatistik verlaufen also in Deutschland genauso wie in England zäh und wenig erfolgreich, denn die im Einzelfall intuitiv problemlos erscheinenden Unterscheidungen zwischen „echtem" und „unechtem" Arbeitslosen lassen sich auf Aggregatsebene offensichtlich nicht durchhalten. Das „wahre Ausmaß" der Arbeitslosigkeit lässt sich also zunächst nicht in der gewünschten Form „zu Tage fördern". Doch allmählich beginnt man ebenfalls in beiden Ländern, auch diese Ergebnisse als nutzbar zu begreifen, und so tritt der Diskurs über die Arbeitslosigkeit gegen Ende des 19., anfangs des 20. Jahrhunderts in eine neue Phase ein. 1909 heißt es bei Beveridge weiter: „The only possible course is to classify the causes or types of unemployment themselves." (zitiert nach Walters 1994: 274). Hiermit gemeint ist die Beschreibung von Arbeitslosigkeit nach Häufigkeit ihres Auftretens in bestimmten Branchen, die Messung ihrer individuellen Dauer, etc. Arbeitslosigkeit wird in der Folge vor allem unter wirtschaftstheoretischen Gesichtspunkten thematisiert und so erstmals beschreibbar als Effekt „systemischer", also „nicht-individueller" Eigenschaften: Entweder als Folge bestimmter Einkommensverteilungen infolge von mangelnder Nachfrage und überzogener Sparquote (Hobson), als Effekt fixer Löhne (Arthur Pigou) oder als Folge von Arbeitsmarktversagen (Beveridge) (vgl. Walters 1994: 273ff.).

---

[19] Hierzu ausführlich: Niess (1982): 18-26.

Den Beginn für diese „Entdeckung" des Phänomens Arbeitslosigkeit als Makrophänomen, markiert in Deutschland das Jahr 1896, das Jahr der dritten industriellen Krise in Deutschland: Von da an wechselt, nicht zuletzt wegen erstmals landesweit erhobener Daten, Arbeitslosigkeit allmählich die Seiten und wird vom Explanans auf Individualebene zum Explanandum auf Kollektivebene. Den Ergebnissen der statistischen Messungen folgt die wissenschaftliche Aufarbeitung. In Deutschland steht der Ökonom Josef Schumpeter für die ersten Versuche einer wirtschaftstheoretischen Erfassung von Arbeitslosigkeit als Makrophänomen:

> „Es kann wohl sein und es wird dann als fördernder Umstand, als günstige Bedingung und selbst als Anlass der Durchsetzung neuer Kombinationen erscheinen, daß gelegentlich arbeitslose Arbeitermassen vorhanden sind, aber Arbeitslosigkeit in großem Ausmaß ist nur Folge welthistorischer Ereignisse – wie z. B. des Weltkrieges – oder eben der Entwicklung, die wir untersuchen." (Schumpeter 1912: 102).

An die Stelle einer Pathologisierung von Arbeitslosigkeit auf individueller Ebene tritt durch die statistische Beobachtung also vermehrt eine Normalisierung derselben auf kollektiver Ebene.[20] Auch Werner Sombart argumentiert in dieselbe Richtung und schreibt, die Arbeitslosigkeit sei eine „Begleiterscheinung unserer Wirtschaftsordnung". (Sombart 1912, zitiert nach Zimmermann 2006: 41).

Es ist wichtig sich diese Unterscheidung noch einmal vor Augen zu führen: Geht es beim „Problem der Arbeitslosen" um Fragen der „Repräsentation" des „echten Arbeitslosen" und darum, diesem eine andere Form von Unterstützung zukommen zu lassen als dem „Faulen", „Kranken" oder aus sonstigen Gründen „nicht Arbeitsfähigen", so geht es beim „Problem der Arbeitslosigkeit" um die vorausschauende, kalkulierende Politikplanung, um Steuerungsversuche im Bereich des Versicherungswesens, des Ausbildungswesens und der inneren Sicherheit. Hier geht es nicht mehr um die „statistische Adäquation"[21] und „Repräsentation" zwischen empirischer und numerischer Realität, sondern um „Korrelation" und „Kalkulation" sozialer Phänomene.

4.3 Die statistische Erfassung von Arbeitslosigkeit

Von hier aus lässt sich die zu Beginn des Kapitels eingeleitete institutionelle Analyse problemlos schließen. Bezugsproblem ist, erstens, ein auf Dauer gestelltes Phänomen der Bedrohung des sozialen Miteinanders sowohl in kultureller als

---

[20] Niess spricht hier von der „gesellschaftstheoretischen Argumentationslinie" (1982: 59-62).
[21] Der Begriff der Adäquation wird jedoch nicht aufgegeben sondern kann auf eine lange Tradition in der statistischen Diskussion verweisen: Flaskämper 1928, Machlup 1960, Menges 1982, Litz 1990.

auch in existentieller Hinsicht. Zweitens: Die Frage nach der Art und Weise, wie und zu welchem Ziel dieser Bedrohung zu begegnen sei, wird zu einer politischen Frage und birgt reichlich Konfliktpotential. Daraus entsteht, drittens, der Bedarf nach einer rationalen, rechenhaften und einsichtigen Grundlage für Arbeitsmarkt- und Wirtschaftspolitik. Diese Grundlage sucht man in statistischen Erhebungen, die ein spezifisches Wissen generieren sollen, durch das Steuerung und Planbarkeit sozialer Phänomene möglich werden. Wie dies geschieht, behandelt dieses Kapitel. Zunächst wird auf die kognitiven Grundlagen dieser Entwicklung eingegangen, anschließend die organisatorische Entwicklung historisch ansatzweise nachgezeichnet.

4.3.1 Kognitive Dimension[22]

Ausgangspunkt ist der in 4.2.1 geschilderte Versuch, eine Adäquation zwischen statistischem Begriff und empirischem Vorkommen des „Arbeitslosen" herzustellen; dieser scheitert an zu komplexen und uneindeutigen Verhältnissen in der Empirie. Anstelle dieser Adäquationslogik tritt nach und nach eine statistische Abstraktion von empirischen Zuständen. Diese beginnt schleichend, durch die erste Bekanntgabe der „Durchschnittsdauer der Arbeitslosigkeit" in bestimmten Berufszweigen, die durchschnittliche Häufigkeit von Phasen der Arbeitslosigkeit in bestimmten Gewerben, etc. (Niess 1982: 29,80). Allmählich erfolgt eine Zusammenfassung mehrerer Berufsgruppen, wodurch wiederum eine höhere Abstraktionsstufe erreicht wird, auch werden erstmals Daten über einzelne Berufe hinweg nach Qualifikationsniveau erhoben („korporativistisches Modell", nach Zimmermann 2006: 64). Arbeitslosigkeit wird also korreliert mit anderen Sozialmerkmalen wie beispielsweise dem Bildungsgrad einer Person. Ein erstes Maximum erreicht dieser Abstraktionsprozess in den ersten landesweiten Statistiken. Hier tauchen auf einmal zwei vom Beruf her vergleichbare, jedoch an unterschiedlichen Orten lebende, möglicherweise unterschiedlichen Konfessionen angehörige, ungleich alte Personen an ein und demselben (statistischen) Ort auf; es entstehen neue Gruppen, die, aller empirischen Heterogenität zum Trotz, politisch, administrativ und öffentlich als homogen erscheinen und derart behandelt werden (zum Beispiel was Versicherungsbeitrage und -leistungen angeht). Im Fall von Arbeitslosigkeit dominiert ihr Status als „Arbeitsloser" dann alle anderen Merkmale.

Statistik betreibt hier also bereits nicht mehr nur die Abbildung von Wirklichkeit, sondern wirkt auch als Produzent derselben, denn sie erzeugt über be-

---

[22] Ich habe wichtige Gedankengänge zu diesem Abschnitt an anderer Stelle ausführlicher diskutiert (Fischer 2007b).

stimmte Merkmalsassoziationen Gruppen, die so vorher nicht existierten. Schließlich werden erste Quoten bekannt gegeben, die sich bereits per Definition nicht mehr auf Individuen sondern auf Kollektive beziehen.[23] Seine Kulmination erreicht dieser Abstraktionsprozess jedoch in der „Arbeitslosenzahl", sicherlich mit einem der prominentesten politischen Symbole des gesamten 20. Jahrhunderts (und auch des angehenden 21. Jahrhunderts): Gänzlich dekontextualisiert, bar jeglicher Kausalität, gleich ob auf individueller oder systemischer Ebene, repräsentiert diese Zahl de facto nur mehr die Gesamtheit aller „arbeitslosen Körper" einer Bevölkerung. Hier wird weder nach Makrophänomenen differenziert (Sockel-, Such-, oder Mismatch-Arbeitslosigkeit usw.), noch werden individuelle Merkmale und Ursachen der Arbeitslosigkeit unterschieden (Alter der Person, Bildungsgrad, Dauer der Arbeitslosigkeit).

Diese Konstellation stellt ein klassisches Modernisierungsparadoxon dar: Die statistische Registrierung aller einzelnen Arbeitslosen als statistische „Fälle", zugunsten einer Differenzierung von Risikogruppen am Arbeitsmarkt, forciert einen Prozess, an dessen Ende eine Zahl steht, die gerade nicht die einzelnen Fälle reflektiert, sondern von diesen abstrahiert und bloß mehr „Menschenkörper" zählt". Die Zahl symbolisiert dann ausschließlich den Gefährdungszustand einer Bevölkerung, nicht mehr die Verwaltungspraxis gegenüber Individuen. Diese Illustration der Gefährdung durch die Arbeitslosenzahl jedoch enthält vielerlei Formen von Wirkpotential: Die Arbeitslosenzahl ist beispielsweise politisch lesbar als Indikator für die Gefahr von Aufständen. Genauso ist sie instrumentalisierbar als Versachlichung des von Seiten der Öffentlichkeit oder der politischen Opposition geäußerten Vorwurfs des Versagens einer Regierung. Die Arbeitslosenzahl lässt sich aber auch nutzen als Instrument zur Einwirkung auf die öffentliche Meinung, etwa um Einschnitte in bestimmten Sicherungssystemen zu begründen, oder um Änderungen in der politischen Bearbeitung eines Feldes zu forcieren.[24]

Die „Regierung von Arbeitslosigkeit" funktioniert also, wie hier deutlich sichtbar wird, durch statistisches Wissen gerade nicht nur auf einer direkten, empirischen Ebene (zum Beispiel in der Verwaltungspraxis), sondern es entsteht zeitgleich ein „symbolischer Raum" (Bourdieu 1998: 15-28), in dem nicht die Frage der *Repräsentation* von Individuen vorherrschend ist, sondern in dem Fragen nach der *Korrelation* von Symptomen und Auftretenswahrscheinlichkeiten gestellt und beantwortet werden. Von einer Phase des *„Problem of the*

---

[23] Kuczynski nennt bereits für 1887 erste Arbeitslosenquoten der industriellen Arbeiter (1947: 215).

[24] Man kann die Herstellung der Arbeitslosenzahl ebenfalls sehr anschaulich mit den Latour'schen Begriffen der „Übersetzung" und „Reinigung" beschreiben. Die Arbeitslosenzahl könnte man dann konsequenterweise als (empirisch) „steril" bezeichnen, weil sie überhaupt keinem der Umstände mehr Rechnung trägt, auf denen sie basiert.

unemployed" auf Mikroebene ist man eingetreten in die Phase eines „*Problem of unemployment*", das durch statistische Quantifizierung auf einer anderen Ebene sichtbar wird und dort an Realität gewinnt. Diese Realität ist es, die in der Folge das Zugriffsfeld staatlichen Handelns ist, dieser „symbolische Raum" ist es, über den der „soziale Raum" versucht wird, zu regieren (ebd.). In der Praxis wird die Verbindung zwischen diesen beiden Räumen garantiert durch die hohe Öffentlichkeitswirksamkeit der statistischen Daten zur Arbeitslosigkeit. Denn diese sind, im Gegensatz zu anderen statistischen Daten, von Anfang an auf Publikation ausgerichtet (Niess 1982: 83).[25]

4.3.2 Organisatorische Dimension

Es ist für die spätere empirische Analyse nötig, die organisatorische Entwicklung der amtlichen Arbeitslosenstatistik zumindest rudimentär nachzuzeichnen, um die Besonderheit der Entwicklungen in der jüngeren Zeit herauszustellen. Dies geschieht in zwei Schritten: Zunächst wird auf die Institution der amtlichen Statistik generell eingegangen, dann speziell auf den Bereich der Arbeitslosenstatistik.

Amtliche Statistik

Unter amtlicher Statistik versteht man die auf rechtlichen Grundlagen basierende und auf politischen Beschluss hin durchgeführten Erhebungen von Sozial- und Wirtschaftdaten zum Zwecke politischer und Verwaltungsziele (Bonß/Köhler 2007: 96ff.).[26] Der Begriff „Statistik" weist allerdings eine vielzweigige Geschichte auf: Das Etikett der „Amtlichkeit" in diesem Zusammenhang bezeichnet eine singuläre, spezifisch moderne Form von Statistik, die als Verschmelzung unterschiedlicher Statistikschulen entsteht (dazu ausführlich Bonß 1982: 59-97). Klar unterschieden wird zwischen der „Universitätsstatistik"[27] und der „Politi-

---

[25] Statistisches Wissen zählt zu Beginn seiner politischen Nutzung in der Regel zu den *arcana imperii* (Vgl. Foucault 2004: Vorlesung 5). Was die Zahlen zur Arbeitslosigkeit angeht, ist dies jedoch gerade nicht der Fall.
[26] Im Zuge der Globalisierung und internationalen Zusammenarbeit auf vielerlei Ebenen existieren auch mehr und mehr internationale statistische Ämter (Eurostat beispielsweise). Zu Beginn verfügt die amtliche Statistik jedoch in der Hauptsache über einen „nationalstaatlichen Blick" (Beck 1998)).
[27] Die Universitätsstatistik stammt aus dem 17./18. Jahrhundert und wird in der Regel an den beiden Figuren Gottfried Achenwall und Herrmann Conring festgemacht. Sie beschäftigt sich mit „anumerischen Staatsbeschreibungen" (Nicolas 1952: 19), im Zentrum stehen hier „Staatsmerkwürdigkeiten" im Sinne von qualitativen Unterschieden zwischen bestimmten Regionen, Staaten, Kulturen. Hier wird all das aufgezählt, was aus einer kameralistischen Perspektive für eine „gute Herrschaft" unverzichtbar erscheint, wobei der symbolische Kontext gegenüber den instrumentellen Absichten eindeutig dominiert. Die Zahlen repräsentieren eine Art kognitive Überlegenheit der staatlichen Souveräni-

schen Arithmetik"[28]. Die politischen Eliten in Europa beginnen sich jedoch nur schleppend für diesen neuen Wissensbereich zu interessieren. 1800 wird als erstes statistisches Zentralamt in Frankreich das *„Bureau de la Statistique Générale"* gegründet und im Jahr 1805 das Königlich Preußische Statistische Amt, der direkte Vorläufer des heutigen Statistischen Bundesamtes (destatis). Die Übernahme quantifizierender Praktiken als politisches Instrument und damit für Steuerungszwecke stellt in der Folge jedoch sogar ein Hauptmerkmal moderner Staatlichkeit dar. Schon Hildebrand bezeichnet die amtliche Statistik hinsichtlich des Staates als „treuen Spiegel des eigenen Lebens" und „Quelle seines Selbstbewusstseins. Ja, sie wird zum Gewissen des Staates und zum Prüfstein jedes Gesetzgebungs- und Verwaltungsactes." (Hildebrand 1866: 5). Unter anderem Schmidt (2005) und Nikolow (2002) haben die enge Verzahnung von „Statistik und Staatlichkeit" (Schmidt) in historischen Analysen gezeigt, auch Foucault schreibt der Statistik eine entscheidende Rolle bei der Ausbildung einer modernen „Gouvernementalität" zu (ebd. 2004: 396). Die Institution der amtlichen Statistik generell verkörpert eine spezifische Kombination von Wissenschaftlichkeit und Staatlichkeit und kann insofern als Schlüsselinstitution der modernen, nationalstaatlich organisierten Gesellschaft gesehen werden.

Die Entwicklung der amtlichen Statistik gehorcht lange Zeit klassischen Modernisierungsparadigmen: Expansion und Differenzierung des statistischen Blicks, bei gleichzeitiger Integration der Daten zu einem „statistischen Gesamtbild der Gesellschaft".[29] Dieser Prozess erreicht in der Zeit des Nationalsozialismus seinen vorläufigen Höhepunkt, Aly und Roth sprechen von der „totalen Erfassung" (ebd.: 1984). Noch bis in die 1980er Jahre hinein lässt sich allerdings das Prinzip der „Weiter-so-Modernisierung" (Beck et al. 1997: 23) der „informationellen Infrastruktur"[30] der Gesellschaft gut nachvollziehen. Die Ziele eines

---

tät, die aber weitgehend ungenutzt bleibt. Hier steht also das Basisprinzip „Staatlichkeit" im Vordergrund.

[28] Die politische Arithmetik konzentriert sich dagegen durchaus auf die mathematisierte Beschreibung des Phänomens „Bevölkerung". Im Zentrum steht hier das Streben nach Erkenntnis von der Bevölkerung „immanenten" Gesetzmäßigkeiten. Graunts Sterbe- und Geburtentafeln aus dem 17. Jahrhundert bilden den Anfang dieser Schule, „Sir William Pettys economical writings" (Petty 1963) stellen einen ersten Versuch dar, daraus eine Wissenschaft zu begründen und über Johann Peter Süßmilch (1707-67/deutscher Theologe und Universalgelehrter) schließlich findet sie ihren Weg nach Deutschland. Hier dominiert zunächst kein politisches Interesse sondern wissenschaftliche Neugier. Sie ist Vorläufer vieler moderner wissenschaftlicher Disziplinen, zum Beispiel der Demographie, der Nationalökonomie etc. In diesem Strang der Geschichte der amtlichen Statistik dominiert also das Basisprinzip der Wissenschaftlichkeit.

[29] Dieser Begriff entstammt der Selbstbeschreibung der amtlichen Statistik. Vgl: Statistisches Bundesamt 1954, 1983, 1993.

[30] Auch dieser Begriff stammt aus der Selbstbeschreibungen der amtlichen Statistik (vgl. destatis 2007: 9).

kumulativen Wissensfortschritts, zum Zwecke einer besseren Lesbarkeit und Steuerbarkeit von Gesellschaft bleiben also zunächst konstant, werden dann aber, gegen Ende des 20. Jahrhunderts zunehmend stärkeren, reflexiv-modernen Trends unterworfen (Bonß/Köhler 2007). Dies lässt sich daran zeigen, dass sich die amtliche Statistik zu einer „Neubegründung ihrer eigenen kognitiven und organisatorischen Grundlagen aufgefordert sieht." (ebd.: 117). Ob dies auch speziell für die Arbeitslosenstatistik gesagt werden kann und wie sich dieser Zwang zur Neubegründung manifestiert, diese Fragen sollen im empirischen Teil dieser Arbeit geklärt werden.

Erste Arbeitslosenstatistiken in Deutschland

Das Hildebrand-Zitat oben unterstreicht nochmals die zu Beginn dieses Kapitel aufgestellte These: Erst wenn Arbeitslosigkeit gesellschaftlich und politisch problematisch wird und dadurch Gegenstand von „Gesetzgebungs- und Verwaltungsacten", werden statistische Erhebungen in diesem Bereich als „Prüfstein und Gewissen des Staates" nötig.[31] Bevor es zu einer amtlichen Arbeitslosenstatistik für Deutschland kommt, ist die statistische Erfassung der Arbeitslosigkeit in Deutschland in ihren Anfängen ein äußerst fragmentarisches Gebilde: Am Anfang steht die „Symptomstatistik", die anhand von Zahlen zur Auswanderung, zum Fleischkonsum, zur Armenhilfe, zur Vagabondage und Delinquenz versuchte, die Arbeitslosigkeit indirekt zu schätzen. Schätzungen also, die alles andere bildeten als die rationale Grundlage, nach der man suchte, um entsprechende Politik zu legitimieren. Erste direkte Zahlen zur Arbeitslosigkeit stammten aus einzelnen Gewerkschaften, die ihren Mitgliedern Arbeitslosenversicherung anboten (zum Beispiel die Gewerkschaft der Buchdrucker), diese waren jedoch zunächst in der Minderheit und erlaubten erst 1908, als gut zwei Drittel aller freien Gewerkschaften die Arbeitslosigkeit ihrer Mitglieder erhoben, erste generalisierbare Aussagen (Niess 1982: 79ff.). Zu beachten ist, dass es sich hierbei immer noch um Sekundärdaten handelt, also Zahlen, die nicht um ihrer selbst Willen entstanden, sondern ein Nebenprodukt von Versicherungsverträgen darstellen. Für die ersten tatsächlichen Zählungen, nur stichprobenartig und in manchen Städten durchgeführt, zeichnen ebenfalls die Gewerkschaften verantwortlich; auch diese haben jedoch eher explorativen Charakter, um „in etwa die Ausgaben abschätzen zu können, die durch die Arbeitslosenunterstützung auf sie zu kamen." (ebd.: 80). Die praktische Nutzbarkeit wird hier also – im Vergleich zur „symbolischen" oder „regierungstechnischen" Nutzbarkeit, wie sie in Abschnitt

---

[31] „Solange das Prinzip vorherrschend war, dass die wirtschaftlichen Kräfte in freiem Spiel die Disharmonien ausgleichen können, die sie erzeugen, war bei den maßgebenden Kreisen kein Bedürfnis nach einer solchen Sozialstatistik." (Priester 1898, zitiert nach Niess 1982: 75).

4.3.1 behandelt wurde – nicht erst im Nachhinein entdeckt, sondern ist von Anfang an klar formuliert. „Arbeitsvermittlung" und „Arbeitslosenversicherung",
dies sind die beiden Allokationsfragen (von freien Stellen und finanzieller Unterstützung), auf welche die Arbeitslosenstatistik die „besten" Antworten liefern
soll.

Methodischer und politischer Zweifel

Auch einzelne Parteien führen ab dem späten 19. Jhd. eigene Zählungen durch,
insbesondere Arbeiterparteien wie die SPD. Diese waren jedoch methodisch und
politisch höchst umstritten. Als Beispiel für die bürgerlichen Proteste zitiert
Niess „einen Kritiker": „Allein gegen diese Erhebung lassen ich viele Bedenken
geltend machen, die Zählung ist durchaus ungenau. Ihr tendenziöser Zweck war,
die Zahl möglichst groß werden zu lassen. Es sind auch Kranke, Armengenössi-
ge, Durchreisende, (…) Verbrecher usw. eingerechnet." (1982: 81).

Nicht zuletzt wegen solcher generellen Verdachtsmomente und der organisatorischen, methodischen Schwierigkeiten beginnt sich das Interesse an einer
einzigen, methodisch „einwandfreien" und organisatorisch unterstützten Arbeitslosenstatistik für ganz Deutschland immer stärker zu konkretisieren. Die Gene-
ralkommission der deutschen Gewerkschaften verkündet 1902:

> „Die Basis aller Arbeitslosigkeitsreformen ist die Arbeitslosigkeitsbeobachtung
> und die Feststellung ihres Umfangs. Hierzu bedarf es außer der Statistik der Ar-
> beitsnachweise direkter, regelmäßig in kurzen Zeiträumen wiederholter Arbeits-
> losenstatistiken, deren Ergebnisse fortwährend zu vergleichen und zu publizieren sind.
> Heute hindert der Mangel an einer solchen zuverlässigen Statistik die Gemeinden
> und Einzelregierungen an jeder ernsteren Beurteilung des Arbeitslosigkeitsproblems
> und an jeder weitsichtigen Notstandsreform." (ebd. 83).

Erste amtliche Arbeitslosenstatistiken

Im Bereich der amtlichen Statistik geschieht bis dato recht wenig in dieser Hin-
sicht. Niess spricht von „krasser Rückständigkeit der Sozialstatistik auf diesem
Gebiet" (ebd.: 80). Einzig im Rahmen einer Volkszählung 1896 werden drei
Fragen zur Arbeitssituation gestellt, deren Ergebnisse auch publiziert werden,
um die allerdings bereits wieder ein heftiger Methodenstreit entbrennt. So wird
debattiert, ob die Formulierungen in den Fragestellungen eher Minimal- oder
Maximalzahlen hervorgerufen hätten, was dann zu entsprechenden Ab- oder
Aufrundungen geführt hätte. Dies ist Beleg dafür, wie sehr diese selbst „so neut-
rale Materie klassenkämpferisch umstritten war." (ebd.: 82). Insbesondere die
„wilhelminische Obrigkeit sträubte sich lange, amtlicherseits, die Misere auf

dem Arbeitsmarkt zu dokumentieren, da man vielleicht den darin enthaltenen sozialen Sprengstoff fürchtete." (ebd.). Interessant im Hinblick auf den Streit um die Ergebnisse der ersten Arbeitslosenstatistik im Rahmen der Volkszählung ist die Tatsache, dass *beide* politischen Antagonisten ein Nachrunden der Zahlen forderten. Die tatsächlichen Zahlen würden das tatsächliche Ausmaß also in den Augen keines der Kontrahenten widerspiegeln; trotzdem erkennen beide Parteien „die hervorragende sozialstatistische Bedeutung der Zählungen an." (ebd.)

Das Jahr 1903 schließlich geht als „Wendepunkt" in die Geschichte der amtlichen deutschen Arbeitslosenstatistik ein, beginnt doch hier die Zusammenarbeit und Verdichtung allen statistischen Stückwerks zu einer einzigen gesamtdeutschen Statistik, erstellt vom Kaiserlichen Statistischen Amt. In der Folge lässt sich eine kontinuierliche, linear verlaufende Entwicklung zu besserer Organisation und Integration beschreiben, die in der Verabschiedung des „Arbeitsnachweisgesetz" 1922 sowie mit der Verabschiedung des Arbeitslosenversicherungs- und –vermittlungsgesetz (AVAVG) 1927 „auf hohem statistischen Niveau" kulminiert. Die Arbeitslosenstatistik ist „Pflichtprogramm" aller statistischen Ämter, und verläuft nach einheitlichen Kriterien, die Ergebnisse werden auf Reichsebene integriert und monatlich bekannt gegeben. Auch in der Zeit des Nationalsozialismus bleibt dieses hohe Niveau erhalten. Nach dem Krieg schließt die 1952 wieder aufgenommene Arbeitslosenstatistik an, 1969 erfolgt die Umbenennung in „Bundesanstalt für Arbeit". Der erreichte Stand entspricht organisatorischer „Perfektion", was Zusammenarbeit und Abdeckungsgrad der einzelner statistischen Ämter betrifft (Niess: 88f.).

Gegenwärtige Situation

Auf diesem Stand übersteht die deutsche Arbeitslosenstatistik die ersten drei Arbeitsmarkt-Krisen (1967, 1973, 1982) nahezu unbeschadet, bis im Zuge grassierender Massenarbeitslosigkeit seit Ende der 1990er Jahre tiefgehende Veränderungen was Zähl- und Erfassungsweise vorgenommen werden (Hartz-Reformen 2002-2004). Insbesondere diese Reformen bilden wichtige Randbedingungen für den untersuchten Wandel und werden hier kurz stichpunktartig aufgeführt:

a. Zahlenkonkurrenz: Von 2005 an werden nicht nur die von der „Bundesagentur für Arbeit"[32] selbst erhobenen Daten veröffentlicht, sondern auch Arbeitslosenzahlen nach der Definition der International Labour Organisa-

---

[32] so wurde die ehemalige Bundesanstalt im Zuge der Hartz-III-Reform 2004 umbenannt

tion (ILO).[33] Diese unterscheiden sich von denen der Bundesagentur sowohl was die Erhebungsart, also auch was die Definition von Arbeitslosigkeit anbelangt. Zum Beispiel genügt hier die Ausübung einer bezahlten Tätigkeit von 2 Stunden pro Woche um als „nicht-arbeitslos" zu gelten (im Gegensatz dazu liegt die Grenze nach BA-Maßstab bei 16 Stunden). Das Erwerbspersonenpotential wird definiert auf alle Personen zwischen 15 und 74, die dem Arbeitsmarkt in den kommenden zwei Wochen zur Verfügung stehen. Der Zweck der Erhebung besteht laut Gesetz in der „Herstellung internationaler Vergleichbarkeit".

b.   Änderung der nationalen Erfassungsweise: Beschlossen wird zum 1.1.2005 eine Neudefinition des Erwerbspersonenpotentials (Hartz IV-Reform[34]). Viele Langzeitarbeitslose beziehen bis dahin Arbeitslosenhilfe (die unter das Sozialhilfegesetz fällt) und werden deshalb nicht als Arbeitslose geführt. Von nun an wird jeder, der wöchentlich 3 Stunden arbeiten kann, wieder als arbeitslos gezählt. Das heißt, die Arbeitslosenzahl fällt damit aus definitorischen Gründen zunächst größer aus, ohne dass sich am Referenzphänomen etwas ändern würde. Gleichzeitig wird jedoch auch die Arbeitsmarktregulierung gelockert und es ergeben sich viele „neuartige" Arbeitsverhältnisse (Mini-Jobs, Ich-AGs, Ein-Euro-Jobs). Wer sich in einem solchen Arbeitsverhältnis befindet wird nicht mehr als arbeitslos gezählt, obwohl der Betreffende weiterhin nach Arbeit sucht. Dadurch gibt es auch eine systematische Veränderung der Arbeitslosenzahl nach unten.

4.4 Der Sozialcharakter des Arbeitslosen

Bis hierher haben wir uns bei der Ausarbeitung des Interpretationsrepertoires vor allem auf Arbeitslosigkeit als statistisches Massenphänomen konzentriert, in dem die Denkweisen der „Korrelation" und „Kalkulation" die Frage nach der „Repräsentation" deutlich überwiegen. Doch bleibt das arbeitslose Individuum nicht minder Gegenstand von semantischen Formungsprozessen. Analog zum Sozialcharakter des „heroischen männlichen Industrie-Arbeiters" (Brose, vgl. Abschnitt 4.1) lässt sich für das beginnende 20.Jhd. die Entstehung eines „Sozialcharakters des Arbeitslosen" beschreiben. Hier werden am Individuum selbst die Folgen und Symptome nachvollzogen. An dieser Stelle soll nachgezeichnet werden, in welchen anderen Bereichen der Gesellschaft die Bedeutung von Arbeits-

---

[33] Dies geschieht in Folge der Verordnung (EG) Nr. 1897/2000 (7. September 2000) und der Verordnung (EG) Nr. 577/98 (9. März 1998).
[34] Siehe dazu: Viertes Gesetz für moderne Dienstleistungen am Arbeitsmarkt, Bundesgesetzblatt 2003, Teil I, Nr.66, S.2954-3000.

losigkeit konstruiert wird. Welches *nicht-quantitative* Wissen ist über Arbeitslose und Arbeitslosigkeit vorhanden und wo entsteht dies?

4.4.1 Wissenschaft

Der Begriff des Sozialcharakters stammt aus der Sozialpsychologie Erich Fromms und wurde unter anderem von Mitgliedern der Frankfurter Schule auch für die empirisch arbeitende Soziologie fruchtbar gemacht.[35] Im Bereich der Sozialwissenschaft finden sich also durchaus qualitative Beschreibungen des Arbeitslosen und der Folgen von Arbeitslosigkeit. Nicht zuletzt die Soziologie hat in „Die Arbeitslosen vor Marienthal" (Jahoda et al. 1931) einen wertvollen Beitrag zur Beschreibung der psychischen und sozialen Auswirkungen von Arbeitslosigkeit auf Individuen und Kollektive geleistet. Ursprünglich in Auftrag gegeben um die Wahrscheinlichkeit von politischer Radikalisierung zu bewerten, ergab sich im Gegenteil das Bild eines apathischen, kraft- und hoffnungslosen Kollektivs. Zentral ist hier die Einsicht, dass Arbeitslosigkeit auch auf psychischer Ebene ausstrahlende Wirkung hat, auf nicht direkt betroffene Personen einerseits (insbesondere im Bereich der Familie), und auch über den Zeitraum der tatsächlichen Arbeitslosigkeit hinaus. Hier entsteht das Bild des Arbeitslosen als Opferfigur, die an weit mehr als nur den finanziellen Einbußen leidet und dessen (psychisches, habituelles) Leiden auch auf das Umfeld des Arbeitslosen übergreift. Die Forschungsgruppe um Lazarsfeld prägt den Begriff der „müden Gemeinschaft" (Lazarsfeld 1960).

Die systematische Erforschung der sozialen und psychischen Folgen von Arbeitslosigkeit wird in den Kriegsjahren und der Zeit des Wiederaufbaus jedoch weitgehend eingestellt, zu gering ist die Arbeitslosigkeit, als dass man hieran großes Interesse hegt. Erst Mitte der 1970er Jahre, als die Arbeitslosigkeit wieder zunimmt, setzt wieder ein breites Forschungsinteresse in diesem Bereich ein.

4.4.2 Kunst

Während die Erkenntnisse wissenschaftlicher Studien nicht unbedingt als Allgemeinplatz öffentlichen Wissens gelten können, sieht dies für Strömungen aus dem Bereich der Kunst ganz anders aus. Diese spielt um die Jahrhundertwende eine eminent politische und darum öffentlich wirksame Rolle, gerade was „soziale Fragen" betrifft. Hier finden sich beispielsweise bei Käthe Kollwitz recht drastische Darstellungen von Arbeitslosen. Auch diese lassen sich als Versuch einer Trennung zwischen „echtem" und „unechtem" Arbeitslosen lesen. Abbil-

---

[35] vgl. dazu Adornos und Horkheimers „Studien über den Autoritären Charakter" (Adorno 1995).

dung 2 zeigt einen Holzstich von 1924. Hier wird die familiäre Einbettung des Arbeitslosen betont. Dies steht im Gegensatz zur Semantik des „Paupers", die stets vagabundierenden Züge beinhaltet (vgl. den Begriff des „Landstreichers" etwa bei Ostwald 1906). Hieraus leitet sich die zweite Hauptaussage des Bildes ab: Arbeitslosigkeit trifft in hohem Maße Unschuldige (Kinder, Ehefrauen). Auch der Mann selbst wird nicht als berechnend oder gleichgültig dargestellt, sondern als Opfer externer Umstände. Als drittes Motiv kann die oben bereits zitierte Assoziation von Arbeitslosigkeit und Nahrungslosigkeit beschrieben werden. Die Körper aller Personen wirken hager und kraftlos, jedoch nicht schmutzig oder verwahrlost (auch dies unterscheidet den Arbeitslosen von Land-streicher), die Blicke gieren nach Essen.

Doch Arbeitslosigkeit wird auch im Bereich der Kunst nicht nur auf Individ-ualebene thematisiert sondern ebenfalls als Massenphänomen wahrgenommen. Ein Holzstich von Gerhart Bettermann zeigt eine Arbeitslosendemonstration (Abb.3). Hier werden die psychischen Auswirkungen von Arbeitslosigkeit be-tont: Verschlagene, missgestaltige Gesichter, beäugt von aus dem Fenster star-renden Bürgern. Auch im Bereich der Kunst wird die „Masse der Arbeitslosen" ganz offensichtlich aufgefasst als etwas, das nicht in seiner Gänze erfassbar ist. Nicht von ungefähr verweist die Demonstration über die Grenzen des Bildes hinaus, weder Anfang noch Ende der Demonstration kommen in den Blick des Betrachters, Arbeitslosigkeit ist also sichtbar und unüberschaubar gleichzeitig, und genau diesen Mangel an „Überblick" oder „Transparenz" verspricht die Statistik zu überwinden. Ein letztes Bild von Lothar-Günther Buchheim zeigt vier kräftige, jedoch verschlagen und gefährlich wirkende Männer. Hier wird die Gefahr einer politischen Radikalisierung betont, entstehend durch Umkanalisie-rung nicht nachgefragter Arbeitskraft in auflehnerische, ideologisch genutzte Energie.[36]

---

[36] Diese Energie ist zu jener Zeit Zielobjekt zum Beispiel der marxistischen politischen Philosophie – durch Vereinigung aller Proletarier sollte das ausbeuterische kapitalistische System zum Einsturz gebracht werden, wobei insbesondere das Leid der stark ausgebeuteten bzw. nicht in Lohn und Brot stehenden Proletarier die Klasse der Arbeiter einen und zu sich kommen lassen sollte (vgl. Marx 1967:559). Auch die nationalsozialistische Ideologie findet in der krass hohen Arbeitslosigkeit am Ende der Weimarer Republik das entscheidende Bezugsproblem für die Durchsetzung ihrer radikalen Politik.

Abbildung 2:   Käthe Kollwitz: „Arbeitslose", Kreidezeichnung, 1924.

Abbildung 3:   Gerhart Bettermann: „Arbeitslosendemonstration",
Holzstich, 1928.

Abbildung 4:   Lothar-Günther Buchheim: „Arbeitslose",
                  Linolschnitt, 1933

In der Kunst findet sich also sowohl die Verarbeitung von Einblicken in die
Situation von einzelnen Arbeitslosen (Kollwitz), als auch die Verarbeitung der
ambivalenten Sichtbarkeit von Arbeitslosigkeit im öffentlichen Raum. Sowohl
die Semantik der Bedrohung (Buchheim) als auch der Degeneration (Bettermann) werden hier bemüht, genauso wie die Wahrnehmung von Arbeitslosigkeit
als etwas in seinem Ausmaß „Unüberschaubares" (Bettermann). Es sind also
ähnliche Bezugsprobleme die hier auftreten, gleichwohl deren „Lösung" durch
die öffentliche Rolle der Kunst eine höhere gesellschaftliche Anschlussfähigkeit
beschieden ist.

4.4.3 Literatur

Auch in der zeitgenössischen Literatur wird verstärkt auf die Ausbeutung der
Arbeiterklasse und die weit verbreitete Armut eingegangen. Über Arbeitslose
und Arbeitslosigkeit finden sich insbesondere Gedichte und Dramen. Kurt Tucholsky schreibt 1926:

Arbeit für Arbeitslose

I
Stellung suchen Tag für Tag,
aber keine kriegen.
Wer kein Obdach hat, der mag
auf der Straße liegen.
Sauf doch Wasser für den Durst!
Spuck aufs Brot - dann hast du Wurst!
Und der Wind pfeift durch die Hose -
Arbeitslose.
Arbeitslose.

II
Schaffen wollen - und nur sehn,
wie Betriebe schließen.
Zähneknirschend müßig gehn ...
Bleib du nicht am Reichstag stehn!
Geßler läßt was schießen.
Zahl den Fürsten Müßiggang;
Friere nachts auf deiner Bank.
Polizeiarzt. Diagnose:
Arbeitslose.
Arbeitslose.

III
Wart nur ab.
Es kommt die Zeit,
darfst dich wieder quälen.
Laß dir von Gerissenheit
nur nichts vorerzählen:
Klagen hilft nicht,
plagen hilft nicht,
winden nicht und schinden nicht.
Dies, Prolet, ist deine Pflicht:

IV
Hau sie, dass die Lappen fliegen!
Hau sie bis zum Unterliegen!
Bleib dir treu.
Die Klasse hält
einig gegen eine Welt.
Auf dem Schiff der neuen Zeit,
auf dem Schiff der Zukunft seid
ihr Soldaten,
ihr Matrosen
Ihr - die grauen Arbeitslosen!

Hier findet sich vordergründig wiederum eher die Semantik des Opfers externer Umstände, verwiesen wird jedoch auch auf einen Umgang mit Arbeitslosen, der entweder sanktionierender Art ist („Bleib du nicht am Reichstag stehen!"), oder sich in schroffer Mitleidlosigkeit äußert („Spuck aufs Brot, dann hast du Wurst!"). Sehr wichtig und mit den hier angestellten Analysen exakt korrespondierend ist der Schlusssatz: „Grau" sind die Arbeitslosen, was sich als Hinweis auf eine gewisse Ununterscheidbarkeit, also Homogenität der Arbeitslosen lesen lässt. Arbeitslosigkeit entindiviualisiert also in gewisser Weise und erzeugt dadurch eine in sich homogene und dadurch klar abgrenzbare, farblose Gemeinschaft.[37]

Ähnliches Material zum Charakter und zur Situation des Arbeitslosen findet sich zum Teil schon bei Arno Holz und Johannes Schlaf (1890: „Familie Selicke"), noch früher bei Emile Zola (1877: „Der Totschläger"), später vor allem

---

[37] Gewiss lässt sich „Grau" auch als Metapher für Hoffnungslosigkeit lesen, doch scheint die hier vertretene Lesart nicht abwegig wenn man den Sprachgebrauch im Volksmund betrachtet: Die Binsenweisheit „Nacht sind alle Katzen grau" basiert ebenfalls auf dieser Metaphorik.

bei Bertolt Brecht (1933: „Eine gute Antwort"). Stets werden die gravierenden sozialen, psychischen und gesundheitlichen Folgen von Arbeitslosigkeit dargestellt.

4.4.4 Presse

Auch in den zeitgenössischen Tageszeitungen, damals „wichtigste Informationsquelle für die Bevölkerung" (DHM/LeMO 2007), wird Arbeitslosigkeit thematisiert und verstärkt visuell verarbeitet.[38] Typisch sind hier Bilder von einzelnen Arbeitslosen, die selbst aktiv die Unterscheidung zu „bloß" Armen erzeugen und als lebendige Stellenanzeige ihren unbedingten Arbeitswillen („mache alles!") oder ihre spezifischen Kompetenzen demonstrieren (Abb.5/6). Die Münchner Illustrierte Presse zeigt „Arbeitslose beim Lesen von Stellenanzeigen" (Abb.7). Auch hier wird der ungeheure Arbeitswillen der betroffenen Bürger betont: So würden manche Arbeitslose „im Winter nachts um eins am Arbeitsamt vorstellig, um am Morgen Schnee räumen zu dürfen, falls über Nacht einer fallen würde." (Stölzl 1979: 316).

Abbildung 5:   „Arbeitslose mit Stellenanzeige", Herkunft unbekannt;
                 Quelle: www.lsg-musin.de
Abbildung 6:   „Arbeitslosigkeit in der Zwischenkriegszeit";
                 Quelle: Dokumentationsarchiv des Österreichischen
                 Widerstandes, Wien. Inventarnummer: 5002.

---

[38] Die visuelle Darstellung von sozialen Phänomen in den bis dato nur textorientierten Medien ist ein allgemeiner Trend dieser Zeit; hier entsteht der Begriff der Illustrierten (DHM/LeMO 2007).

Abbildung 7: „Arbeitslose beim Lesen von Stellenanzeigen"; aus: Münchner Illustrierte Presse 1931/Stölzl 1979: 317.

Doch auch in der Presse wird die Figur des Arbeitslosen von Anfang an ambivalent verhandelt. So finden sich nicht nur Betonungen von Leid und Arbeitswillen, sondern auch erste Vermutungen über möglichen Missbrauch von Unterstützungsleistungen. Doch meint man, diese Fälle prinzipiell beheben zu können. Die Aschaffenburger Zeitung schreibt 1933: „Eine große Anzahl von Unterstützungsempfängern, bei denen sog. unechte Arbeitslosigkeit vorliegt, die am Rande des Arbeitsmarktes stehen, deren missbräuchliche und eigensüchtige Ausnützung der Unterstützungseinrichtungen durch die gewöhnlichen rechtlichen und verwaltungsmäßigen Mittel nicht ganz zu beseitigen war, ist durch Zuweisung zur Pflichtarbeit aus der Unterstützung ausgeschieden." (Anonymus 1933).

4.5 Der Erstmoderne Diskurs über Arbeitslosigkeit

Hier endet die historisch-soziologische Annäherung an die Institution der Arbeitslosenstatistik. Es gilt nun, aus den gewonnenen Informationen analytische Kategorien zu generieren, auf Basis derer sich im empirischen Teil arbeiten lässt: Diese Kategorien lassen sich einmal als Analyseraster darstellen (Vgl. Abbildung 8), die Bezeichnung der Zeilen des Analyserasters folgt dabei zum Großteil einem Vorschlag Kellers zur Kategorisierung von Diskursen (Keller 2005: 245).

Phänomenstruktur	Arbeitslosigkeit als Messproblem		Arbeitslosigkeit als gesellschaftliches Problem		Arbeitslosigkeit als individuelles Problem		Arbeitslosigkeit als wirtschaftstheoretisches Problem
Ursachen	Falsche Zählweise	Manipulation	natürlich	kulturell	Arbeitsplatzmangel	Charakter, Anreize	Uneindeutigkeit, neue Entwicklungen, Ideologie
Verantwortung	Wissenschaft	Politik	Politik, Gemeinschaft		Politik		Wissenschaft, Politik
Folgen	Politikversagen, Politikverzögerung		bedrohte Stabilität	Wohlstandseinbuße	Armut	Missbrauch	Falsche Politik
Handlungsebene	Statistik, Verwaltung		Sozialpolitik, Werteverständigung		Sozial- und Bildungspolitik		Forschung

Abbildung 8: Interpretationsrepertoire des erstmodernen Diskurses über Arbeitslosigkeit

Die jeweiligen Spalten stellen die verschiedenen *Rahmungen* dar, die dem Diskurs eine Art interne Struktur verschaffen. Die einzelnen Rahmen lassen sich als *story lines* (Keller 2005: 230) ausformulieren, die im Folgenden kurz diskutiert werden (4.5.1).

Schließlich kann man, noch eine Abstraktionsstufe höher angesetzt, versuchen *Strukturmomente* zu beschreiben (4.5.2), die den Diskurs über alle Rahmungen hinweg Stabilität verleihen. Es sind diese Strukturmomente, welche die von der Theorie reflexiver Modernisierung auf der Meta-Ebene angesiedelten Basisprinzipien im Diskurs praktisch und gegenstandsspezifisch repräsentieren.

4.5.1 Die story lines des Diskurses über Arbeitslosigkeit

Story lines sind kleine Erzählstränge, die bei der diskursiven Verarbeitung der Wirklichkeit immer wieder mobilisiert werden (vgl. Abschnitt 3.3.2). Wichtig ist darauf hinzuweisen, dass die hier vorgeschlagenen *story lines* nicht konstant sind (sein müssen), sondern dass Veränderungen in der Verknüpfung einzelner Bausteine aus dem Interpretationsrepertoire, oder gar ganz neue Bausteine möglich sind. Die hier vorgestellten *story lines* (4.5.2) ergeben sich prinzipiell aus dem bis hierhin vorgestellten Material, wenngleich die endgültige Ausformulierung in dieser Form Ergebnis eines iterativen hermeneutischen Prozesses ist.

Arbeitslosigkeit als Messproblem

In dieser *story line* werden falsche Zahlen als Teilursache für die scheiternde Bekämpfung von Arbeitslosigkeit betrachtet. Ganz im Sinne des Weber-Zitats („durch Berechnen beherrschen"; vgl. Abschnitt 4.2) meint man, eine genau Kenntnis von Höhe und Veränderung der Arbeitslosenzahlen, insgesamt sowie getrennt nach allen Kategorien, würde die besten politischen Entscheidungen in der Bekämpfung von Arbeitslosigkeit ermöglichen. Zwei Ursachen für falsche Zahlen existieren: Methodische bzw. organisatorische Mängel und politische Manipulation. Im ersten Fall werden Erfassungs- und Zählweisen diskutiert. Zum einen lassen sich nicht alle Arbeitslosen registrieren, weil sie keinen Anspruch auf Unterstützung haben, zum anderen entscheiden Zeitpunkt der Erfassung sowie vielerlei (ungeklärte) Definitionsfragen stark über die Höhe der sich ergebenden Zahl. In den Abschnitten 4.2 und 4.3 wurde dies diskutiert. Dies sorgt für ständige öffentliche Debatten, in denen es um die Vergleichbarkeit von Zahlen bzw. um die Aussagekraft der Daten geht. Im zweiten Fall diskutiert man die Statistiken unter Aspekten der „Richtigkeit" bzw. „Ehrlichkeit". Im Raum steht der Verdacht gegenüber politischen Akteuren, durch eine bestimmte Verzerrung der Arbeitslosenzahl politische Vorteile erlangen zu wollen, oder bestimmte Maßnahmen zu legitimieren. Extreme Arbeitslosigkeit (gleich ob hoch oder niedrig) bzw. dahingehende Trends sind Gründe für politische Interventionen und Modifikationen beispielsweise im Bereich Wirtschafts- und Sozialpolitik. Insofern besteht, so der Verdacht, von Seiten der Politik grundsätzlich Interesse an statistischen Zahlen zu einer bestimmten „Problemkonstitution". Dies wird häufig unter dem Schlagwort „Alarmismus" oder „Schwarzmalerei" verhandelt (vgl. 4.3.2). Andersherum verhält es sich mit dem Vorwurf der sogenannten „Schönfärberei": Hier werden die Zahlen insbesondere parteipolitisch als Mittel zur Erfolgszurechnung bzw. Misserfolgszurechnung für eine jeweilige Arbeitsmarktpolitik verwendet. Die Grundthese dieser *story line* besteht darin, dass entweder methodische Schwächen oder politische Interessen die Versuche einer statistischen Abbildung der Wirklichkeit dominieren und dadurch behindern, was in der Folge zum Aufschub richtiger Maßnahmen bzw. zur Durchführung falscher Maßnahmen zur Bekämpfung von Arbeitslosigkeit führt.

Arbeitslosigkeit als gesellschaftliches Problem

Diese *story line* basiert auf zwei Unterscheidungen: Erstens die Unterscheidung zwischen selbst- und unverschuldeter Arbeitslosigkeit, sowie die Unterscheidung von Arbeit als Überlebensvoraussetzung und Arbeit als Wohlstandgenerator (bzw. mit negativem Vorzeichen: Arbeitslosigkeit als Existenzbedrohung oder „bloß" Wohlstandseinbuße). Die entsprechenden Überlegungen dazu finden sich in Abschnitt 4.1 und 4.2.1. Die Begriffe „natürlich" und „kulturell" (im Sinne von sozial konstruiert) bezeichnen dabei bestimmte Kombinationen dieser Unterscheidungen. Ordnet man diese als 4-Felder-Tafel an (Abb. 9), ergibt sich in Feld I beispielsweise die Kombination unverschuldeter und die Existenz bedrohender Arbeitslosigkeit, in Feld IV die Kombination selbst verschuldeter Wohlstandseinbuße. Auf die Schwierigkeit bei der Differenzierung zwischen selbst- und unverschuldeter Arbeitslosigkeit wurde bereits hingewiesen (4.2.1), auf die drastischen Auswirkungen von Arbeitslosigkeit ebenfalls (4.4). Feld I stellt einen unbedingt und prospektiv zu kompensierenden Zustand dar, so dass die Institutionalisierung beispielsweise der Arbeitslosenversicherung unverzichtbar wird. Dazu kommt die Befürchtung einer Reproduktion von arbeitslosen Bevölkerungsteilen. Auch hier bedarf es politischer Intervention. Die Frage nach einer politischen Lösung des gesellschaftlichen Problems ist also bereits wegen Feld I keine Entscheidungsfrage mehr, sondern sie stellt sich hinsichtlich einer politisch zu bestimmenden Umverteilungspraxis, die Feld I wirksam bekämpft, ohne Feld IV wahrscheinlich zu machen, sie ist also „regulierender Art". Diese Fragen werden einerseits geklärt im Hinblick auf zur Verfügung stehende verwaltungstechnische Mittel, sowie andererseits im Hinblick auf einen Wertekonsens, aus dem heraus sowohl das Maß an Solidarität mit dem einzelnen Arbeitslosen bestimmt werden soll, zum anderen auch die Stärke der Anreizsetzung („Zumutbarkeit") für den Einzelnen, wieder „in Lohn und Brot" zu kommen. Doch auch hier ist die Statistik ein unverzichtbares Instrument zur Bereitstellung der nötigen Informationen, um die Zurechnung und Verantwortung der Folgen von Arbeitslosigkeit zwischen Gesellschaft und Individuum zu justieren. Dies gilt insbesondere für die Institution der Arbeitslosenversicherung, die ohne entsprechende amtliche Daten nicht möglich wäre.

	Arbeitslosigkeit als Existenzbedrohung	Arbeitslosigkeit als Wohlstandseinbuße
Unverschuldete Arbeitslosigkeit	Radikalisierung, Verwahrlosung, Reproduktion	Graduelle Kompensation
Selbstverschuldete Arbeitslosigkeit	Graduelle Kompensation	Missbrauchsgefahr, falsche Anreizsetzung

Abbildung 9:   Ursachen und Folgen von Arbeitslosigkeit aus versicherungstechnischer Perspektive

Arbeitslosigkeit als individuelles Problem.

Auch diese *story line* wurde ausführlich behandelt. Parallel laufen zwei Erzählstränge: Einmal der des unverschuldet arbeitslosen Individuums, das finanziell und durch Ausbildung darin unterstützt wird, den Weg zurück in die Arbeitswelt zu finden. Der Arbeitslose ist hier Opfer externer Umstände. Anderseits existiert die Erzählung des charakterlich verdorbenen „Faulenzers" (Uske 1995), der aufgrund mangelnden Willens absichtlich arbeitslos bleibt, und zudem auf Kosten der Allgemeinheit nicht nur „überlebt", sondern gar „gut lebt" (dazu Abschnitt 4.2.1; 4.4.4). Diesbezüglich wird nach rigideren Überwachungs- und Sanktionsmethoden gefragt; für die „echten" Arbeitslosen werden bessere Arbeitsvermittlung und bessere Fortbildungen gefordert. Auch hier spielt Statistik als Repräsentationsinstrument eine wichtige Rolle, denn nur wer erfasst ist, hat überhaupt Anspruch auf Unterstützung.

Arbeitslosigkeit als wirtschaftstheoretisches Problem

Dieser Punkt wurde nur im Abschnitt 4.2.2 angedeutet und am bisher knappsten behandelt. Hier geht es um die Erklärung von Arbeitslosigkeit über makroökonomische Zusammenhänge. Grundsätzlich stehen sich zwei Schulen gegenüber: Die „keynesianische"[39] Wirtschaftstheorie erklärt Arbeitslosigkeit im Wesentlichen über mangelnde Nachfrage und setzt in der Folge den Staat als „künstlichen" Nachfrager ein. Hier werden Arbeitsplätze beispielsweise über Subventionen am Leben erhalten. Arbeitslosigkeit ist hier ein rein konjunkturelles Phänomen. Zu den Bewegungen der Konjunktur muss „antizyklisch" Nachfrageförderung (bzw. -dämpfung) betrieben werden.

Dem gegenüber stehen die mit dem Ökonom Milton Friedman assoziierten neoklassischen, angebotsorientierten Ansätze. Hier wird nicht primär auf den Erhalt bestehender Arbeitsplätze gesetzt, sondern das permanente Entstehen immer neuer (d.h. neuartiger, in neuen Branchen angesiedelter) Arbeitsplätze gefördert (Schumpeter spricht von der „kreativen Zerstörung" als Signum moderner Wirtschaftsstrukturen). Ferner wird hier nicht fiskalpolitisch operiert (also über Geldtransfers), sondern über geldpolitische Maßnahmen. Hier wird der Zins verändert und dadurch die Investitionsfreudigkeit beeinflusst.

In beiden Schulen wird Arbeitslosigkeit allerdings nicht nur als abhängige Variable, sondern auch als (unabhängige) Einflussvariable behandelt (vgl. Schumpeter 1912, Abschnitt 4.2.2). Insbesondere die Lohn- und damit die Preissetzung hängen von der Höhe der Arbeitslosigkeit ab, da diese ihrerseits als Angebot an Arbeitskraft betrachtet werden kann. Es gilt: Je niedriger die Arbeitslosigkeit, umso geringer das Angebot an Arbeitskraft und umso höher der Preis von Arbeit; und gegenläufig: Je höher die Arbeitslosigkeit, umso größer das Angebot, und damit umso niedriger der Preis von Arbeit. In eins geschrieben ergibt sich ein inverser Zusammenhang von Inflation und Arbeitslosigkeit, der in der ökonomischen Theorie als „Phillips-Kurve"[40] bekannt ist (für einen guten Überblick Geigant 1994: 55ff.). Hier ist die Rolle der Statistik evident: Phänomene wie Inflation sind ohnehin nur statistisch zu erfassen, das Korrelieren mit Arbeitslosigkeit wird ebenfalls nur über Arbeitslosenquoten möglich[41], und so trägt das Theorem der Philips-*Kurve* seinen statistischen Gestus bereits im Namen.

---

[39] Nach John Maynard Keynes (1883-1946), Ökonom, Begründer und Befürworter einer korporatistischen bzw. interventionistischen Wirtschaftstheorie.
[40] Nach Alban William Housego Phillips (1914-1975), britischer Ökonom.
[41] Sonst ließe sich der Zusammenhang nur zwischen Staaten oder Zeitpunkten mit ähnlich großer Erwerbstätigenzahl vergleichen.

4.5.2 Statistische Strukturmomente des Diskurses

Die amtliche Arbeitslosenstatistik konnte rekonstruiert werden als Schlüsselinstitution moderner Gesellschaften, die den beiden Basisprinzipien „Rationalität" und „Staatlichkeit" Rechnung trägt und die den Diskurs über Arbeitslosigkeit in allen *story lines* entscheidend prägt. Diese Prägung lässt sich begrifflich in Form von Strukturmomenten differenzierter bestimmen. Als solche bezeichnet Giddens Elemente, die dafür sorgen, „dass soziale Praktiken über unterschiedliche Spannen von Raum und Zeit als identisch reproduziert werden, also systematische Formen enthalten." (Giddens 1988: 68). Es geht also darum, den statistischen „Input" zu bestimmen, durch den der erstmoderne Diskurs über Arbeitslosigkeit die systematische Form, wie sie eben beschrieben wurde, erhält.

- „*Sichtbarkeit*": Damit über Arbeitslosigkeit gesprochen werden kann, muss Arbeitslosigkeit eindeutig festgestellt und sichtbar gemacht werden. Dies leistet das statistische Wissen in Form von Zahlen, Quoten, Tabellen und Graphiken. Zwar scheitert die Trennung „echter" und „unechter" Arbeitslosigkeit *a priori* (kognitive Dimension), doch lässt sich eine solche Unterscheidung institutionell herstellen (durch bürokratische Verfahren) und es entstehen „wahre Zahlen".

- „*Lesbarkeit*": Anhand der differenzierten Erfassung von Arbeitslosigkeit wird ein Korrelationswissen erzeugt und Arbeitslosigkeit erscheint, sowohl im Einzelfall wie auch auf Makroebene, als über bestimmte Variablen erklärbar und vorhersehbar. Über das statistische Wissen werden Aussagen über Gesetzmäßigkeiten der Arbeitslosigkeit möglich. Hier entstehen „aussagekräftige Zahlen".

- „*Verfügbarkeit*": Dadurch entsteht „der Glaube daran" (Weber), dass Arbeitslosigkeit politisch steuerbar ist:Durch finanziellen Aufwand (Konjunkturprogramme), durch steuerliche Maßnahmen (Investitionsförderung), durch gesetzliche Änderungen (im Bereich der Sozialpolitik, Zumutbarkeit) und nicht zuletzt durch individuelles Engagement (Bildung).[42] Hier entstehen „nützliche Zahlen".

Diese drei Strukturmomente bilden die institutionellen Grundlagen des erstmodernen Diskurses über Arbeitslosigkeit. Das folgende heuristische Modell fasst die theoretische Heranführung an die empirische Analyse zusammen:

---

[42] Am Begriff „Maßnahme" lässt sich die Gleichsetzung aus „Maß nehmen/messen" (Lesbarkeit) und „handeln" (Verfügbarkeit) gut nachvollziehen.

Bezugsproblem	Regierung von Arbeitslosigkeit
Strukturmomente	Verfügbarkeit Lesbarkeit Sichtbarkeit
Institution	Arbeitslosenstatistik
Basisprinzip	Rationalität, Staatlichkeit

Abbildung 10: Analytisches Schema zur Beschreibung der
gesellschaftlichen Einbettung der Arbeitslosenstatistik
aus Perspektive der Theorie reflexiver Modernisierung

5 Methodische Anlage

5.1 Eingrenzung des Diskurses

In Abschnitt 3.2 und insbesondere Kapitel 4 erfolgte eine ausführliche thematische Eingrenzung. Die Datengrundlage bilden also alle Texte, die sich mit den Themen Arbeitslosigkeit als Massenphänomen oder individuelles Phänomen beschäftigen. Parallel dazu werden die Kontextdiskurse, in die Arbeitslosigkeit als Phänomen eingelassen ist, weiterverfolgt. Dies geschieht anhand von Texten, die sich mit der Bedeutung von Erwerbsarbeit, mit der wirtschaftspolitischen Sichtweise auf Arbeitslosigkeit oder mit Statistik beziehungsweise Quantifizierung als sozialer Praxis generell auseinandersetzen. Ebenso wurde eine akteursspezifische Eingrenzung vorgenommen (3.3.3): Es interessieren nur Sprecherpositionen, die tatsächlich in den Massenmedien vorkommen. Neu an dieser Stelle muss der Hinweis auf eine „medienspezifische Eingrenzung" erfolgen: Analysiert werden Tageszeitungen, die in Druckform vorliegen, also Printmedien.[43]

Auswahl der Zeitpunkte

„Öffentliche Themen haben ihre Konjunktur." (Keller 2003:215). Die Auswahl der konkreten Erhebungszeitpunkten orientiert sich darum an einigen *critical points* (Keller 1998:46) im Bereich Arbeitslosigkeit und Statistik, das heißt an Zeitpunkten, die „statistisch auffällig" waren. Ausgewählt wurden:

1. Das Jahr 1973: Hier erfolgte erstmals in der Geschichte der BRD ein rapider Anstieg der Arbeitslosenzahl aufgrund der Ölkrise.

---

[43] Dieser Hinweis wird notwendig vor dem Hintergrund des Erfolgs des Internets als Informationsquelle. Inwiefern durch selbiges eine neue Form von Öffentlichkeit entsteht, ist jedoch bislang weitgehend unerforscht. Zwar haben die Begriffe „*E-Government*" und „*E-Democracy*" im sozialwissenschaftlichen Diskurs Konjunktur (für viele: Priddat 2002), doch besteht keine Einigkeit darüber, wie im Internet systematisch geforscht werden kann. Reine „Netzzeitungen" wurden daher nicht untersucht. Auch mussten mögliche Einflüsse auf die Entwicklung des Diskurses, die sich durch den Wandel der Position der Printmedien im Untersuchungszeitraum (einmal im Zuge der Etablierung des Fernsehens, ein zweites Mal durch die Etablierung des Internets) bei der Interpretation der Ergebnisse vernachlässigt werden. Das gleiche gilt für Einflüsse durch den damit einhergehenden Wandel des Berufsbilds des Journalisten (dazu: Behmer 2005).

2. Das Jahr 1982: Hier standen die, nach einer Periode der Stagnation, erneut steigenden Arbeitslosenzahlen erstmals im Zentrum eines Regierungswechsels, zudem gibt es erstmals nach Ende des 2. Weltkriegs mehr als 2 Millionen Arbeitslose.

3. Das Jahr 2005: Als Erhebungszeitpunkt für den „gegenwärtigen Diskurs" scheint dieses Jahr gut geeignet, fallen hier doch sowohl eine extrem hohe Arbeitslosigkeit (über 5 Millionen Arbeitslose zu Beginn des Jahres) sowie wesentliche statistische Neuerungen (Hartz IV- und ILO-Zählweise) zusammen.[44]

Auswahl der Zeitungen

Bei der Zeitungsauswahl wird das Meinungsspektrum berücksichtigt. Die Daten wurden erhoben aus der Frankfurter Allgemeinen Zeitung (FAZ), der Süddeutschen Zeitung (SZ) und der „tageszeitung" (TAZ). FAZ und SZ sind die beiden größten überregionalen Tageszeitungen Deutschlands und können als repräsentativ für den massenmedialen Diskurs gelten. Die FAZ gilt gemeinhin als eher konservativ ausgerichtetes Format, die SZ dagegen als liberal orientiert. Die TAZ gilt als repräsentativ für das linke politische Spektrum und bildet somit einen Gegenpol zur eher konservativen FAZ.[45]

5.2 Datenerhebung

5.2.1 Probleme der Datenerhebung

Ziel der Analyse ist eine vollständige Darstellung der zum jeweiligen Erhebungszeitpunkt sich abspielenden Diskurse. Es soll also möglichst jede Facette des Diskurses aufgespürt werden und erst nachgelagert die Frage gestellt werden, ob spezielle Diskurselemente dominieren. Um später jedoch von einem eventuellen Wandel des Diskurses sprechen zu können, muss das Datenmaterial der einzelnen Zeitpunkte vergleichbar sein. Dies bereitet Probleme.

---

[44] Kritisieren lässt sich die große zeitliche Lücke zwischen dem Erhebungszeitpunkt 1982 und 2005. Ein Erhebungszeitpunkt mitte der neunziger Jahre wäre sicherlich prinzipiell sinnvoll gewesen, doch scheitert dies allein am ohnehin schon knapp bemessenen Raum dieser Arbeit, zudem scheint die Entwicklung der Arbeitslosenzahlen im Zuge der Homogenisierung der beiden deutschen Wirtschafträume nach der Wiedervereinigung derart komplex, dass sich hier kein einzelner Jahrgang als besonders geeignet darstellt.
[45] Ausgespart bleibt, aus Zeit- und Platzgründen einerseits, aber auch aufgrund finanzieller Restriktionen, die Analyse von Boulevardzeitungen (BILD u.ä.). Die Untersuchung bewegt sich also durchdurchweg in Blättern, die sich an ein überdurchschnittlich gebildetes Publikum richten.

Erstens sind nur für zwei der drei Erhebungszeitpunkte alle drei Zeitungen verfügbar. Die „tageszeitung" erscheint erst ab 1982, für das Jahr 1973 können deshalb nur die Süddeutsche Zeitung und die Frankfurter Allgemeine Zeitung analysiert werden.

Zweitens besteht eine Korrelation zwischen der Höhe der Arbeitslosigkeit und dem Ausmaß der Auseinandersetzung mit Arbeitslosigkeit im öffentlichen Diskurs. So steigt entlang der zwischen den Zeitpunkten ständig wachsenden Arbeitslosenzahl (Jahresdurchschnitt 1973: 273.498; 1982: 1.833.244; 2005: 4.900.000) auch die Anzahl der relevanten Artikel rasant an (siehe 5.2.2). Für die Untersuchung folgte daraus: Während für 1973 eine Vollerhebung möglich war, konnte dies für die beiden anderen Zeitpunkte nicht realisiert werden. Hier musste das Datenmaterial reduziert werden (siehe 5.2.2).

Drittens unterscheidet sich der letzte Zeitpunkt zusätzlich hinsichtlich der *Technik* der Datenerhebung. Während für die Jahre 1973 und 1982 Micro-Fiche-Lektüren durchgeführt wurden und die Artikelsuche sprichwörtlich „von Hand" erfolgte, konnte für das Jahr 2005 auf digitalen Ausgaben zurückgegriffen werden. Auch dadurch sind jedoch Verzerrungen möglich: Denn während bei der Artikelsuche in den Micro-Fiche-Jahressätzen nur auf Schlagworte in Überschriften und Unterüberschriften geachtet werden kann, ist bei den digitalen Ausgaben auch eine Volltextsuche möglich.

Diese eventuell auftretenden Verzerrungen fallen jedoch wenig ins Gewicht, wenn man, wie bereits angedeutet, den Fokus auf die möglichst flächendeckende Beschreibung des Diskurses hin verschiebt und sich weniger – oder zumindest erst in zweiter Instanz – für mögliche Dominanzstrukturen im Diskurs interessiert. Keller spricht hier vom Prinzip der „maximalen Kontrastierung" (2004: 88f.).

5.2.2 Reduktion des Datenmaterials

Bei der kontrollierten Reduktion des Datenmaterials muss berücksichtigt werden, dass zusätzlich zu den Varianzen *zwischen* den Stichproben auch Varianzen *innerhalb* der Stichproben existieren. So ist die Arbeitslosigkeit in der Regel im Winter höher als im Sommer (infolge viele wetterabhängiger Beschäftigungsverhältnisse). Für die Jahre 1982 und 2005 musste deshalb eine Methode Reduktion des Datenmaterials gefunden werden, die der Periodizität des Phänomens Arbeitslosigkeit auf Makroebene Rechnung trägt. Es wurden die Artikel jedes *zweiten* Monats erhoben, beginnend jeweils mit dem Monat Januar.

Medial bedingt hat der untersuchte Diskurs auch innerhalb eines Monats „Konjunktur". Dies liegt an der Bekanntgabe der Arbeitsmarktzahlen jeweils zu Beginn des Monats. Zusätzlich wurden darum Ausgaben nach dem Tag der Bekanntgabe der Arbeitslosenzahl auch in den ansonsten nicht berücksichtigten Monaten erhoben. Ebenso konnte bei der Arbeit auf die bereits vorhandene Artikelauswahl einer Voruntersuchung zurückgegriffen werden, so dass auch dadurch Artikel aus anderen Monaten mit in die Analyse aufgenommen werden konnten. Insbesondere für das Jahr 2005 ist dies der Fall.

Was die Artikelauswahl betrifft lag der Fokus vor allem auf Meinungsartikeln, Reportagen und Berichten. Nur in begründeten Ausnahmefällen wurden reine „Vermeldungen" von Zahlen analysiert, wenn sie hinsichtlich ihrer „Ereignischarakters" interessant erschienen. Hier geht es speziell darum, in welchen Teilen (in der Zeitung), zu welchen Zeitpunkten genau und von wem konkret vermeldet wird.

Der Erhebungszeitpunkt 1973

Für das Jahr 1973 wurde eine Vollerhebung in beiden damals erscheinenden Zeitungen durchgeführt. Abbildung 11 und 12 veranschaulichen die Verteilung der Artikel entlang der Kurve der Arbeitslosenzahlen für den Jahresverlauf 1973. Auffällig ist zunächst der sprunghafte Anstieg der Berichterstattung im Mai. Verantwortlich hierfür ist der „Tag der Arbeit" (1.Mai), an dem traditionell verstärkt über die Lage der Arbeiter berichtet wird. Deutlich zu sehen ist ebenfalls die rasante Zunahme der Berichterstattung nach Beginn der Ölkrise im Oktober. Dies legt die Vermutung nahe, dass im Zuge der Ölkrise eine spezielle Form der öffentlichen Auseinandersetzung mit Arbeitslosigkeit, zum Beispiel in Form von Krisenkommunikation stattfand. Hier kann eine gute Gegenüberstellung von routinierten und speziellen Sprechweisen gelingen. Insgesamt konnten 133 Artikel analysiert werden.

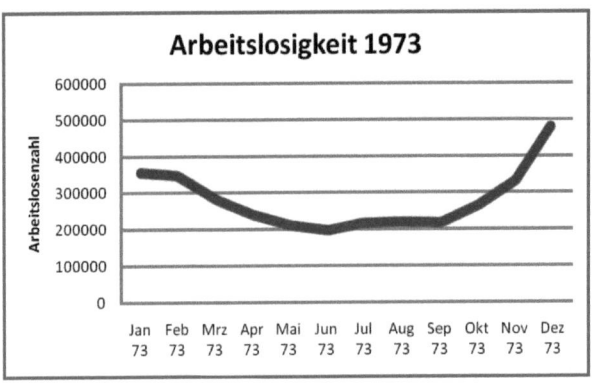

Abbildung 11: Entwicklung der Arbeitslosenzahlen 1973

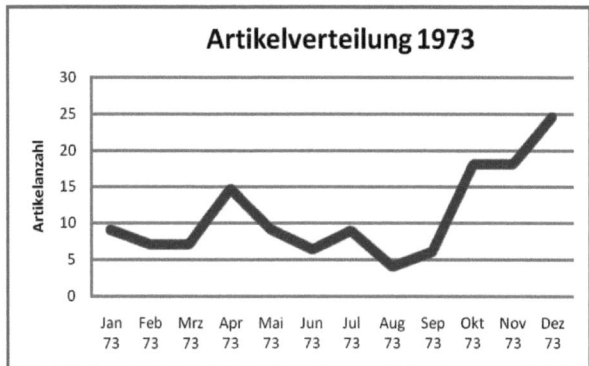

Abbildung 12: Verteilung der Artikel 1973

Der Erhebungszeitpunkt 1982

Für das Jahr 1982 liegt, verglichen mit dem rein wetterabhängigen Normalverlauf, keine Phase einer signifikant abweichenden Entwicklung der Arbeitslosenzahl vor. Insbesondere gibt es keinen singulären externen Einfluss auf die Volkswirtschaft im Allgemeinen und den Arbeitsmarkt im Besonderen. Vielmehr lässt sich anhand des Verlaufs der Arbeitslosenzahl auf ein hohes Maß an Kontinuität in der Berichterstattung über die Entwicklung am Arbeitsmarkt und der Arbeitslosigkeit schließen. „Nur" das stark verfrühte Ansteigen der Arbeitslosigkeit vom Jahrestiefststand im Mai (1,645 Millionen), das bereits im Juni leicht, ab August stark einsetzt, kann als anormal bezeichnet werden. Diese Phase geht allerdings über einen Zeitraum von vier Monaten (Juni - September) und wird auch durch eine Erhebung im Zwei-Monatsrhythmus ausreichend abgedeckt. Insgesamt konnten 217 Artikel analysiert werden. Ein wichtiges Ereignis des Jahres 1982 stellt das konstruktive Misstrauensvotum gegen Kanzler Helmut Schmidt vom 1.Oktober dar. Helmut Schmidt wurde nicht zuletzt als „Kanzler der Arbeitslosigkeit" von Seiten der damaligen Opposition attackiert. Es ist also insbesondere darauf zu achten, dass der Vorlauf zu diesem Misstrauensvotum genügend Abdeckung erfährt, weil hier die Zahlen aus der Arbeitsmarktstatistik eine wichtige Rolle gespielt haben könnten.

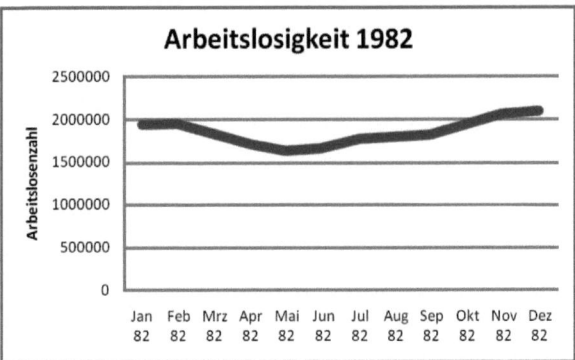

Abbildung 13: Entwicklung der Arbeitslosenzahl 1982

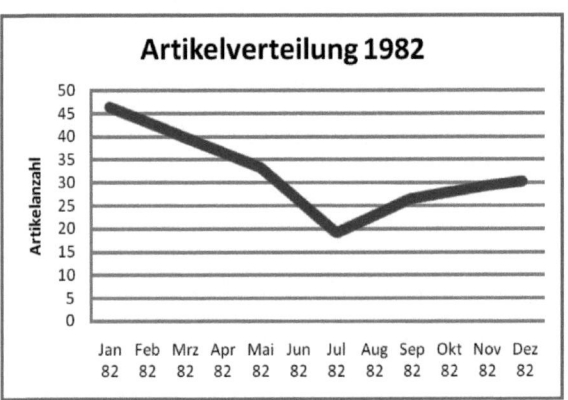

Abbildung 14: Verteilung der Artikel 1982

Der Erhebungszeitpunkt 2005

Für das Jahr 2005 liegt eine anormale Entwicklung der Arbeitslosenzahl im Jahresverlauf vor. Zunächst sinkt die Arbeitslosenzahl von Anfang bis Mitte des Jahres, doch setzt ab dem Spätsommer wider Erwarten kein Wiederanstieg der Zahl ein, sondern die Zahl sinkt nach kurzer Stagnation weiter bis zum Jahresende. Auch hier gilt wie für das Jahr 1982, dass durch die Berücksichtigung nur jedes zweiten Monats für die Datenerhebung keine systematischen Verzerrungen der Stichprobe entstehen. Die Phase des anormalen Verlaufs dauert mehrere Monate und ist nicht durch ein externes Ereignis bedingt. Allerdings fanden auch im Jahr 2005 Wahlen zum Bundestag statt (18. September), so dass hier wiederum der Vorlauf genau berücksichtigt wird. Insgesamt konnten 386 Artikel analysiert werden.

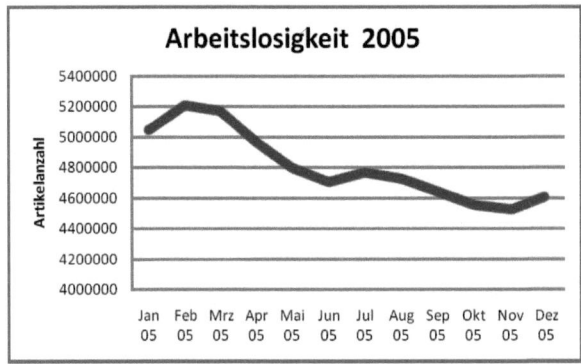

Abbildung 15: Entwicklung der Arbeitslosenzahl 2005

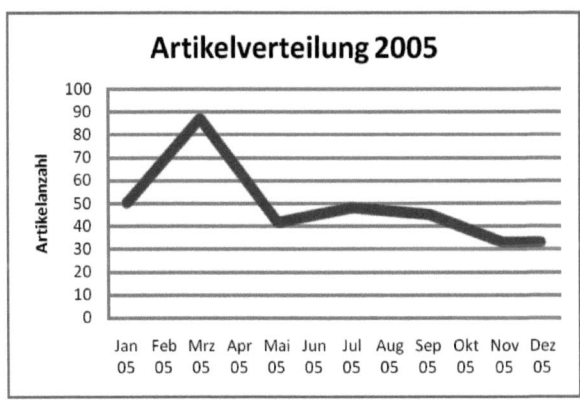

Abbildung 16: Verteilung der Artikel 2005[46]

---

[46] Anmerkung: Die Darstellung der Artikelverteilung als über alle Monate hinweg verlaufender Graph ist für die Jahre 1982 und 2005 eigentlich unzulässig, da nur für jedem zweiten Monat Daten erhoben wurden.

6 1973 – Geschichte einer numerischen Größe

Zunächst lohnt es sich, wie in der methodischen Anlage bereits angedeutet, eine Rahmenanalyse des zu untersuchenden Diskurses durchzuführen. Darunter fallen zum Beispiel der wirtschaftspolitische Diskurs dieser Zeit, der Diskurs über politische Steuerung, sowie der Diskurs über Sinn und Funktion von Erwerbsarbeit. Anschließend wird die Rolle der Arbeitsmarktstatistik für die Wahrnehmung von Arbeitslosigkeit beleuchtet. Separat wird auf die Situation der Ölkrise eingegangen.

6.1 Wirtschaftspolitische Sichtweise

Das Jahr 1973 liegt aus wirtschaftspolitischer Sicht mitten in der Phase der so genannten „Globalsteuerung" (vgl. Schmahl 1970). Darunter versteht man die aktive, präventive, (wirtschafts-)wissenschaftlich informierte Intervention des Staates in wirtschaftliche Prozesse. Die klassischen Instrumente hierbei sind Fiskal- und Geld-Politik, die „anti-zyklisch" eingesetzt werden, um innerhalb der Volkswirtschaft ein hohes Maß an Stabilität (was Beschäftigung und Preisniveau anbelangt) bei kontinuierlich wachsendem Wohlstand zu generieren. Das heißt, in Phasen konjunkturellen Abschwungs wird versucht, über Transferleistungen an die Haushalte und Unternehmen die Nachfrage zu erhöhen, während in Phasen konjunkturellen Aufschwungs versucht, wird über restriktive Geldpolitik die Nachfrage zu drosseln (insbesondere auch um keine Inflation zu riskieren).

Ein wichtiger Baustein in diesem Konzept sind das Gesetz zur Förderung der Stabilität und des Wachstums der Wirtschaft (StWG) aus dem Jahre 1967 sowie das Arbeitsförderungsgesetz (AFG) aus dem Jahre 1969. Doch auch zahlreiche einzelne Beschlüsse und Gesetze jenseits dieser großen Steuerungsparadigmen sind für die Politik der Globalsteuerung kennzeichnend. Vor allem sozialpolitische Maßnahmen wie das Lohnfortzahlungsgesetz, das Betriebsverfassungsgesetz sowie das Rentenreformgesetz sind es, die einerseits einem gestiegenen Wohlstandsanspruch (vor allem der Arbeitnehmer) Rechnung tragen, andererseits auch Teil einer erstmals „dämpfend" einwirkenden Wirtschaftspolitik sind. Denn nachdem die erste Rezessionsphase im Nachkriegsdeutschland in den Jahren 1966 und 1967 gerade durch wirtschaftspolitische Intervention recht gut gemeistert werden konnte, herrscht seit 1970 wieder ein konjunktureller Aufschwung. In der Spätphase der Ära Brandt steht die sozialliberale Bundesregierung darum erstmals vor der Frage, wie viel Wachstum in einer Volkswirtschaft sozialverträglich sei: „Ein zu rascher Konjunkturaufschwung würde die Gefahr einer Beschleunigung des Preisauftriebs mit sich bringen; das Abwürgen der Konjunktur hätte dagegen Einbußen beim Wachstum und bei der Vollbeschäftigung zur Folge, ohne andererseits Stabilisierungsfortschritte gewährleisten zu können." (SZ, 19.02.; Hervorhebungen D.F.). In der Bevölkerung wird die erstgenannte Gefährdung als bedrohlicher wahrgenommen. So veröffentlicht die FAZ hierzu die Ergebnisse einer Umfrage (FAZ, 10.01.), laut denen die Bürger in der Frage nach der „Preissicherheit" das wichtigste Politikum des kommenden Jahres sehen.[47] Die Bundesregierung reagiert und verspricht, die „Teuerung in der Griff zu bekommen" (SZ, 19.02.).

Vom so genannten „magischen Viereck", das die vier Eckpfeiler der Globalsteuerung bezeichnet (Wachstum, Geldwertstabilität, Beschäftigung, Außenhandelsbilanz), steht also insbesondere die Frage nach der Geldwertstabilität im Raum. Gefragt ist nach einem Wachstumsziel, das weder in eine „Inflationsmentalität" mündet (und dadurch langfristig wiederum die Beschäftigung bedroht), noch durch unnötige Arbeitslosigkeit den Staatshaushalt belastet und Wachstumseinbußen erzeugt. Arbeitslosigkeit stellt damit, entgegengesetzt der in Kapitel 4 geleisteten Analyse, kein komplexes gesellschaftliches Problem dar, sondern hat vielmehr den Status einer volkswirtschaftlichen „Rechnung" die bezahlt werden muss und, im Jahr 1973, problemlos bezahlt werden kann. Arbeitslosigkeit bezeichnet hier kein Beschäftigungsdefizit, denn es herrscht laut Sprachregelung Vollbeschäftigung. Arbeitslosigkeit im Jahr 1973 ist ein wirtschaftspolitischer und gleichzeitig sozialstaatlicher Luxus, den sich die Vollbeschäftigungsgesellschaft leisten kann: „Die Vollbeschäftigung für 1973 ist gesichert." (SZ, 13.4.).

6.2 Politische Steuerung und Quantifizierung

Hier soll der Nexus aus Quantifizierung und Steuerung sozialer Phänomene untersucht werden, und zwar einmal im Bereich Wirtschaftspolitik generell, sowie anhand einer ausführlichen Diskussion zum gleichen Thema im Hinblick auf Arbeitslosigkeit bzw. Arbeitsmarkt im Speziellen.

---

[47] An zweiter Stelle folgen die Bundestagsneuwahlen, an dritter Stelle die Ostpolitik. Das Thema Beschäftigung rangiert – wie im Vorjahr – „unter ferner liefen".

Statistik und Wirtschaftssteuerung

Bereits im vorigen Abschnitt ist die keynesianisch orientierte Wirtschaftspolitik erwähnt und skizziert worden. Dieser ökonomischen Auffassung zufolge ist der Staat (Wirtschafts-)Akteur im klassischen Sinn, also Anbieter und Nachfrager gleichermaßen, der allerdings vor allem durch das Steuermonopol über privilegierte Investitionsfähigkeiten verfügt. Bereits im Begriff „Globalsteuerung" kommt der steuernde Impetus der Politik zum Ausdruck. In diesem Sinne werden Jahreswirtschaftsberichte vorgelegt, die „Zielkombinationen" (aus Wachstumsrate, Arbeitslosenquote und Inflation) enthalten, welche dann im Jahresverlauf realisiert werden sollen. Strukturell und in den Selbstbeschreibungen der Politik ist die Idee einer Steuerbarkeit also tief verankert. In der Presse steht man dieser Selbstwahrnehmung der Politik allerdings skeptisch gegenüber. „Grenzen des Wachstums" generell (SZ, 15.3.) sowie die Angst vor einem nicht zu kontrollierenden „Rückschlag der Konjunktur" (SZ, 21.7.), sind die beiden Kernaspekte der Kritik an der staatlichen Wirtschaftspolitik. Auch von Gefahren der „Übersteuerung" ist die Rede (SZ, 17.4). Die für uns interessante Frage lautet, ob man zu dieser Zeit glaubt, diese Aspekte als berechenbar und damit als beherrsch- und lösbar in das existierende ökonomische und politische Denken integrieren zu können. Dazu zunächst drei Beispiele (alle Hervorhebungen D.F.):

In einem Meinungsartikel im Wirtschaftsteil zur „Frage nach einer Industriepolitik" (SZ, 23.3.) stellt der Autor fest, dass, ließe man „die Entwicklung einfach so treiben", bald die „Grenzen des industriellen Wachstums hierzulande erreicht seien." Die Wirtschaft selbst sieht er befreit von der Aufgabe sich darüber Gedanken zu machen, wie man dem entgehen könnte, er bemüht statt dessen die klassische gesellschaftliche Arbeitsteilung, verweist an die Wissenschaft und fragt: „Gibt es an den Universitäten, in den Forschungsinstituten oder in Bonn Leute, die systematisch alle in die Zukunft weisenden Daten sammeln, beispielsweise aus den nachhaltigen Veränderungen der Kostenstrukturen und der Umweltbedingungen, …, aus dem Mangel an Arbeitskräften,… aus technologischen Fortschritten und vielen anderen Faktoren?". Es folgt eine Auflistung verschiedenster Signale dafür, dass ein dringender Bedarf nach langfristigerer Politik und nach einem zukunftsweisenderen Wissen besteht, genannt werden zudem einige Beispiel bereits gelungener Intervention des Staates (Umweltschutz). Daraus folge: „Natürlich kann sich eine echte Industriepolitik darin nicht erschöpfen. Sie hat die Daten zusammenzutragen, für die hier einige Stichworte niedergelegt worden sind, und sie hat daraus die Folgerungen zu ziehen." Die zentrale Aussage hier ist, dass man so tut als könnte man dieses Wissen in Form von Daten problemlos gewinnen (man müsse sie nur „zusammentragen"), sowie dass sich aus diesen Daten ebenso problemlos „Folgerungen" für eine „echte Industriepolitik" ziehen lassen würde.

Am selben Tag erscheint in derselben Zeitung ein Artikel im Meinungsteil, der von einem deutlich stärkeren Steuerungspessimismus getragen ist (SZ, 23.3.). Ein „tiefes Unbehagen" wird diagnostiziert, das trotz gestiegenem Wohlstand „über unserem Land liegt". Die Ursache dafür liege in „außer Kontrolle geratenen Daseinsproblemen des Menschen. (...) Die Unsicherheit über die Zukunft scheint weiter verbreitet als noch vor Jahren.". Doch sei die aktuelle Währungskrise nicht „klassischen" Wirtschaftskrisen entsprungen, sondern sie hätte vielmehr die „Verflechtung der Probleme jedermann zu Bewusstsein gebracht". „Nationale Organe" hätten ihre „souveräne Handlungsvollmacht" schon verloren, internationale Regierungen gäbe es noch nicht. Daraus folge: „Voll kontrollier- und steuerbar ist hier nichts mehr!". Das Problemfeld Wirtschaft und Wirtschaftspolitik sei in sich selbst zu komplex geworden: „[E]ins folgt hier aus dem anderen, erzeugt neue Daten und Sachkonflikte. (...) Die Kontrolle geht im Dschungel von tausend Rechts-, Sach- und Sozialzwängen verloren!". Daraus legitimiere sich auch ein gewisses Maß an Frustration – wenn man dies als „Geschichtsgesetz" akzeptiere und nicht als „einstweilige Gefahr". Der Text nimmt dann jedoch einen Umschwung: „Die offene, prinzipiell freiheitliche Gesellschaft hat ihre regenerative Kraft noch immer aus der fortschreitenden Aufhellung ihres Bewusstseins gezogen. (...) Der Preis dieser Freiheit besteht nun mal darin, dass ihre negativen Folgen niemals genau vorauskalkulierbar sind.". Diese würden allerdings immer erst mit „gewissen Phasenverschiebungen auftreten. Also kommt es auf möglichst genaue Analysen der überschaubaren Entwicklung an.". Gelingt es nicht, den „Gang der öffentlichen Dinge wieder mehr zu begreifen und zu steuern", falle das „grundsätzlich freiheitliche System einer zersetzenden Erosion" anheim. Eine paradoxe Wende im Schlussteil also: Erst wird diagnostiziert, dass erst das Erheben und Datensammeln eine auf Dauer nicht mehr zu kontrollierende Komplexität schafft, daraus folge jedoch kurzfristig ein noch genaueres Durchleuchten und Analysieren.

In eine ähnliche Kerbe schlägt ein Meinungsartikel zur Konjunkturpolitik aus der SZ vom 2.5.: Auch er reklamiert ein „tatenloses Zusehen" beim Überquellen der Auftragsbücher der Industrie, ein „ahnungs- und hilfloses Hineinschlittern in einen Wirtschaftsboom" trotz aller Konjunkturinstrumentarien und wirtschaftlicher Expertise. Der Autor kommt dabei zu dem Schluss, dass dies lediglich dem Mangel an Mut geschuldet sei, die zur Verfügung stehenden Maßnahmen auch tatsächlich umzusetzen als einer „tatsächlichen" Ahnungs- und Hilflosigkeit. So sei es „keine neue Erkenntnis, dass sich die Konjunktur nicht mit Worten sondern allein durch Daten steuern lässt.". Gemeint sind strenge Vorgaben bezüglich der Preis- und Lohngestaltung (zum Beispiel in Form eines

Preis- und Lohnstops). Würden diese Mittel eingesetzt (ergänzt um andere, zum Beispiel steuerrechtliche Maßnahmen), ließen sich der gewünschte Nachfrage-stopp und damit eine Dämpfung des Booms erreichen. Auch hier also zeigt sich die Idee einer starken Koppelung von Datenbesitz bzw. -gebrauch und Steue-rungsmöglichkeit. In allen drei Artikeln wird also die Auffassung vertreten, dass man – „wenn man nur wollte" (Weber 1919; vgl. Abschnitt 4.2) – die nötigen Daten zusam-mentragen und die richtigen Schlussfolgerungen daraus ziehen könnte. Dies sei nicht zuletzt Grundvoraussetzung für eine funktionierende Marktwirtschaft, die weder „[h]ilflos auf der Konjunkturwoge" (SZ, 2.5.) segle, noch von permanen-ter Ungewissheit und „merkwürdigem Unbehagen" (SZ, 24.3.) geprägt und ge-plagt ist. Auch wenn die Erforschung der Entwicklung nicht zeitlich unbegrenzt und mit absoluter Exaktheit möglich ist, kann und muss gerade innerhalb dieser Grenzen um so intensiver geforscht werden, um ein Maximum an Kontrollier-barkeit und Steuerungspotential realisieren zu können. Mittelfristige Unsicher-heit und Uneindeutigkeit – darüber, „dass (ihre) negative(n) Folgen niemals genau vorauskalkulierbar sind" (SZ, 23.3.) – gelten als problemlos und werden als Normalfall wahrgenommen.

Steuerung und Quantifizierung des Arbeitsmarkts

Auch in punkto Statistik und Arbeitsmarkt finden sich Hinweise sowohl auf eine enge Koppelung von Datenbesitz und Steuerungsideen, wie auf einen bestehen-den Umgang mit Statistik als Wirklichkeitsindikator, als auch auf die Vorstel-lung insbesondere einer Homogenität und Integrität des statistischen „Gesamt-bilds"[48]: Die Forderung nach Vollbeschäftigung wird symbolisiert durch eine Arbeitslosenquote von 1%.[49] Zwar hat dieser Wert im Jahr 1973 eine andere Bedeutung als einige Jahre zuvor, denn „wegen der Altersstruktur, der Verlänge-rung der Ausbildungsdauer sowie der Einführung der flexiblen Altersgrenze verringert sich die Gesamtzahl der Erwerbstätigen" (SZ, 19.2.), das heißt bei gleich bleibender Arbeitslosenquote arbeiten weniger Personen. Die Arbeitslo-senquote reflektiert hier also das Maß an nicht genutzter Produktivkraft, nicht das Ausmaß an Degeneration von Bevölkerungsteilen oder menschlichem Leid.

---

[48] Dieser Ausdruck ist den Selbstbeschreibungen der amtlichen Statistik entlehnt. Dort strebt man bis in die 1990er Jahre hinein nach der Erstellung eines „statistischen Gesamtbildes" der sozialen und wirtschaftlichen Begebenheiten. (vgl. Statistisches Bundesamt 1954, 1983, 1993, jeweils im Vor-wort).

[49] Niess (1982) diskutiert die Arbeitslosenquote als besonderes Streitobjekt zwischen arbeitnehmer-und arbeitgeberorientierten Gruppen. Während erstere prinzipiell erst eine Arbeitslosenquote von 0,0% als Vollbeschäftigung akzeptieren, gilt in Arbeitgeberkreisen selbst eine Arbeitslosenquote von bis zu 3% als „Zeugnis einer passablen Beschäftigungslage" (Niess 1982: 88).

Weiter heißt es: „Dieser Rückgang dürfte durch eine Verringerung der Arbeitslosenzahl sowie die Zunahme der Zahl ausländischer Arbeitnehmer ausgeglichen
werden." (ebd.). Darum stünde die Arbeitslosenquote in Höhe von 1% „im Einklang mit der Forderung nach einem hohen Beschäftigungsgrad". Die hinterfragte Validität der einen statistischen Größe (der Arbeitslosenquote) wird also durch
die nicht hinterfragte Validität anderer statistischer Größen (Arbeitslosenzahl,
Zahl ausländischer Arbeitnehmer) bestätigt. Darin zeigt sich die Praxis im Umgang mit Zahlen: Die Aussagekraft der einen Zahlen wird durch die Aussagekraft anderer Zahlen belegt, die Statistik „beweist" sich aus sich selbst heraus.
     Auf dieser Basis lässt sich wiederum eine recht optimistische Vorausbe-
rechnungspraxis betreiben (SZ, 18.5.): Das IAB (Institut für Arbeitsmarkt- und
Berufsforschung) schätzt die Gesamtnachfrage nach Arbeitskräften bis zum Jahr
1980 auf 8,2 Millionen. Daraus lasse sich, durch zusätzliche Schätzung der Ge-
burtenrate, der Wohnbevölkerung etc., das Erwerbspersonenpotential berechnen.
Dieses gehe zwischen 1973 und 1980 um 200.000 zurück, steige bis 1985 um
500.000, um dann allerdings wieder rückläufig zu sein. Es ergibt sich für den
Gesamtzeitraum ein Defizit an 2,5 Millionen Arbeitskräften, um der Nachfrage
Rechnung zu tragen. Diese sollen wenigstens zum Teil aus den „eigenen Reihen"
mobilisiert werden. Derselbe Text zitiert BA-Präsident Stingl, der sich für die
„Aktivierung von Marktreserven" einsetzt, insbesondere für die Prüfung, ob
nicht „ältere Arbeitnehmer, Behinderte und Frauen" dem Arbeitsmarkt zur Verfügung stehen können (zum Beispiel in Form von Teilzeitarbeit): „Wir können es
uns bei der heutigen und künftigen Marktlage nicht leisten, auf diese Gruppen zu
verzichten." Vor allem aber steht die weitere Erhöhung der Zahl der Gastarbeiter
zur Disposition, durch die allein sich laut Stingl allerdings die „Schere zwischen
Arbeitsangebot und Nachfrage" nicht schließen lasse. Außerdem bestünden bereits jetzt „Engpässe in der sozialen Infrastruktur" für die Versorgung und Integration der Gastarbeiter und ihrer Familien.
     Steuerungstechnisch ergibt sich aus diesen Überlegungen heraus schließlich zum
Beispiel die Erhöhung und Ausdifferenzierung der so genannten Anwerbepau-
schale für ausländische Beschäftigte, um die Inanspruchnahme inländischen
Erwerbspotentials reizvoller zu machen. Im späteren Jahresverlauf wird gar über
einen kompletten Anwerbestopp nachgedacht.

6.3 Diskurs über die Arbeitswelt

Als Abschluss der Rahmenanalyse soll an dieser Stelle auf die zeitgenössische
Wahrnehmung der Arbeitswelt eingegangen werden. Es zeigt sich, dass diese
trotz Vollbeschäftigung nicht an Problempotential verliert bzw. verloren hat.
Unter dem Einfluss der im Jahr 1973 starken Debatte um „Lebensqualität" (SZ,

5.7.) hat der Erwerbsarbeitsplatz längst nicht mehr nur die Funktion der Sicher-stellung von Lebensunterhalt, sondern es werden nach und nach weitere, imma-terielle Ansprüche an die Art der Beschäftigung gestellt: „Erfüllung im Beruf" rangiert an zweiter Stelle der Wünsche der Befragten einer Studie der IG Metall zur Frage „was denn die ‚Qualität des Lebens' sei", und wie sie „in politische Entscheidungen zu bringen" wäre. Gleichwohl würden „klassische" Kriterien wie „Vermehrung des Eigentums" und „Arbeitsplatzsicherheit" nicht abgewertet (ebd.). Doch bestehe ein Widerspruch zwischen „Fortschrittsstreben und Siche-rungsdenken" (FAZ, 29.10.). Gegenübergestellt werden eine „neuer Protektio-nismus" (bezüglich bestimmter Arbeitsplätze und bestimmter Tätigkeiten) und der Wunsch und die Notwendigkeit bildungsintensiverer, anspruchsvollerer oder auch schlichtweg immer neuer Arbeitsplätze, die eine verändernde Industrieland-schaft ermöglicht und benötigt. Konkret: „Bei der Schaffung der Voraussetzun-gen für steigenden Massenwohlstand und bei der dauerhaften Sicherung be-stimmter betrieblicher Arbeitsplätze geht es um konkurrierende Ziele." (ebd.). Diesen Widerspruch greift wiederum ein Artikel in der SZ mit dem programma-tischen Titel „Wenn sich die Arbeitswelt total verändert" (SZ, 2.5.) auf, der sich mit einer Anfrage der bayerischen SPD „zu den sozialen Folgen der technischen Entwicklung" auseinandersetzt. Darin wird verwiesen auf „Freisetzung und Ein-sparung von Arbeitskräften, Wandel in der Beschäftigungsstruktur, Zerschlagung von traditionellen Berufen (...)"; diese Phänomene werden einerseits statistisch belegt, allerdings mit dem Hinweis versehen, dass die „gewaltigen Umschich-tungen der Berufe" sowie die „menschlichen Probleme, die *dahinter* stehen" (Hervorh. D.F.), sich „kaum erahnen" ließen. Einer drohenden Freisetzung[50] (durch technische Rationalisierung oder Wegfall der Tätigkeit) werde nicht allein dadurch die Bedrohlichkeit genommen, dass diese nicht grundsätzlich in Arbeits-losigkeit münde (eher das Gegenteil sei der Fall, angesichts steigender Zahl der offenen Stellen). Gerade im Hinblick auf den Aspekt der gewünschten „Erfül-lung im Beruf", sei die Vollbeschäftigung unter den Bedingungen des rapiden technischen Wandels teuer erkauft: „Jeder Arbeitsplatzwechsel ist zweifellos mit Kosten, Umstellungsproblemen – auch für die Familie – und Mühen verbunden." (ebd.). Als politische Reaktion auf diese Problematik wird seitens der Regierung die Institutionalisierung und Stärkung der Mitspracherechte der Arbeitnehmer im Betrieb genannt. Außerdem bemühe man sich um intensive berufliche Aufklä-rung, um vorab bereits über eventuell neue Belastungen und Änderungen zu informieren und diese dadurch zu entschärfen.

---

[50] Diesen Begriff benutzt schon Marx bei der Beschreibung der durch den industriellen Kapitalismus erzeugten Änderungen im Verhältnis der Arbeiter zum gesamten Wirtschaftssystems (1867: 743), im Wortlaut: „die geschichtliche Bewegung, die Produzenten in Lohnarbeiter verwandelt."

Interessant ist, dass hier gerade die Vollbeschäftigung als Zahlenkonstrukt wahrgenommen wird, „hinter dem" Problematiken verborgen bleiben. Zwar hat (fast)
jeder einen Arbeitsplatz, muss aber entweder um ihn fürchten, sollte dieser (ma-
schinell) ersetzt werden können oder aber es ist der Fall, dass mancher sich bereits in einem Arbeitsverhältnis befindet, das nicht der genossenen Ausbildung
oder dem bisherigen Erwerbsarbeitsverlauf entspricht. Hier werden also „hinter
den Zahlen" liegende Probleme vermutet. Diese werden jedoch als politisch
steuerbar und im Prinzip gar als bereits behoben betrachtet.

Von der genau entgegengesetzten Seite her argumentiert der Artikel „Die
faule Gesellschaft" (FAZ, 14. 9.). Unter dem gleichen Titel erscheint 1973 ein
Buch, das ein verheerendes Bild vom gegenwärtigen Zustand des einst hoch
gepriesenen deutschen Arbeitsethos zeichnet. Angesetzt wird beim öffentlichen
Dienst der „ohne Konkurrenzdruck und Leistungskontrolle" zunehmend ein
System bildet, das Faulheit positiv, Fleiß dagegen negativ sanktioniert: „Wer
richtig arbeitet, ist dumm!" (ebd.).

Diese Argumentationslinien können an dieser Stelle nicht weitergezeichnet
werden. Gezeigt werden sollte nur, dass auch die vermeintlich positive, bereinig-
te Seite des Arbeitsmarkts kritischen Blicken und Diskursen unterliegt. Zwar
herrscht Vollbeschäftigung, doch existieren sowohl „ineffiziente", „wohlstands-
mindernde" Formen von Arbeit als auch überfordernde Beschäftigungsverhältnisse. Die Vokabel von der „Schönfärberei" fällt zwar nicht, doch brächte sie die
Vorwürfe auf einen Nenner. „Unechte Arbeit" auf der einen, sowie „prekäre
Arbeitsverhältnisse" auf der anderen Seite, würden gleichberechtigt in die Zahl
der Erwerbstätigen miteinfliessen und so ein Bild von Vollbeschäftigung erzeugen, das *realiter* gar nicht existiert. Die Kritik der quantifikatorischen Abbildung
von Arbeitswelt und Arbeitsmarkt funktioniert also auch jenseits von Arbeitslosigkeit: „Der längst allgemein als unabdingbar anerkannte Schutz vor Arbeitslosigkeit genügt offenbar nicht mehr." (FAZ 29.10.).

6.4 Diskurs über die Arbeitslosenstatistik

Zentrales Ereignis des Jahres 1973 aus politischer Perspektive bzw. im Hinblick
auf die Geschehnisse am Arbeitsmarkt ist sicherlich die 1. Ölkrise: Eine akute
Verknappung der Liefermengen sowie der damit einhergehende rapide Preisanstieg von Rohöl haben starke Auswirkungen auf die industrielle Produktion und
auf das Nachfrageverhalten in der BRD, und dadurch auf die Beschäftigungsverhältnisse. Die Amplitude der kommunizierten Arbeitslosenzahlen reicht von
knapp unter 200.000 (offizielle Arbeitslosenzahl im Juni) bis zur Kolportage
einer Arbeitslosenzahl von „1 Million" (Ende Dezember); während im Juni noch
das „Anhalten der Vollbeschäftigung" berichtet wird, taucht an einzelnen Stellen

im Dezember bereits das Schlagwort „Massenarbeitslosigkeit" auf. Wie bereits in Kapitel 5 angedeutet, eignet sich das Jahr 1973 gut, um eine Gegenüberstellung zwischen routinierten Diskurselementen und solchen Sprechweisen herauszuarbeiten, die sich im Zuge unvorhergesehener, negativer Entwicklungen ergeben. Die Analyse der routinierten Sprechweisen erfolgt in zwei Schritten: Zunächst soll ein Grundgerüst skizziert werden, das den Diskurs trägt. Anschließend werden spezifische Problematiken des Themenfelds Arbeitslosigkeit skizziert.

6.4.1 Grundgerüst

Als „Grundgerüst" des Diskurses kann man die monatliche Berichterstattung über die aktuellen Arbeitsmarktdaten der Bundesanstalt für Arbeit in Nürnberg beschreiben. Stichtag für die Datenerhebung am Arbeitsmarkt ist der jeweils letzte Werktag eines Monats, die amtliche Berichterstattung durch den Präsident der Bundesanstalt Josef Stingl erfolgt jeweils Mitte der zweiten Woche des Folgemonats. Süddeutsche Zeitung (SZ) und Frankfurter Allgemeine Zeitung (FAZ) engagieren sich jedoch, je nach Position im Meinungsspektrum, unterschiedlich stark in der Bekanntmachung dieser offiziellen Berichterstattungen. In der Süddeutschen Zeitung wird die Berichterstattung konsequent und konsistent durchgeführt, das heißt jeden Monat werden alle wichtigen Informationen zum Arbeitsmarkt, wie sie die Bundesanstalt für Arbeit veröffentlicht, wiedergegeben. Zusätzlich wird die Berichterstattung um eine Graphik ergänzt, welche die diskutierten Inhalte noch einmal enthält (Abb.17).

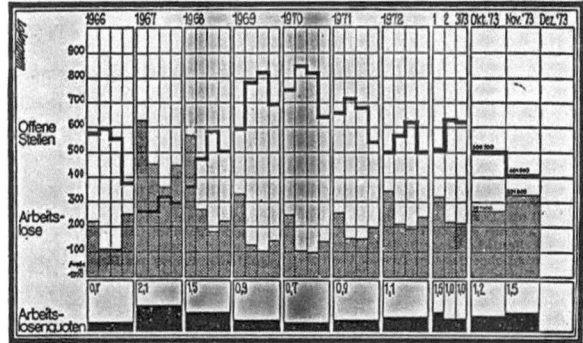

AUF DEM ARBEITSMARKT der Bundesrepublik haben sich im November die Abschwächungstendenzen fortgesetzt. Die Zahl der Arbeitslosen stieg von Ende Oktober auf Ende November um 64 900 oder 24,3% auf 331 800. Die Arbeitslosenquote erhöhte sich von 1,2 auf 1,5%. Die offenen Stellen reduzierten sich um 106 300 oder 20,9% auf 401 900, das sind 110 200 oder 21,5% weniger als vor einem Jahr. N.

Abbildung 17: Graphik zum Arbeitsmarkt; SZ, 2.12.

In der Frankfurter Allgemeinen Zeitung wird die Berichterstattung wesentlich weniger konsequent (in zeitlicher Hinsicht) und konsistent (in inhaltlicher Hinsicht) durchgeführt. Nur im Januar, April und Mai berichten kurze Meldungen im Kennziffernstil von den Entwicklungen am Arbeitsmarkt, ehe im September eine regelmäßige und etwas ausführlichere Berichterstattung eintritt. Im Oktober wird die einzige Graphik zum Arbeitsmarkt des Jahres 1973 veröffentlicht. In den Titelzeilen werden bis zum September darüber hinaus lediglich „positive" Inhalte aufgegriffen: „17.000 offene Stellen" (Januar), „verhaltener Aufschwung" (April), „Zwölf Prozent mehr offene Stellen" (Mai). Auch zu dem Zeitpunkt, als die Auswirkungen der Ölkrise und des Konjunkturrückgangs bereits deutlich werden und in anderen Bereichen der öffentlichen Diskussion längst zu Krisenkommunikation geführt haben, werden in der FAZ deutlich andere, positiver nuancierte Begrifflichkeiten gewählt. Übertitelt die SZ die Berichterstattung über den Arbeitsmarkt im September mit „Gesamtbeschäftigung nicht bedroht" (6.10.), titelt die FAZ am selben Tag: „Deutliche Entspannung am Arbeitsmarkt". Beide Überschriften sind dabei gewiss als „stimmig" bzw. begründbar zu bewerten, spiegeln allerdings die zeitungsspezifischen Perspektiven recht deutlich wider. Die FAZ beobachtet und argumentiert von Arbeitgeber- bzw. Unternehmerseite her, und sieht darum beispielsweise einen Rückgang an offenen Stellen als positive Entwicklung (weil dies keine unausgelasteten Produktionsreserven bedeutet). In der SZ dagegen steht, aus Arbeitnehmerperspektive gedacht, eine hohe Zahl an offenen Stellen synonym für einen prinzipiellen Schutz vor Arbeitslosigkeit. Angesichts erster „bedenklicher Züge" der Arbeitsmarktentwicklung im Oktober „beruhigt" die SZ mit der Information: „Statistisch gesehen entfielen noch immer 3,9 offene Stellen auf einen Arbeitslosen." (19.10.).

Die semantische Beschreibung des Arbeitsmarkts orientiert sich in beiden Zeitungen grundsätzlich an einer technischen Metaphorik: Hier ist von „Überhitzung" und „Anspannung" die Rede, wenn eine der beiden Marktseiten (Angebot und Nachfrage) stark dominiert. Analog dazu spricht man von „Abkühlung" und „Entspannung" wenn die Marktverhältnisse ausgeglichener werden. Im Detail liegen die beiden untersuchten Zeitungen jedoch auch hier auseinander. Während in der SZ die „Entspannung" des Arbeitsmarkts durch die Ölkrise eher als „Abkühlung" mit weiteren Folgen, womöglich hin zu einer Überhitzung mit entgegen gesetztem Ausschlag gewertet wird, wird in der FAZ die „Überhitzung" des Arbeitsmarkts in der ersten Jahreshälfte betont.

6.4.2   Inhalte, Einheiten, Praktiken, Sprecher

Inhalte

Die statistischen Zahlen zur Arbeitslosigkeit sind eingegliedert in diverse andere Größen, die monatlich von der Bundesanstalt für Arbeit bekannt gegeben werden. Neben der Arbeitslosenzahl und der Arbeitslosenquote wird insbesondere in der ersten Jahreshälfte stark auf die Zahl der offenen Stellen und die Zahl der Kurzarbeiter eingegangen. Diese vier Größen bilden die Basis für die amtliche Wahrnehmung von Arbeitslosigkeit.

Einheiten

An einigen bereits genannten Beispielen lassen sich auch die „Einheiten" ablesen, in denen über Arbeitslosigkeit gesprochen wird. Hier wird, was Höhe und Veränderung der Arbeitslosenzahl betrifft, durchweg in „Hundertern" kommuniziert, soweit es sich um aktuelle Zahlen handelt. Die Angabe der Referenzwerte zum Beispiel des Vergleichsmonat aus dem Jahr 1972 ist allerdings inkonsistent; diese werden in einigen Fällen (Januar und Juli) in der SZ bis auf die Einerstelle genau angegeben. Dies hat, wenn überhaupt, nur symbolische Funktion, denn alle Bewegungen der Zahl werden wie bemerkt in „Hundertern" mitgeteilt. Die Botschaft wäre dann eher in einem Hinweis darauf zu sehen, wie genau gezählt werden kann und wird.

Praktiken

Beiden Zeitungen gemein ist die Praxis, die Veränderung bestimmter Zahlen (zum Beispiel der Zahl der Arbeitslosen) nicht nur in absoluter Form, sondern in Prozenten anzugeben. Hier ergeben sich gerade im Bereich niedriger Zahlen automatisch drastische Werte. So steigt die Zahl der Arbeitslosen zwischen Oktober 1972 und Oktober 1973 um 41 Prozent, obwohl es sich dabei in absoluten Zahlen um „nur" 96.500 Arbeitslose handelt. Ebenfalls werden in beiden Zeitungen die in den jeweiligen Rubriken „führenden Branchen" bekannt gegeben. Insbesondere die Textilindustrie ist im Laufe des Jahres von der zurückgehenden Nachfrage betroffen. Hier sind die absoluten Zahlen so niedrig, dass sich hier zum Beispiel zwischen Oktober 1972 und Oktober 1973 die Zahl der Arbeitslosen um 125,6% erhöht hat, obwohl es sich absolut betrachtet wiederum „nur" um eine Zunahme von circa 11.000 Arbeitslosen, deutschlandweit und über ein Jahr hinweg, handelt.

Grundsätzlich ist zu bemerken, dass die Zahlen zunächst nur historisch-symbolischen Wert besitzen, der entweder auf Phasen besonders guter oder Phasen besonders schlechter Wirtschaftslagen verweist. Eigentlicher Gegenstand des Diskurses sind vielmehr die Veränderungen der Zahlen, die auf Normalität hin geprüft werden. Normalität meint hier, dass entweder natürliche Ereignisse (Witterung) oder selbst erzeugte Ereignisse (Schulferien, Ende von Ausbildungszyklen) für eine jährlich in gleicher Stärke wiederkehrende kurzfristige Veränderung von Angebot und Nachfrage auf dem Arbeitsmarkt sorgen. Was sich an nicht durch Normalität erklärbarer Varianz der Zahlen absetzt, wird dann Gegenstand konjunkturtheoretischer Überlegungen. Kurzfristig wird die Angebotsseite des Arbeitsmarkts also als gegeben betrachtet, während die Nachfrage durch zwei Parameter beeinflusst wird: Durch den Einfluss der Jahreszeit bzw. des Wetters und durch die Konjunktur. Der Einfluss des Wetters wird über Erfahrungswerte herausgerechnet (allerdings ohne dass 1973 die Vokabel „saisonbereinigt" bereits existiert), so dass der Rückgang der Arbeitslosigkeit im Frühjahr selbst zum Beispiel gar nicht mehr als Information kommuniziert wird: Es ist die Stärke des Rückgangs die interpretiert wird und zwischen den Prädikaten „saisonüblich" und „nicht saisonüblich" verhandelt wird. Symbolisch dafür steht der Kommentar der Mai-Zahlen durch BA-Präsident Stingl im Juni:

> „Bei der Beurteilung dieser Zahl [der Arbeitslosen] ist zu berücksichtigen, dass durch die vom üblichen Saisonrhythmus abweichenden Witterungsverhältnisse im zurückliegenden Winter der Rückgang der Arbeitslosigkeit zunächst überzeichnet wurde, während die Entwicklung der letzten Monate einen Aufschwung nicht erkennen lässt." (SZ, 7.6.).

So ebnet sich die Statistik für den einzig interessierenden Blick auf die Auswirkungen der Konjunktur auf den Arbeitsmarkt. Die Arbeitsmarktstatistik ist, analog zu den Beobachtungen in 6.1, insbesondere im ersten Halbjahr mehr eine Symptomstatistik der Konjunktur (die das Bezugsproblem der Wirtschaftspolitik darstellt), als eine Auskunftsgrundlage für die Arbeitsmarktpolitik.

Sprecherzahl, Sprecherpositionen

Bemerkenswert sind die stark eingeschränkte Sprecherzahl und die Zahl Sprecherpositionen innerhalb dieses Grundgerüsts. Zwei Überschriften deuten es an: „Stingl: Noch kein Umschwung am Arbeitsmarkt" (SZ, 7.9.), „Stingl: Deutliche Entspannung am Arbeitsmarkt" (FAZ, 6.10.); der Präsident der Bundesagentur besitzt die absolute, unangezweifelte Deutungshoheit über die Zahlen. Nur Stingl selbst ist es, der die Arbeitsmarktzahlen bekanntgibt und bespricht, und er tut dies auch nur im Zuge der amtlichen Berichterstattung. Weder Gewerkschaften noch Arbeitgeberverbände äußern sich zu den Zahlen, genauso fehlen journalistische Kommentare.

Die Zahlen zur Arbeitslosigkeit werden im Grundgerüst also uminterpretiert in „Zahlen zur Konjunktur", deren Entwicklung im Zentrum der öffentlichen Debatte steht. Zweitens bleiben die Zahlen selbst außerhalb des Grundgerüsts völlig unkommentiert. Zwar fällt der Begriff Arbeitslosigkeit auch an anderer Stelle (zum Beispiel in der politischen Diskussion): Allerdings werden dann in der Regel nicht Zahlen genannt, sondern es wird nur allgemein auf „Beschäftigungsrisiken" verwiesen, die durch bestimmte Maßnahmen eintreten können oder die durch bestimmte Forderungen in Kauf genommen würden. Arbeitslosigkeit ist, im politischen und gesellschaftlichen Diskurs des Jahres 1973, nicht etwas das (zahlenmäßig) zu- oder abnimmt, sondern wird völlig abseits statistischer Informationen wahrgenommen: Arbeitslosigkeit ist etwas, das „ist oder nicht ist", etwas, das „sein wird oder nicht sein wird". Das politische, öffentliche Bewusstsein denkt 1973 in den pauschalen Kategorien „Vollbeschäftigung" vs. „(Massen-) Arbeitslosigkeit". Woran liegt das?

6.5 Regierung von Arbeitslosigkeit

6.5.1 Arbeitsvermittlung, Arbeitslosenversicherung

Verkürzt gesagt liegt der Grund dafür darin, dass die „Regierung der Arbeitslosigkeit" (Abschnitt 4.3.1), kurz- und mittelfristig als funktionierend betrachtet wird. Das Tagesgeschäft Arbeitslosigkeit, als Problem der Arbeitsvermittlung und der Arbeitslosenversicherung besteht also nicht bzw. ist gelöst. „Niemand, der arbeitslos wird, muss fürchten, dass er kein Arbeitslosengeld bekommt", so Stingl am 29.11. (SZ), dazu kommt die hohe Anzahl offener Stellen. Selbst die mittelfristige „Regierung von Arbeitslosigkeit" wird durch die bestehende Quantifizierung problemlos ermöglicht. In Abschnitt 6.2 wurde hierzu bereits ein Beispiel gegeben (SZ, 18.5.), hier noch vor dem Hintergrund des konjunkturellen Aufschwungs mit dem Ziel der „Aktivierung von Marktreserven". Im Zuge der Ölkrise wird das gleiche Spiel unter umgekehrten Vorzeichen erneut durchgeführt. Diesmal geht es um die „künstliche Verminderung des Arbeitskräfte-Angebots" (SZ, 22.12.). Eröffnet wird mit der Feststellung: „Weder das Ausmaß der Energielücke noch ihre Auswirkungen auf Wirtschaftsablauf und Arbeitsmarkt 1974 lassen sich gegenwärtig realistisch quantifizieren.". Doch was folgt, ist ein umso intensiveres Bemühen um Quantifizierung. Die SZ stellt eine hochkomplexe Modellrechnung des IAB vor, das auf vier möglichen Wachstumsraten beruht (22.12.). Eingerechnet werden zusätzlich jeweils unterschiedliche Szenarien zur Bevölkerungsentwicklung, Ausländerzuwachs und der Verschiebung von Altersgrenzen im Bereich Ausbildungszeit bzw. Renteneintrittsalter. Je nach Szenario ergäben sich für 1974 Arbeitslosenzahlen zwischen 385.000 und „über einer Million" Arbeitslosen. Als Lösung werden der Ausbau von Teilzeitarbeit, eine Erhöhung der Zahl der Urlaubstage, sowie „gezielte strukturpolitische Eingriffe" genannt. „Die Redaktion" der SZ fragt bei der Vorstellung des Modells etwas ironisch nach Berücksichtigung der Kosten bei den gemachten Vorschlägen.

6.5.2 Anschlussfähigkeit, Übersetzung

Zeitlich recht nahe an der offiziellen Bekanntgabe der Zahlen findet auch eine separate mediale Berichterstattung statt. Diese stellt jedoch nur bedingt eine zweite Sprecherposition dar. Hier werden Daten aus der amtlichen Statistik zwar nach eigenen Vorgaben selektiert und veröffentlicht. Doch handelt es sich dabei nicht um Interpretation und Kommentierung der Daten, sondern es werden, in den Lokalteilen vor allem, nur noch detailliertere Zahlen über Regionen, Landkreise und ähnliches berichtet. Medial bedingt ist der Fokus auf Extremwerte (zum Beispiel auf die jeweils höchsten/niedrigsten Arbeitslosenzahlen, wie auf die höchste/niedrigste Zunahme). Diese Form der Berichterstattung findet allerdings nicht regelmäßig statt, sondern orientiert sich vermehrt an diskursexternen Ereignissen (zum Beispiel am Jahresanfang, zu Beginn der Ölkrise; vgl.: SZ, 12.01.; SZ, 15.11.).

Doch haben auch diese medialen Zweitverwertungen der offiziellen Zahlen eine Funktion. Anschaulich zeigen lässt sich dies an einer eigentlich unscheinbaren Meldung im Lokalteil der SZ (12.01.) mit dem Titel „Auf dem Papier 17 Prozent Arbeitslose", die sich auf eine Region in Niederbayern bezieht. In der Meldung selbst werden dann weitere Arbeitslosenquoten und -zahlen kleinerer Gemeinden dieser Region genannt. Die Rolle der Medien kann dann tatsächlich beschrieben werden als „Realisierung" dieser nur „in Papierform" vorhandenen Information: Es werden konkrete Orte, Städte und sogar Stadtteile benannt, mit absoluten Arbeitslosenzahlen bis auf die Einerstelle genau (ebd., auch SZ, 15.11.). Das gleiche gilt für einzelne Unternehmensschließungen oder spezielle Berufsgruppen (zum Beispiel SZ, 16.11.). Auch Themen wie Akademiker-Arbeitslosigkeit werden hier detaillierter, mit konkreten Studiengängen und genauen Fallzahlen beschrieben (SZ, 29.5.).

Während die amtliche Bekanntgabe sich also auf die Resultate eines Abstraktionsprozesses konzentriert, betreiben die Medien im Gegenteil eine Art „Rückübersetzungsarbeit" in regionale, bildungs- und branchenabhängige Kontexte. In der Folge geht es in diesen Berichten – anders als in den Meldungen der Bundesanstalt – weniger um die Beschreibung von Trends und die kausale Erklärung der Zahlen, sondern lediglich um die Beschreibung und Einordnung aktuelle Zustände. Die Zahlen werden nicht kommentiert und interpretiert, sondern nur noch stärker konkretisiert und sorgen so für Anschlussfähigkeit in der Bevölkerung.

6.5.3 Zahlenkritik

Ein kritischer Umgang mit statistischen Informationen, der also nicht deren Gehalt noch zu betonen versucht (wie eben dargestellt), sondern diesen gerade in Frage stellt, findet sich nur einmal, in einer Berichterstattung über Arbeitslosigkeit in Schottland. In Schottland herrscht 1973 Massenarbeitslosigkeit, der eigentliche Aufhänger für die Reportage ist jedoch nicht die Arbeitslosigkeit selbst, sondern die Tatsache, dass mehr und mehr ausländische, darunter auch viele deutsche Unternehmen den dortigen Wirtschaftsraum für sich entdecken und mithelfen, „die wachsende Arbeitslosigkeit in Schottland von rd. 7% im letzten Jahr zu beseitigen oder jedenfalls zu lindern.". Auf diese Quote wird weiter eingegangen, es heißt: „Für deutsche Verhältnisse ist diese Arbeitslosenquote schon erschreckend genug, doch schmeichelt sie eher als daß sie darstellt. Die Wirklichkeit sieht noch trüber aus.". Es folgt eine Beschreibung dieser Wirklichkeit, die in drei Punkten nicht in der Quote repräsentiert ist: Aufgrund der Beschäftigungsstruktur Schottlands sind die Arbeitslosen eine immens homogene, sowie in sehr begrenzten Regionen lebende Gruppe, „was soziale Spannungen erzeugt.". Zweitens sind viele Arbeitslose schon nach England ausgewandert: „Würden sie im Land bleiben, stellte sich die Arbeitslosenquote sicherlich auf weit über 10%.". Zudem handelt es sich „im wachsenden Umfang auch um Facharbeiter die auf die Straße gesetzt werden, die es dann schwer haben anderswo unterzukommen.". Hier finden wir also eine veritable Zahlenkritik. Diese beinhaltet sowohl eine quantitative Dimension - dass es 10 anstatt 7 Prozent wären - als auch eine qualitative Dimension: Nämlich darin, dass die Konsequenzen dieser krassen Form von Arbeitslosigkeit (Spannungen, (Angst vor) Dauerarbeitslosigkeit) gar nicht quantifizierbar sind.

Was unter dem Begriff Regierung von Arbeitslosigkeit in Abschnitt 4.3.1 kurz diskutiert wurde lässt sich hier gut nachvollziehen: Auf Basis der Daten zur Arbeitslosigkeit werden über Arbeitsvermittlung und Arbeitslosenversicherung die schlimmsten Folgen von Arbeitslosigkeit eingedämmt, die Presse sorgt für eine Übersetzung der „abstrakten Zahlen" in alltägliche Kategorien, so dass die Informationen auch dort Relevanz besitzen, etwa bei der Ausbildungswahl. Die

Zahlen werden mit einem Mindestmaß an Kritik betrachtet, so dass deren Glaubwürdigkeit als medial überprüft und damit gegeben gilt.

6.6 Der Arbeitslose

In diesem Abschnitt soll hinsichtlich der in Abschnitt 4.4 vorgestellten historischen Einordnungen auf die Figur des Arbeitslosen eingegangen werden.

6.6.1 Identifikation von Trends und Subgruppen

Zunächst muss festgestellt werden, dass „die Arbeitslosen" nur wenig mediale Aufmerksamkeit erfahren. Bereits in Abschnitt 6.1 wurde deutlich, dass Arbeitslosigkeit als reines Makrophänomen wahrgenommen wird. Sämtliche Risiken von Arbeitslosigkeit sind „regiert" und also eliminiert (Abschnitt 4.2, 4.4, 6.5). Die einzelnen Arbeitslosen haben keine eigene Stimme (in Form von Interviews oder Zitaten), auch gibt es keine Reportagen über Arbeitslose bestimmter Branchen. Veröffentlicht werden allenfalls Meldungen, dass es in bestimmten Branchen (vermehrt) Arbeitslose gibt (SZ, 8.12.: „2 Prozent Arbeitslose am Bau"). Diese Meldungen beziehen sich allerdings wiederum auf statistische Daten, sie verhandeln keine „Vorab-Unterscheidung" wie in Abschnitt 4.2.1 dargestellt. Die Frage nach „unechter Arbeitslosigkeit" existiert folglich nicht, sondern es geht hier wiederum um eine Kausal-Erklärung auf Makro-Ebene, nicht um eine individuelle Zuschreibung von Arbeitslosigkeit. So wird beispielsweise in einer Studie der internationalen Vereinigung der leitenden Angestellten (CIC) festgestellt, dass immer mehr „ältere Führungskräfte" arbeitslos würden (SZ, 6.4.). Gründe dafür würden in Fusionen, Stilllegungen oder Verjüngungen des Führungsstabs vieler Unternehmen liegen, eine Wiederbeschäftigung auf ähnlichem Niveau falle in der Regel schwer. Der Bericht bleibt konsequent auf dieser Ebene, auch bei der Suche nach Mitteln zur Gegensteuerung, beispielsweise in Form einer „Einführung der flexiblen Altersgrenze"[51] und verweist auf einen Datenmangel der amtlichen Statistik in Deutschland, da sich der „Umfang der Arbeitslosigkeit leitender Angestellter nicht beziffern" ließe.

Ein weiterer Artikel in der Süddeutschen Zeitung vermutet einen Trend hin zu arbeitslosen Jungakademikern (SZ, 29.05.). Die Zeitung selbst hatte zunächst eine Auszählung in Auftrag gegeben, deren Ergebnis den im Titel genannten Schluss zumindest nicht abwegig erscheinen lässt („Nach dem Studium stempeln gehen"). Zunächst wurden die entsprechenden Daten von zwei Experten vom Arbeitsamt „aufgeschlüsselt" (was jedwede Zahlen gleichzeitig pauschal als

---

[51] Damit ist die mögliche Herabsetzung des Pensionierungsalters für Arbeitnehmer gemeint.

„verschlüsselt" charakterisiert). Diese Aufschlüsselung der Arbeitslosenzahlen bringt allerdings nur neue Zahlen hervor, differenziert nach Fachbereich bzw. Studienabschluss. Die Interpretation übernimmt darum von dort an der Autor des Artikels: „Sieht man von den abstrakten Zahlen ab und beleuchtet die Hintergründe näher, so ergeben sich folgende Schwerpunkte:(..)." Hier folgen Verweise auf das Alter und die Qualifikation der Arbeitslosen als Merkmale. Diese Merkmale werden aber nicht als ursächlich betrachtet sondern rein deskriptiv angegeben. Seltsam wirkt hier die Formulierung „abstrakte Zahlen", von denen man darüber hinaus auch noch „abzusehen" hätte. Denn die Zahlen, die vom Arbeitsamt geliefert wurden (zum Beispiel gibt es im Jahr 1973 in München 10 arbeitslose Soziologen), sind gerade nicht abstrakt sondern höchst konkret. Auch hier wird der Arbeitslose als Konstante betrachtet, die Begründung für seine Nicht-Beschäftigung liegt in betriebsinternen Überlegungen („Je höher die Qualifikation, umso länger dauert die Entscheidung des Arbeitgebers") oder sind struktureller Natur (mangelnde Stellen, mangelnde Flexibilität der Stellen hinsichtlich Teilzeit und Zeitarbeit). Lediglich die „Diskrepanz in der Gehaltsfrage" lässt sich als individuelle Schuldzuschreibung betrachten; diese wird aber nur sehr kurz angesprochen.

Die einzige Individualzurechnung von Arbeitslosigkeit nimmt ein Artikel aus der FAZ vor: „Meist Ungelernte arbeitslos". Dieses Wissen bezieht der Artikel wiederum aus der Statistik, wo die Gruppe der Ungelernten den größten Anteil im Vergleich zu allen anderen stellt. Die Assoziation mit Armut – einst Leitunterscheidung im Diskurs über Arbeitslosigkeit – findet sich nur in einem einzigen Artikel wieder. Hier wird eine Obdachlosenmission beschrieben, und beiläufig auf Arbeitslosigkeit als einem möglichen Grund für die Obdachlosigkeit eingegangen (SZ, 21.7.).

6.6.2 Missbrauch

Ein einziger Artikel schließlich befasst sich mit der Frage des Missbrauchs (SZ, 6.8.). So geschehe es offenbar häufig, „dass Arbeitnehmern im fortgeschrittenen Lebensalter nahe gelegt wird, ein Arrangement einzugehen: Entlassung gegen die Zusicherung, Geld aufgrund eines Sozialplans zu erhalten. Zusammen mit dem Arbeitslosengeld ergebe sich dann ein Einkommen von bis zu 90% des früheren Nettoeinkommens." In gezählten 15.300 Fällen frage man sich bei der Bundesanstalt nun, ob diese erhaltene Doppelzahlung aus Sozialplanleistungen und Arbeitslosengeld „eigentlich in Ordnung sei". Zwar sei ungeklärt inwieweit die Bedingung für den Erhalt von Arbeitslosengeld – das „zur Verfügung stehen für den Arbeitsmarkt" – erfüllt sei, man gestehe jedoch ein, dass „auf Grund der Lebenserfahrung nicht erwartet werde, dass ein Arbeitsloser bereit sei, eine Beschäftigung anzunehmen, wenn er auch ohne Arbeitsleistung sein Auskommen hat.". Die Untersuchung hierzu hätte des Weiteren ergeben, dass diese Art der Inanspruchnahme finanzieller Unterstützung vor allem bei Männern ab 59 genutzt werde, und zwar als Übergang zum normalen Altersruhegeld. „Bemerkenswert" sei, dass in diesen Fällen auf das vorgezogene Altersruhegeld verzichtet würde, weil dieses erstens finanziell weniger ergiebig sei, und zweitens die Zeit der Arbeitslosigkeit sich nicht rentenmindernd auswirkt auf das spätere tatsächliche Altersruhegeld. Der Arbeitslose taucht hier, selbst unter dem Verdacht des Missbrauchs, als ökonomisch intelligent und bewusst handelndes Subjekt auf, dem sein „nutzenmaximierendes Verhalten" allerdings nicht als moralisch verwerflich ausgelegt wird. Vielmehr legitimiere die „Lebenserfahrung" diese Vorgehensweise.

6.6.3 Marktreserve oder reiner Kostenfaktor?

In der politischen Beschreibung der Arbeitslosen wird stärker differenziert. BA-Präsident Stingl sieht die Arbeitslosen als brachliegendes Arbeits- und dadurch Wachstumspotential (SZ, 18.05.). Insbesondere stellten die älteren Arbeitnehmer, „die unter Wert eingesetzt oder gar arbeitslos sind", eine „teilweise sehr sachverständige Arbeitsmarktreserve [dar] (...), mit Fähigkeiten die gerade bei jüngeren Menschen oft vermisst werden.". Komplettiert werden die Marktreserven durch Behinderte und Frauen. Erstere zählten laut Stingl „oft zu den besten Mitarbeitern"; bei potentiellen weiblichen Arbeitnehmern liege der Grund für die Nicht-Beschäftigung nicht in mangelnder Qualität der geleisteten Arbeit, sondern es fehlte an strukturellen Bedingungen wie der Möglichkeit zur Teilzeitarbeit. In allen drei Fällen sei es eine Frage der „Überlegungen der Unternehmer", inwiefern und in welchem Umfang hier neue Beschäftigungsverhältnisse entstehen können.

Ganz entgegensetzt argumentiert ein Artikel vom 25.04. (SZ), in dem behauptet wird es sei nicht anzunehmen, dass der „weit überwiegende Teil der Arbeitslosen eine Wachstumsreserve darstelle", sei doch eine „nicht unbeträchtliche Zahl an Arbeitslosen wegen ihres Alters, körperlicher Behinderung oder aus anderen Gründen nur schwer zu vermitteln." Dies hätten „Untersuchungen über die Struktur der Arbeitslosigkeit gezeigt.".

Der Sozialcharakter der Arbeitslosen ist im Diskurs des Jahres 1973 also nur rudimentär vorhanden. Arbeitslosigkeit ist im Wesentlichen über makroökonomische oder strukturelle Faktoren zu erklären, anhand von Individuen ist sie nur deskriptiv zu beschreiben. Auch hier dominiert die ökonomische Steuerungs-Perspektive und die Arbeitslosen werden als arbeitswillige, arbeitsfähige und zudem rational handelnde, nur statistisch zu unterscheidende Personengrup-

pe wahrgenommen. Insofern wird die Gefahr des Missbrauchs von Arbeitslosenunterstützung von vornherein gering bewertet. „Verlorenes Augenmaß" (SZ,
24.3.), im Bezug auf Wohlstand und Sicherheit bis hin zu Missbrauch von Sozi-
alansprüchen im weitesten Sinn, ist im Gegenteil ein Phänomen das in der gesamten Gesellschaft präsent ist: „Der Staat wird zur Beute" schreibt die SZ
(24.3.), „eine Zeit überbordender Ansprüche an das Sozialprodukt" konstatiert
die FAZ (29.10.).

6.7 Die Ölkrise

An dieser Stelle soll auf den Diskurs eingegangen werden, der sich speziell seit
dem Beginn der Ölkrise ab Mitte Oktober des Jahres 1973 zeigt.[52] Dies geschieht
gesondert, weil dieser Diskurs sich doch in einigem Wesentlichem vom bisher
vorgestellten Procedere unterscheidet. Bemerkenswert ist, dass erst hier das
„Thema Arbeitslosigkeit" regelmäßig außerhalb des in Abschnitt 6.3 vorgestellten Grundgerüsts auftaucht, insbesondere in der Politik. Doch auch was den
Zahlendiskurs anbelangt, werden Änderungen sichtbar.

6.7.1 Ordnung und Taktung des Zahlendiskurses

Um die offizielle Bekanntgabe der Zahlen zum Arbeitsmarkt herum erhöht sich
zunächst die Zahl der Zahlenanbieter: Die „Informationszentrale der bayerischen
Wirtschaft" gibt Zahlen zum Arbeitsmarkt heraus und attestiert diesen „bedenk-
liche Züge" (SZ, 19.10.), der Sachverständigenrat gibt eigene Zahlen bekannt,
ebenso wie das Bundesarbeitsministerium, und in der SZ heißt es, dass man
„Fachleuten im Bundeswirtschaftministerium, die die Projektionen zu errechnen
haben, nachsagt, sie unterstellten bereits eine Arbeitslosenzahl von 500.000 im
Jahresdurchschnitt 1974." (SZ, 11.10.). Jedoch wird nicht jeder genannten Zahl
ein so konkreter „Autor" zugewiesen, oftmals ist es schwer zwischen Schätzung
und Zählung zu unterscheiden, bzw. wird der zeitliche Bezugspunkt nur sehr
undeutlich angegeben. Im Dezember 1973 existieren bereits Zahlen für den Januar 1974, das Frühjahr 1974, den Jahresdurchschnitt 1974 bis hin zu eventuellen Maximalzahlen ohne konkrete Zeitangabe. Auch mehren sich Berichte zu
den amtlichen Arbeitsmarktdaten im gesamten Verlauf des Monats, also abseits
der routinierten Bekanntgabe der Daten in Nürnberg zu Monatsbeginn (zum
Beispiel: SZ, 20.10., 15./24./29.11.): Erstmals meldet die Bundesanstalt für Arbeit am 20.10., „Mehr Arbeitslose" für das Jahr 1974 zu erwarten, allerdings

---

[52] Als genaues „Ausbruchs"-Datum der 1. Ölkrise gilt der 17. Oktober 1973, an dem der Preisanstieg
durch die OPEC bekannt gegeben wurde.

dezidiert „ohne konkrete Zahlen zu nennen" (FAZ, 20.10.). Auch werden Vorab-Schätzungen der Arbeitsverwaltung (auf Basis von Voranmeldungen zur Kurz-arbeit) veröffentlicht. Diesen unregelmäßigen Meldungen wird jedoch ein höchst komplizierter Charakter zugeschrieben und es wird mit Nachdruck auf die Zäh-lungen Ende des Monats verwiesen, die erst letzte Klarheit bringen. So warnt die Arbeitsverwaltung davor, „die Zahl von Kurzarbeitern und den Voranmeldungen zu addieren, dies gäbe kein realistisches Bild der Situation." (ebd.).

Im Dezember genießt die Nürnberger Bundesanstalt und insbesondere Prä-sident Stingl beinahe tägliche Medienpräsenz. Es tauchen fast wöchentlich neue, immer drastischere Zahlen auf und das Kommunikationsmaß verschiebt sich von „Hundertern" auf „Hunderttausender": Die BA selbst macht dabei den Anfang und hält „400.000 Arbeitslose oder mehr" in den kommenden Monaten für mög-lich (SZ, 7.12.). Die FAZ erhöht am 13.12 auf 600.000 – diese Zahlen stammen vom Deutschen Institut für Wirtschaftsforschung (DIW) und berücksichtigen erstmals Annahmen einer weiteren Ölknappheit. Am 21. Dezember erhöht die SZ mit Berufung „auf Regierungskreise" auf „600.000 bis 700.000 Arbeitslose", gleichwohl der zuständige Sprecher „sich nicht auf konkrete Zahlen festlegen lassen wollte.". Etwas hilflos wirken die Worte Stingls, man solle „die Krise nicht herbeireden" (FAZ, 18.12.), die Opposition greift die drastischen Zahlen dagegen auf und beklagt im Gegenzug eine „Politik der Beschönigung und Ver-harmlosung" (SZ, 24.11.).

6.7.2   Neue Erklärungsansätze?

Doch nicht nur die Zahlen selbst tauchen entkoppelt von routinierten Sprechwei-sen auf, auch die vorwiegend wirtschaftstheoretische Grundlage, auf der der Diskurs bis dato funktioniert, erfährt erste Erschütterungen. So konstatiert die Bundesanstalt beim vorläufigen Resümee für die bisherige Entwicklung des Arbeitsmarkts im Jahr 1973, unter Verweis auf eine Reihe von Arbeitsmarktda-ten, eine „widersprüchliche Entwicklung" (SZ, 23.10.): Trotz hohem Wachstum und sinkendem Erwerbspersonenpotential sei die Arbeitslosigkeit gestiegen.

Doch erweisen sich die eingeschliffenen Erklärungsmuster als sehr robust. Diese widersprüchliche Entwicklung sei gerade nicht durch Hinzunehmen einer dritten Erklärungsvariable („Öl-Krise") zu erklären, sondern man erklärt diese Entwicklung endogen und verweist auf „konjunkturpolitische Maßnahmen, die seinerzeit von allen begrüßt worden seien." (Stingl, FAZ, 4.1.1974). Stingl selbst habe diesem Erklärungsansatz von Anfang an Priorität verliehen: „Wer auf die Bremse tritt, muss damit rechnen, daß der Wagen irgendwann einmal langsamer wird." (SZ, 7.11.).

Die Taktung des Diskurses erhöht sich im Moment der Krise also merklich: Zählbemühungen und Zahlen werden medial und politisch stärker nachgefragt. Auch ist nicht anzunehmen, dass alle plötzlich auftauchenden Zahlenlieferanten erst im Augenblick der Krise begonnen haben Zahlen zu produzieren. Diese Zahlen existierten bereits vorher, in anderen, nicht öffentlich relevanten Kontexten, werden nun aber plötzlich für die Öffentlichkeit interessant. Dies für sich kann bereits als Phänomen betrachtet werden: Steigt die Unsicherheit über die weitere Entwicklung am Arbeitsmarkt, bzw. wird der (theoretische) Verdacht genährt, dass eine unliebsame Entwicklung droht, dann steigt die Zahlennachfrage stark an. Zu bemerken ist schließlich, dass von allen möglichen Daten aus der Arbeitsmarktstatistik nur noch die Arbeitslosenzahl Aufmerksamkeit genießt. Alle anderen Inhalte (offene Stellen, Arbeitslosenquoten, Zahl der Kurzarbeiter) bleiben weiterhin nur im Rahmen des Grundgerüsts Thema. Eine kurze Anekdote rund um den „Fall Herrmann Ernst" verdeutlicht diese Konstellation:

„Der Fall Hermann Ernst"

„Mißverständnis um Arbeitslosigkeit" titelt die SZ im Wirtschaftsteil am 15.12., „mit einer Million Arbeitslosen wird nicht gerechnet. (...) Entgegengesetzte Behauptungen würden auf Missverständnissen beruhen, die sich im Zusammenhang mit Äußerungen des für Ausländerbeschäftigung zuständigen Unterabteilungsleiters Herrmann Ernst ergaben. Nach dessen Auffassung ist die Wirtschaftsentwicklung unter dem Blickwinkel heutiger Erkenntnis so wenig vorauszusagen, dass Zahlen einen nicht gerechtfertigten Eindruck von Genauigkeit vermitteln. Die ihm zugeschriebene Voraussage (von einer Million Arbeitslosen) stellt daher keine politisch relevante Erwartung dar, sondern bedeutet nur eine Glossierung des Strebens nach Rechenhaftigkeit in einer Zeit der Unsicherheit. Eben deshalb ist weder eine größere noch eine kleinere Zahl von Arbeitslosen für die nächsten Monate auszuschließen. Der Bundesregierung oder dem Bundesministerium aber eine bestimmte Erwartung zuzuschreiben, bezeichnet Ernst als Unfug."

6.7.3   Politische Risikokommunikation

Bis in den späten Oktober hinein ist Arbeitslosigkeit nur sekundär Gegenstand politischer Thematisierung: Das heißt, es geht vorrangig um die Lösung anderer Probleme im Hinblick auf (mögliche) Arbeitslosigkeit (zum Beispiel Gastarbeiterfragen, Preisstabilität; vgl.: SZ 19.2.). Im Zuge der Ölkrise radikalisiert sich zunächst insbesondere die Frage nach dem konjunkturpolitischen Programm: Da die ohnehin als unbefriedigend hoch bewertete Preisentwicklung durch die Ölkrise einen neuen Schub erhält, würden dadurch prinzipiell noch drastischere

Maßnahmen (bis hin zum Lohn- und Preisstopp) nötig. Dies würde jedoch noch größere Beschäftigungsrisiken als bisher bedeuten. Bundeskanzler Brandt beschwört darum im Zuge der Haushaltsplanung für 1974 eine „Politik der guten Nerven" und besteht auf die (für einen Sozialdemokraten ungewöhnliche) Interpretation der bisherigen Arbeitsmarktlage als „Überbeschäftigung" (SZ, 24.10.). Gleichzeitig gilt als „Orientierungsmarke" für die weitere Politik unverändert die „Vollbeschäftigung, als wichtigste Grundbedingung sozialer Stabilität". Dadurch werden gleichzeitig medial bemühte Semantiken „düsterer Prognosen" und „bedenklicher Züge" politisch gekontert, und zwar durch eine Uminterpretation des Standpunkts, von dem aus diese Bedenken und Prognosen getätigt werden. Gleichzeitig wird die „absolute Garantie der Sicherheit des einzelnen Arbeitsplatzes" in einer Zeit der „ständigen Veränderungen der Wirtschaftsstrukturen" für utopisch erklärt (ebd.). Bemerkenswert ist, dass die politische Kommunikation hier weiterhin ohne Zahlen auskommt. Arbeitslosigkeit wird im Rahmen der politischen Kommunikation gleichgesetzt mit Massenarbeitslosigkeit und wird darum auch bei leicht steigenden Zahlen nicht als Problem wahrgenommen. Das Tagesgeschäft, also die Quantifizierung, Vermittlung und Versicherung der Individuen, bleibt ohnehin außen vor.

Bis spät in den November hinein werden die Auswirkungen der Ölknappheit weder in der amtlichen Statistik noch in der Politik im Zusammenhang mit Arbeitslosigkeit thematisiert, erst am 29.11. äußert sich Stingl erstmals zu den Auswirkungen der Ölknappheit auf die Beschäftigungslage (SZ, 29.11.). Grundtenor der Äußerungen ist der, dass „niemand sagen könne, wie sich das Ölembargo auf die wirtschaftliche Entwicklung auswirken wird". Lediglich für einzelne, besonders bedrohte Branchen würde versucht werden, Studien dahingehend durchzuführen; „als erste Zahlen dazu vorgelegt", habe die Bundesanstalt. Der Wissensbedarf der Politik und der Statistik konzentriert sich im Gegensatz zur öffentlichen Wahrnehmung also primär auf mögliche verstärkte Auftretensorte von Arbeitslosigkeit und erst in zweiter Instanz auf das mögliche Gesamtausmaß. Hier genügt die Information, dass „Massenentlassungen bisher nicht registriert worden seien", sowie dass die (finanzielle) Versorgung der Arbeitslosen absolut garantiert werden könne. Ohnehin könne durch so genannte „Notstandsarbeiten" eine künstliche Nachfrage nach Arbeit für eine bestimmte Zeit ermöglicht werden (in Form von Baumaßnahmen öffentlicher Einrichtungen beispielsweise). Bundeskanzler Brandt formuliert basierend darauf in einer Regierungserklärung zur Ölkrise, „nicht jeder [würde] seinen Arbeitsplatz behalten können, aber wir wollen, [dass jeder] einen Arbeitsplatz hat." (SZ, 30.11.).

Hier tritt die Politik in die in Abschnitt 6.1 skizzierte Debatte ein. Die Politik kann dadurch am „Schlagwort Vollbeschäftigung" festhalten und verwehrt sich dagegen „mit dem Schreckgespenst der Massenarbeitslosigkeit zu argumentieren" und „öffentlich mit Arbeitslosenzahlen von einer Million oder gar mehr zu operieren" (Friderichs, Bundeswirtschaftsminister 1972-1977, in: SZ, 10.12.). Friderichs verweist damit auf eine Mitte November beginnende Diskussion in den Medien, in der die „Ölflecken auf dem Konjunkturbild" (SZ, 13.11.) drastischer beschrieben werden als in Wirtschaftsinstituten und Politik bis dato üblich: Hier wird schon im November vor den „politischen Folgen einer Massenarbeitslosigkeit" und der härtesten Belastungsprobe des gemeinsamen Marktes gewarnt, die bei länger anhaltender Ölversorgungskrise bevorstehen können. Am 3.12. heißt es im Meinungsteil der SZ: „Ende der Vollbeschäftigungsgarantie". Abseits des kurz- und mittelfristigen Zahlendiskurses, in dem die Bundesanstalt Deutungshoheit besitzt, lässt sich also ein Diskurs beobachten, der sich nicht über Zahlen und einzelne Beispiele artikuliert, sondern die Zukunft des „gesamten Systems" (ebd.) in Frage stellt.[53]

6.8 Zusammenfassung und Schlussfolgerungen

Das Jahr 1973 bietet zum Großteil das Bild eines höchst routinierten Zusammenspiels von Wirtschaftstheorie, amtlicher Statistik, Arbeitsmarkt- bzw. Arbeitslosenverwaltung und Politik. Das statistische Wissen wird in äußerst strengen Kommunikationspfaden veröffentlicht. Nur an den Zeitpunkten der Veröffentlichung sind die Zahlen in den Medien präsent, werden aber nur von den Produzenten selbst kommentiert. Es findet sich weder methodisch noch politisch formulierte Kritik an den Zahlen oder deren Interpretation. Die Lesart der Arbeitslosenstatistik ist dadurch äußerst homogen und stabil. Bei der Interpretation sind die Verweise auf Wetter und Konjunktur sehr robuste Erklärungsmuster. Dies ändert sich auch nicht im Zuge der Ölkrise.

Mit Beck et al. (2004: 28ff.) lassen sich hier Strategien zur Immunisierung von Basisinstitutionen beobachten. So kann man von einer „Monopolisierung" der Darstellung des Arbeitsmarkts sprechen, die gerade dadurch stabilisiert wird, dass „die Grundlagen institutioneller Grenzziehung weder faktisch unterlaufen noch theoretisch angezweifelt werden." (ebd.). Gerade weil die Politik die Zahlen der Statistik nicht interpretiert oder gar kritisiert, werden die Zahlen auch sonst (etwa medial) nicht anzweifelbar. Zweitens werden die Auswirkungen der Ölkrise zunächst „marginalisiert" (ebd.), das heißt man verharrt auf der Interpretation der Bewegungen der Zahl durch Konjunkturtheorie und Erfahrungswissen.

---

[53] Dieser Diskurs reflektiert eine Strömung, die in den 1970er Jahren prominenten Zulauf hatte. Die Rede ist hier von den „Systemüberwindern" (vgl. Schelsky 1973).

Sichtbarkeit und Lesbarkeit der Arbeitslosigkeit durch Statistik ist also nahezu vollständig gegeben. Lediglich das Beispiel Schottlands liefert den Nachweis, dass das Interpretationsrepertoire in Bezug auf die Kritik der (angemessenen) numerischen Repräsentation sozialer Verhältnisse prinzipiell noch existent ist. Auch in Bezug auf den Begriff „Vollbeschäftigung" und seine numerische Repräsentation klingt diese Kritik durch, doch haben diese beiden Fälle Ausnahmecharakter.

Das Interpretationsrepertoire des Diskurses über Arbeitslosigkeit (4.5.1) findet sich hauptsächlich in seinem wirtschaftstheoretischen Strang aktualisiert. Die Höhe der Arbeitslosigkeit ist 1973 eine abhängige Variable wirtschafts- und strukturpolitischer Intervention und in der Folge ein Kostenproblem der Gesellschaft, das allerdings problemlos gelöst werden kann. Individuelle Zuschreibungen von Arbeitslosigkeit, Debatten um „unechte" Arbeitslosigkeit finden nicht statt, genauso wenig wird „Sozialmißbrauch" als arbeitsmarktspezifisches Phänomen diskutiert, sondern als generelles Problem gesehen. Selbst die Arbeitslosen werden noch in Marktkategorien und unter den Aspekten Nützlichkeit und Einsetzbarkeit diskutiert.

Im Zuge der Krise fungieren die Zahlen schließlich als Gefährdungssymbol und Dringlichkeitsindikator, funktionieren hier aber eher gerade durch die demonstrative Uneindeutigkeit, denn durch die Gewissheit, die man ihnen abverlangt. Die Zahl der Sprecher und die Zahl der Zeitpunkte an denen Zahlen veröffentlicht werden erhöhen sich stark und schlagartig. Dagegen verengt sich die öffentliche Zahlennachfrage auf nur mehr die Arbeitslosenzahl: Hier geht es nicht mehr um ein differenziertes Abbild des Arbeitsmarktes oder der Arbeitslosigkeit, sondern um ein möglichst pauschales Wissen über die schlimmstmöglichen Konsequenzen der Krise. Gleichzeitig werden einige Standardfloskeln („Alarmismus", „Schönfärberei") für die Bewertung des Zahlengebrauchs erstaunlich schnell reaktiviert. Allerdings beziehen sich diese Vorwürfe auf den Umgang *mit* den Zahlen, nicht auf die Zahlen selbst.

7 1982 – Geschichte einer numerischen Konstante

Für den eben behandelten Erhebungszeitpunkt 1973 wurde bei der Darstellung der Ergebnisse nach Kontextdiskursen, Grundgerüst und Spezialdiskursen unterschieden. Dies erschien sinnvoll, weil diese analytische Differenzierung bloß Spiegelung einer empirischen Differenziertheit war. Für das Jahr 1982 zeigt sich eine wesentlich komplexere Situation. Die Ordnung des Diskurses hat sich verändert und dies insbesondere darin, dass die bisherigen Kontextdiskurse stärker und eigenlogischer auf statistisches Wissen zugreifen. Sie werden selbst zu Diskursen über Arbeitslosigkeit und Arbeitslosenstatistik. Auch das Grundgerüst aus dem vorigen Kapitel wird dann nur noch aus der Perspektive eines bestimmten Kontextdiskurses behandelt. Bereits darin zeigt sich ein Unterschied zu den Ergebnissen des vorherigen Kapitels: Statistisches Wissen ist nicht mehr nur Produkt und Gegenstand von amtlichen Diskursen, sondern der Zahlengebrauch wird vielfältiger.

7.1 Der wirtschaftspolitische Diskurs

7.1.1 Historische Rahmenbedingungen

Für die beginnenden 1980er Jahre und insbesondere für das Jahr 1982 lässt sich eine Phase weltweit hoher Arbeitslosigkeit konstatieren. Die Fachbücher sprechen für die gesamte Weltwirtschaft von einer Phase der Rezession, weil in vielen großen Industrienationen dieser Zeit (Großbritannien, USA, Frankreich, Deutschland) niedriges Wachstum und hohe Arbeitslosigkeit zusammenfallen; viele Staaten kämpfen zudem mit hohen Inflationsraten (zum Beispiel GBR 1981: 11,9%, USA 1981: 10,4%). Das „magische Viereck" ist also in vielen Ländern in wichtigen Stützpfeilern bedroht, so dass gleichzeitig der damit assoziierte wirtschaftspolitische Imperativ der Nachfragepolitik (Keynesianismus) international stark ins Wanken gerät: „Mehr Wachstum, aber auch mehr Arbeitslose" lautet auch das aus keynesianischer Perspektive kontra-intuitive Fazit der Wirtschaftsprognose für Deutschland für das Jahr 1982 (SZ, 26.1.). Doch während in den USA und England insbesondere wegen der hohen Inflation die wirtschaftspolitische Wende bereits vollzogen wird (vgl. dazu die Begriffe „*Reago-*

nomics" und *"Thatcherism"* in der wirtschaftshistorischen Diskussion, zum Beispiel Rez 1988; Hennings 1984), ist die Situation in Deutschland, dem „inflati-
onspolitischen Musterknaben" (ebd.) mit einer Inflationsrate von 6,3% im Jahr
1981, diesbezüglich noch ungeklärt: Nicht zuletzt deshalb, weil der klassische,
theoretisch erwartbare Zusammenhang zwischen (vergleichsweise) niedriger
Inflation und hoher Arbeitslosigkeit („Phillipskurve"; vgl. Abschnitt 4.5.4) noch
aufrechterhalten werden kann und weil die Wirtschaftspolitik in Deutschland in
der Zeit nach 1945 so hochgradig erfolgreich war, steht die Frage nach der künftigen Ausrichtung der deutschen Wirtschaftspolitik im Jahr 1982 in einem starken Spannungsfeld zwischen dem Festhalten an nachfrageorientierter, keynesianischer Politik und einer Ausrichtung gemäß der vermeintlich moderneren, neoklassischen *Angebotspolitik* im Sinne Milton Friedmans.

7.1.2 Der Theorienstreit in den Massenmedien

Der Diskurs über die Arbeitslosigkeit im Jahr 1982 ist damit auf nationaler wie
auch auf internationaler Ebene geprägt von einem „Theorien-Streit" (SZ, 6.7.).
Diese Debatte wird vorwiegend in ökonomischen Begrifflichkeiten geführt und
hat zunächst in erster Linie Politik aufschiebende Funktion. „Bonn will etwas für
die Wirtschafts- und Beschäftigungspolitik tun, weiß aber noch nicht was", heißt
es in der SZ (13.1.), noch mit der Hoffnung, diese Planungen würden sich bald
mit Inhalt füllen. Am 15.1. fragt die FAZ: „Was tun gegen die Arbeitslosigkeit?", doch wird diese Frage erstmals nicht aus einem Mangel, sondern aus
einem Überschuss an Theorien und Vorschlägen zur Bekämpfung von Arbeitslosigkeit herausgestellt. Im Zentrum der Diskussion steht das Für und Wider eines
Beschäftigungspakets, das erneut über künstliche Nachfrage neue Arbeitsplätze
schaffen und bestehende Arbeitsplätze sichern soll. Fortgeführt wird damit, wenn
auch in radikaleren Dimensionen, die schon 1973 bestehende Debatte um „Pro-
tektionismus" und „wirtschaftlichen Fortschritt" (Abschnitt 6.1). Im Jahr 1982
spricht man hier von einem „Zweifrontenkrieg" (FAZ, 2.2.). Die Vertreter ange-
botsorientierter Wirtschaftspolitik sprechen in Bezug auf das Beschäftigungsprogramm in ähnlicher Metaphorik von einem „neuen Feldzug gegen die Marktwirtschaft" (FAZ, 6.5.).
   „Eine fast schon verwirrende Theorie-Diskussion" resümiert die SZ (1.5.),
die „zahlreiche Ansatzpunkte" aufzeige, aber selbst für „interessierte Laien"
nicht mehr intuitiv nachvollziehbar sei. „Pragmatismus muss die Wirtschaftspolitik bestimmen", schreibt die SZ (13.5.), denn „eine Konzentration auf eine Lehre
vergrößert die Probleme". „Ohne wirtschaftspolitische Strategie" sei die Bundesregierung, schreibt die FAZ selbst im Juli noch, und vom Politkaufschub sei man
in einen Zustand der Lähmung übergegangen:

„Geradezu resignierend äußert sich die Bundesregierung zu den steigenden Arbeitslosenzahlen. Als vor wenigen Jahren erstmals die Grenze von einer Million Arbeitslosen überschritten wurde, empfanden viele diese Tatsache als eine Katastrophe. Soziale Unruhen wurden befürchtet. In wenigen Monaten wird die Schwelle zur zweiten Million erreicht, und die Bundesregierung hat mehrfach zu erkennen gegeben, daß sich daran bis in die Mitte der achtziger Jahre hinein nichts ändern würde." (FAZ, 24.7.)

Im späteren Jahresverlauf jedoch finden sich vermehrt Artikel, in denen eher „die große Ratlosigkeit" (FAZ, 15.9.) ob der aktuellen Diskussion herausgestellt wird. „Weder Keynes noch Friedman können helfen", heißt es in Bezug auf die Bankenkrise zum Ende des Jahres (18.11.), und aus der „verwirrenden Theorie-Diskussion" ist ein „heftiger Streit" (SZ, 27.11.) geworden.[54]

7.1.3   Das Beschäftigungsprogramm

In Deutschland kristallisiert dieser Streit an der Debatte über ein angestrebtes Beschäftigungsprogramm. Die wirtschaftswissenschaftliche Expertise engagiert sich auch hier konkret in der Beurteilung der Richtigkeit dieser Maßnahme. Doch erzeugt dieses Engagement selbst in konkreten Sachfragen keineswegs Eindeutigkeit. Ein gutes Beispiel hierfür ist der Einfluss der *Lohnhöhe* auf die Arbeitslosigkeit. In der FAZ heißt es dazu unter Bezugnahme auf das Institut für Weltwirtschaft (ifw Kiel): „Lohnhöhe entscheidet über Arbeitsplätze" (14.1.). Auch die SZ berichtet über eine Einschätzung des Rheinisch-Westfälisches Institut für Wirtschaftsforschung (RWI), nach dessen Ansicht durch die 1982 gerade vereinbarten Lohnerhöhungen der Tarifparteien „400000 Arbeitslose in Kauf genommen wurden". Ende des Jahres wird dagegen ein Wirtschaftswissenschaftler zitiert, der gerade verkündet, dass die Lohnhöhe „nicht schuld" sei an der Arbeitslosigkeit (SZ, 5.11.).

Auch das Beschäftigungsprogramm insgesamt ist Gegenstand höchst kontroverser Diskussionen. Die FAZ berichtet im Januar über 38 Wirtschaftswissenschaftler, die auf das „Beschäftigungsprogramm drängen" und konkrete finanz-, lohn-, geld- und arbeitsmarktpolitische Handlungsempfehlungen geben. Der

---

[54] Doch ist es nicht nur die Politisierung des wissenschaftlichen Wissens, die Uneindeutigkeit erzeugt, sondern es herrscht eine tatsächliche Theoriekrise in den Wirtschaftswissenschaften. Die FAZ beleuchtet ein Symposium mehrerer Wirtschaftsinstitute: „Das Dilemma wurde sofort deutlich. Keine der genannten neueren Theorien konnte die gegenwärtig hohe Arbeitslosenquote erklären.". Als Ursache für die mangelnde Erklärungskraft werden Kommunikationsschwierigkeiten unter den beteiligten Akteuren genannt. Diese versucht man eher naiv zu lösen: „[Die Parteien wurden zusammengeführt]: die Theorie müsse die Empirie und die Theorie befruchten; es sollten aber keine übertriebenen Forderungen an die Wissenschaft gestellt werden, die Theoretiker wiederum sollten zuhören, was sich in der Welt so alles ereigne." (FAZ, 29.9.).

Staat solle sich „nicht zurückziehen", denn dies hätte „besorgniserregende Folgen für den Arbeitsmarkt", wie man an der Lage in England und den USA sehen könne (FAZ, 19.1.). Im März zitiert die SZ jedoch gleich 45 Wirtschaftsverbände, die „am Beschäftigungsprogramm kein gutes Haar gelassen" hätten. „Keine Wirkung", lediglich „zusätzliche Lasten" würde dieses bescheren (SZ, 12.3.). Doch auch politische Sprecher gestalten die Debatte über ein Beschäftigungsprogramm aktiv mit und operieren dabei mit Zahlen. Die einzelnen Argumentationslinien bedienen sich dabei auf unterschiedliche Art und Weise statistischen Wissens: Die Befürworter des Beschäftigungspakets werfen in regelmäßigen Abständen fiktive Zahlen zu zukünftigen, möglichen Entwicklungen am Arbeitsmarkt in den Raum: Wirtschaftsminister Matthöfer schlägt vor, „mit höheren Ölsteuern Arbeitsplätze (zu) finanzieren" (FAZ, 28.1.). Dies sei notwendig, da laut Statistik auf Dauer circa „2 Millionen Arbeitsplätze benötigt würden", durch Konjunkturaufschwung aber nur ein kleiner Teil davon gleichsam automatisch erzeugbar sei. „Etwa anderthalb Millionen" müssten durch zusätzliche Investitionen neu geschaffen werden. Wie solche Investitionen zu tätigen seien, wissen beispielsweise die Gewerkschaften: Diese fordern den „Bau von 50.000 Sozialwohnungen, dies brächte für ein Jahr 100.000 Bauarbeitern Arbeit, die Kosten beliefen sich auf 6,5 Milliarden Mark." (SZ, 1.5.). Noch im November behauptet Bauminister Schneider sehr ähnlich: „Wohnungsbau sichert Arbeitsplätze." (SZ, 4.11.). Seine Berechnung kommt allerdings zu anderen Ergebnissen: Für 5 Milliarden DM ließen sich sogar 100.000 Wohnungen bauen, was 200.000 Arbeitsplätze erzeuge. Die von der Gegenseite vorgeschlagenen Lohnpausen (SZ, 11.1.) zur Verbilligung und damit Nachfragesteigerung nach Arbeit werden ebenfalls mit Hilfe von Zahlen negiert: Lohneinbußen bedeuteten einen „Entzug der Kaufkraft, daraus folgten 200.000 Arbeitslose mehr." (SZ, 27.11.). Statistik wird in dieser Argumentationslinie also als Prognoseinstrument eingesetzt.

Dieser Argumentationslinie wird von den Gegnern des Pakets jedoch nicht direkt widersprochen – etwa indem die genannten Zahlen als falsch oder unehrlich kritisiert würden – sondern man argumentiert ideologisch bzw. theoretisch dagegen. Von „Attacken gegen die Kaufkrafttheorie" berichtet die SZ (3.2.) und verweist auf den „Lohn-Preis-Zusammenhang", der über künstliche Nachfrageschaffung lediglich *nominelles* Wachstum, kein *reales* Wachstum erzeuge: „Aufschwung löst nicht alle Arbeitsmarktprobleme." (SZ, 10.3.). Zudem sei die staatliche Infrastruktur bereits zu stark ausgebaut: „Zu viele Krankenhäuser, zu viele öffentliche Schwimmbäder, zu viele Autobahnen (…)." Es gebe darum keinen Bedarf an weiteren staatlichen Leistungen, die „künstlich nachgefragt" werden müssten (FAZ, 15.1.). Auch die „ökonomischen Daten" zeigten gerade ein solches Bild gesättigter Binnenmärkte (SZ, 1.5.). Darum sei eine Abkehr von staatlicher Nachfragepolitik dringend geboten: „Der Zauberlehrling, der mit seinem Besen schon soviel Unheil angerichtet hat, sollte seinen Besen jetzt schleunigst aus der Hand legen!" (FAZ, 19.3.). Die Gegner des Beschäftigungspakets bedienen sich allerdings ebenfalls statistischen Wissens. Hier wird dieses hauptsächlich zur Analyse der Entwicklung der gegenwärtigen Probleme benutzt. „Wie es dazu kam" (FAZ, 22.9), „Chronologie des Versorgungsstaates" (FAZ, 25.9.) lauten Artikel, in denen anhand von historischen Daten (zu Preissteigerungsraten, Staatsquoten und Arbeitslosenzahlen) das langfristige Scheitern nachfrageorientierter Wirtschaftspolitik verdeutlicht wird. Zur Korrelation von Konjunkturzyklen und Arbeitslosenquoten heißt es beispielsweise: „Mit wenigen Zahlen lässt sich ein Bild zunehmender Schwächeerscheinungen skizzieren, die mit einem gemächlichen Auf und Ab von Konjunktur nichts mehr zu tun haben: Auf dem Tiefpunkt der Rezession 1967 gab es 600.000 Arbeitslose, im Jahr 1975 waren es 1,2 Millionen, und 1983 werden es wohl 2,5 Millionen sein." (SZ, 3.12.). In dieser Argumentationslinie wird Statistik also als Analyseinstrument genutzt.

Der unterschiedliche Einsatz von Statistik in dieser Debatte erzeugt eine unterschiedliche Verwendung der Idee der Steuerbarkeit durch Statistik: Regierungskritiker verweisen mit Blick auf die Zahlen auf eine in der Vergangenheit gegebene „ex post"-Steuerbarkeit. Diese sei nicht bzw. eben falsch genutzt worden, was in die aktuell missliche Lage geführt hätte. „Nur kleine Korrekturen hätten genügt." (Strauß; in FAZ, 30.9.). Die Befürworter klassischer Nachfragepolitik können dagegen mit konkreten Zahlen zukünftige „ex ante"-Steuerbarkeit symbolisieren und blenden die Frage nach der Steuerbarkeit in der Vergangenheit aus.

7.1.4 Entscheidungen – Arbeitslosigkeit im Tagesgeschäft

Je näher der Umgang mit statistischem Wissen an das politische Tagesgeschäft heranreicht, umso blasser werden die theoretischen Konturen im Diskurs über Arbeitslosenstatistik, und politische Bezugsprobleme spielen eine größere Rolle: „Die Lage auf dem Arbeitsmarkt belebt vertagte Bonner Konflikte." (FAZ, 9.1.). Der Verweis auf Zahlen und Fachexpertise als Legitimation von „Deutungs- und Handlungsmustern" (3.2) erzeugt hier noch mehr Konkurrenz und Reibung, weil hier nicht mehr auf unterschiedliche Theorien oder Paradigmen der Wirtschaftspolitik abgestellt werden kann: „Die Bundestagsdebatten zu Finanz- und Beschäftigungspolitik sind keine Seminarveranstaltungen, in denen die reine Lehre der wirtschaftlichen Vernunft gepredigt wird; Vier Landtagswahlen lassen den Ton noch etwas schriller werden." (FAZ, 5.3.). Dieser „schrille" Ton klingt zum einen durch in krassen Zuschreibungen der laut Opposition möglich gewesenen,

aber nicht genutzten Steuerbarkeit von Arbeitslosigkeit: „Die Arbeitslosen
Schmidts und Genschers" (Strauß) lautet hier eine von der Opposition oftmals
wiederholte Formel (zum Beispiel FAZ, 30.9.), die sich gegen eine von der Re-
gierung betriebene *Externalisierung* der Gründe für die wirtschaftliche Krise
richtet: „Wenn unsere Wirtschaft trotzdem nicht so läuft wie früher, liegt es (laut
Regierung, Anm. D.F.) am großen Fatum namens Weltwirtschaft und OPEC.
Nicht eine Spur von Selbstkritik!" (FAZ, 9.1.). Doch bezieht sich dieser schrille
Ton nicht nur auf Grundsatzfragen. Auch Sachfragen und konkrete Zahlen werden kontrovers verhandelt: Einen „Streit über die Arbeitslosenzahl in diesem
Jahr" beschreibt die SZ am 22.1. Es geht um die für das Jahr durchschnittlich
veranschlagte Arbeitslosenzahl als Berechnungsgrundlage für die Haushaltsplanung. Die Opposition kritisiert, dass „arbeitsmarktpolitischen Zahlensätze nach
unten frisiert, nicht alle Risiken mit einkalkuliert" worden seien. Die Koalition
beruft sich auf „die letzten verfügbaren Zahlen". Es folgen „Rechnungen und
Gegenrechnungen um Arbeitslose" (FAZ, 22.1.): „Während die Bundesregierung
mit 1,6 Mio. Arbeitslosen rechne, dürften es tatsächlich 1,75 Mio. werden. Damit
ergebe sich ein Mehrbedarf von 1,8 Milliarden Mark in Nürnberg.". Im Mai legt
die Opposition nach: Hinzu kämen die „Korrektur der Leistungsempfängerquote,
der Zahl der Kurzarbeiter und ein Zusatzbedarf an Schlechtwettergeld", so dass
insgesamt bis zu 12 Milliarden Mark zu wenig veranschlagt worden seien (SZ,
7.5.).
     Der politische Diskurs operiert in einem engeren und konkreteren Zeitfens-
ter als der theoretische Diskurs, der sich auf Interpretation mittel- und langfristiger Entwicklungen der Vergangenheit und Zukunft bezieht. Was politisch betrieben wird, ist jedoch keine Zahlenkritik, sondern eine Kritik der Risikowahr-
nehmung des politischen Gegners, die zu falschen Prognosen führt. Und auch die
Kritik an diesen Prognosen bezieht sich nicht auf das wahre *Ausmaß* der Arbeitslosigkeit, sondern vielmehr auf die wahren *Kosten* der Arbeitslosigkeit. Hier fällt
der politische Diskurs wieder auf die Grundlage des theoretischen Diskurses
zurück, also die Gleichsetzung von Gesellschaft mit Volkswirtschaft. Einzig
ausgeblendet bleibt in diesem Teildiskurs die Frage nach der gegenwärtigen
Arbeitslosigkeit. Diese wird, zumindest in quantitativer Hinsicht, gar nicht in
Frage gestellt, stellt also eine Konstante dar. Die aktuellen Monatszahlen werden, sowohl politisch als auch theoretisch, *überhaupt* nicht diskutiert.

7.1.5 Umgang mit statistischem Wissen

Grundlage

Grundlage des Umgangs mit statistischem Wissen im eben beschriebenen Diskurs ist die Gleichsetzung von Gesellschaft und Volkswirtschaft und damit die Festschreibung von Arbeitslosigkeit als *gesellschaftliches Problem* (Kap. 4.5.3). Die Zahlen repräsentieren nicht arbeitende oder arbeitslose Individuen, sondern monetäre Größen: „400.000 Arbeitslose in Kauf genommen" hat nicht eine Gesellschaft, sondern eine Volkswirtschaft. Es geht hier auch nicht um das individuelle Leid, das in Kauf genommen wird, sondern wiederum um den Einsatz finanzieller Mittel, die an anderer Stelle fehlen. „Arbeitsbeschaffung kaum teurer als Arbeitslosengeld" (SZ. 17.9.) lautet eine Rechnung von BA-Präsident Stingl, die den Fokus genau auf die finanzielle Bedeutung von Arbeitslosigkeit lenkt und verengt. „Bekanntlich", heißt es in der SZ (10.11.), „kostet gegenwärtig ein Arbeitsloser 24000 Mark im Jahr.". Auch hier wird die völlige Abstraktion vom einzelnen Fall deutlich, da das Arbeitslosengeld zunächst unterschiedlich hoch ist, weil es sich nach der Höhe des jeweils letzten Einkommens richtet. Arbeitslosigkeit ist also in seiner Gesamtheit ein Kostenfaktor der Volkswirtschaft, der als gesellschaftliches Problem bewältigt wird und werden muss. Als Gegenwert erhält die Gesellschaft „sozialen Konsens". Dieser sei „ein wichtiger Aktivposten in der volkswirtschaftlichen Bilanz" (FAZ, 17.9.).

Außenwirkung

Die Zahlen haben nach außen hin im Wesentlichen eine symbolische Funktion. Sie entstammen zum Teil Schätzungen bzw. hypothetischen Rechnungen und dienen als Verdeutlichung der Größenordnungen, in denen sich die Theorie-Debatte bewegt („400.000 Arbeitslose in Kauf genommen", „100.000/200.000 Arbeitsplätze schaffen"). Damit wird die gesellschaftliche, politische Relevanz dieser Debatten untermalt und gleichzeitig der Aufschub politischer Entscheidungen legitimiert. Die Relevanz dieses Diskurses wird zudem nicht nur über die aktuellen Größenordnungen deutlich gemacht, sondern auch über eine Ausweitung des Bezugsrahmens. Die (wirtschafts-)politische Bekämpfung von Arbeitslosigkeit befindet sich, wie oben bereits geschildert, in einem „Zweifrontenkrieg" (FAZ, 2.2.), dessen Ausgang für lange Zeit maßgeblich sein wird: Einerseits muss der Wegfall bestehender, aber bedrohter Arbeitsplätze verhindert werden, andererseits das Entstehen neuer Arbeitsplätze gesichert werden. Hier finden sich zusätzlich zu den Zahlen zur bereits „realisierten" Arbeitslosigkeit Zahlen zu drohender Arbeitslosigkeit. „Durch Mikrochips werden bis 1990 2,5

Millionen Arbeitsplätze vernichtet.", schreibt die taz (19.3.), der DGB sieht durch „Computer (...) 3 Millionen Stellen in Gefahr" (SZ, 6.8.). Auf einen noch größeren Bezugsrahmen verweist ein Bericht über eine wissenschaftliche Konferenz zum Thema Arbeitslosigkeit. Hier geht es nicht mehr um bestimmte Zahlen von Arbeitslosen, sondern um die Grundproblematik eines „weltweiten Übels" (SZ, 6.2.). Auch die Gewerkschaften bedienen sich dieses Sprachgebrauchs. Ein Festhalten am Keynesianismus bedeute den „sicheren Abstieg in die Zweitklassigkeit der Industrienationen", heißt es von Arbeitgeberseite, ein Abrücken verschlimmere den „gesellschaftlichen Notstand", heißt es von Arbeitnehmerseite (SZ, 1.5.).

Zahlenkonkurrenz, Zahlenkritik?

Die Zahlen selbst werden allerdings überhaupt nicht hinterfragt. Es geht nicht darum, ob es mehr oder weniger Arbeitsplätze sind, die durch bestimmte Maßnahmen geschaffen oder vernichtet würden oder worden seien, sondern immer nur darum, ob diese Maßnahmen Ausdruck „richtiger Wirtschaftspolitik" sind oder waren. Dabei bezieht die keynesianische Argumentationslinie die Gründe für die Richtigkeit ihrer Forderungen aus der numerischen „Belegbarkeit" hypothetischer, kurzfristig herstellbarer Zustände („Wenn x, dann y Arbeitsplätze oder Arbeitslose mehr"). Dies verleiht ihr in der politischen Diskussion Vorteile: „Unter dem Druck der Gewerkschaften kommt es darauf an, ‚Etwas Sichtbares' gegen die Arbeitslosigkeit zu unternehmen." (FAZ, 22.1.). Hier profitiert man also vom Geltungspotential der Zahlen. Die Gegner dieser Argumentationslinie beziehen diese Gründe durch den Verweis auf langfristige Entwicklungen, die man durch wiederkehrende Korrelationen bestimmter Kennziffern der wirtschaftlichen Entwicklung zu beschreiben versucht. Diese Zahlen sind jedoch abstrakter (zum Beispiel Staatsquoten) und sind weniger anschlussfähig als etwa die „Anzahl neuer Arbeitsplätze". Konkrete und kurzfristig durch monetaristische Wirtschaftpolitik erreichbare Ziele lassen sich also nur schwer in Zahlen ausdrücken, was dieser Argumentationslinie in der Außendarstellung Nachteile verschafft.

Sprecher, Sprecherpositionen

Bemerkenswert ist die gestiegene Anzahl von Sprechern im Diskurs über Zahlen aus der Arbeitsmarktstatistik. Sprecher aus der Politik, den Gewerkschaften und der wissenschaftlichen Expertise sind die Hauptakteure, die sich zu gleichen Teilen auf die beiden Argumentationslager aufteilen. Diese beiden Lager greifen also auf Zahlen *unterschiedlicher Zeitkontexte* zur Legitimation *unterschiedli-*

cher Deutungsmuster zurück. Statistik wird sowohl als Prognose- als auch als Analyseinstrument eingesetzt, erzeugt dabei jedoch scheinbar unterschiedliches Wissen, das heißt die Lesbarkeit von Arbeitslosigkeit wird perspektivisch. Je nach „Zeithorizont der Beschäftigungspolitik" (FAZ, 19.3.) dominiert entweder eine kurzfristige Lesart der Arbeitslosenzahl als Symbol *konjunktureller* Arbeitslosigkeit oder eine langfristige Lesart als Symbol bestehender und immer weiter wachsender *struktureller* Arbeitslosigkeit.

Symbolik der Zahl

Alle Lager bedienen sich jedoch gleichermaßen des alarmistischen Werts statistischer Informationen, insbesondere des Werts der Arbeitslosenzahl. So beginnen nahezu alle Positionierungen in der Debatte mit einem Verweis auf die „drastische Arbeitslosenzahl", die „hohe Arbeitslosigkeit" etc. („Angesichts...", „In einer Zeit...", „Unter dem Eindruck von" zum Beispiel: SZ, 11.1.; 3.5.; FAZ, 22.5.). Hier wird auch ganzjährlich auf die „2-Millionengrenze" rekurriert um an dieser Schwelle die Brisanz der Entwicklung zu demonstrieren (taz, 8.1.; SZ, 4.2.; SZ, 6.4.; SZ, 28.5.;). Dadurch wird jedoch von einer differenzierten Wahrnehmung der Arbeitslosigkeit eher abgelenkt. Arbeitslosigkeit trifft hier als Gefahr auf ein Kollektiv, das individuell ungleich große Risiko tatsächlich arbeitslos zu werden wird ausgeblendet.

7.2 Bruch einer Dominanz

Es gibt keinen zweiten, derart breit angesiedelten Diskurs über Arbeitslosigkeit im Jahr 1982 wie den wirtschaftspolitischen Diskurs. Doch lassen sich mehrere kleine Diskursfragmente beschreiben, die über das Jahr hinweg häufiger beobachtbar werden, während die Auseinandersetzung mit wirtschaftspolitischen und wirtschaftstheoretischen Fragen eher zurückgeht. Als Ursache dafür lässt sich anführen, dass, während innerhalb des wirtschaftspolitischen Diskurses die drei Strukturmomente „Sichtbarkeit", „Lesbarkeit", „Verfügbarkeit" noch sehr stabil aufeinander bezogen und unhinterfragt benutzt werden können, diese Konfiguration außerhalb dieses Diskurses destabilisiert wird. Unter den Aspekten „Begrenzte Verfügbarkeit" und „Begrenzte Lesbarkeit" bzw. „Begrenzte Sichtbarkeit" kann man einen Aufweichungsprozess der eben beschriebenen Diskursroutinen beschreiben und in der Folge davon eine Akzentverschiebung innerhalb des Interpretationsrepertoires beobachten.

7.2.1   Begrenzte Verfügbarkeit

Ausgangspunkt für die Relativierung politischer Steuerungskapazitäten am Arbeitsmarkt ist das Zusammenfallen zahlreicher statistisch vorhergesagter und nun tatsächlich eintreffender Entwicklungen am Arbeitsmarkt. „Über all die aktuellen Anlässe hinaus wird die Last der Arbeitslosigkeit die Republik noch lange beschweren." (SZ, 5.2.), heißt es zu Beginn des Jahres. Im Mai zitiert die SZ eine Studie des Münchner Instituts für Wirtschaftsforschung (ifo) aus dem Jahr 1979: Damals sei eine schrittweise steigende Arbeitslosigkeit prognostiziert worden, die 1985 einen Stand von 3 Millionen erreichen würde. Für das gegenwärtige Jahr wären exakt die eingetretenen 2 Millionen prognostiziert worden. Diese Prognosen errechneten sich aus „Schlüsselgrößen für den Arbeitsmarkt" (SZ, 28.5.); neben Wachstumsraten sind hier auch Geburtenraten, Bildungszyklen sowie technische Entwicklungen berücksichtigt. Zur selben Prognose einer über zehn Jahre hin andauernden „Zunahme der Arbeitslosigkeit in Europa" kommt ein britisches Wirtschaftsforschungsinstitut (SZ, 11.1.), die OECD veröffentlicht eine „skeptische Arbeitsmarktprognose" für Deutschland, die insbesondere „mittelfristig besorgniserregend" ist (SZ, 18.7.). Das IAB veröffentlicht ein hochkomplexes Szenarienmodell, demzufolge bis zum Jahr 1990 gar „4 Millionen Arbeitslose" möglich sind.

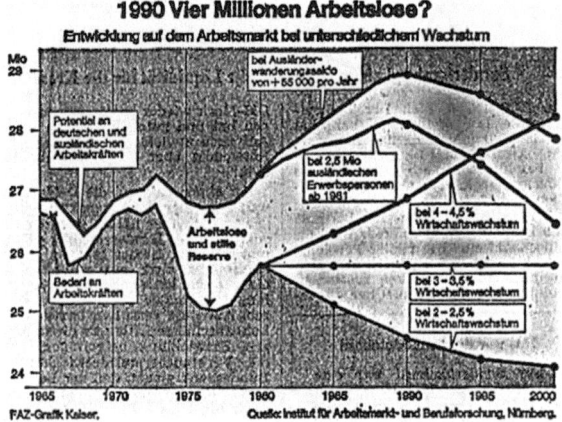

Abbildung 18:   Graphik zur Entwicklung des Arbeitsmarkts; FAZ, 7.5.

Die FAZ schreibt weiter: „Dem europäischen Arbeitsmarkt droht bis 1990 der Zusammenbruch" (9.7.). Als „Problem für den Rest des Jahrhunderts" beschreibt schließlich das Deutsche Allgemeine Sonntagsblatt die Arbeitslosigkeit in Deutschland und Europa (SZ, 6.7.). Die taz spricht von der „best-prognostiziertesten Krise"[55] (5.11.) und nennt unter Berufung auf das IAB schon das Jahr 1974 als Zeitpunkt, ab dem diese Entwicklung vorhergesagt worden sei. Diskutiert wird auch die spärliche Bilanz der arbeitsmarktpolitischen Steuerung: Gerade einmal eine Million Arbeitsplätze seien durch einen Aufwand von 90 Milliarden teuren Beschäftigungsmaßnahmen geschaffen worden (ebd.).

Hier wird das erstmoderne Prinzip des „Durch-Berechnen-beherrschen-Könnens" (Weber 1919) erstmals empirisch bzw. was die Größenordnung angeht relativiert und dadurch prinzipiell hinterfragbar. Abbildung 19 verdeutlicht dies noch einmal: Die „Welle der Arbeitslosigkeit" wird definitiv hereinbrechen, so die Aussage dieser Karikatur. Die theoretischen Diskussionen um die „Schuldfrage" sind darum müßig. Auch die Art der Gegenrezepte scheint veraltet bzw. in ihrer Wirksamkeit fragwürdig, wie das hölzerne Ruderboot, auf dem diskutiert wird, symbolisieren könnte.

Abbildung 19: „Diskussion über die Schuldfrage"; FAZ, 14.9.

Gleichzeitig wird dadurch die diskursive Festschreibung von Arbeitslosigkeit als „gesellschaftliches Problem" (wie sie der wirtschaftspolitische Diskurs vornimmt) gelockert, weil die Fixierung auf „Arbeitslosigkeit als Kostenfrage" nachweislich immer problematischer wird: Der Sozialstaat insgesamt und die

---

[55] Dies ist kein Rechtschreibfehler, sondern steht so im Original.

Arbeitslosenversicherung insbesondere werden immer schwieriger finanzierbar.
Je weniger Arbeitslosigkeit in dem Maße als steuerbar wahrgenommen wird, wie
lange Zeit von der wirtschaftspolitischen Argumentationslinie suggeriert, um so
stärker werden andere Sicht- und Reaktionsweisen auf dieses Phänomen notwendig und möglich.

7.2.2 Begrenzte Sichtbarkeit, Begrenzte Lesbarkeit

Nicht nur das Strukturmoment der „Verfügbarkeit von Arbeitslosigkeit" verschiebt seine Koordinaten, auch die Gegebenheit von „Sichtbarkeit" und „Lesbarkeit" von der aktuellen Arbeitslosigkeit und deren Entwicklung wird 1982
neu verhandelt oder zumindest hinterfragt. An einigen Text-Beispielen lässt sich
dies darstellen:
   Die ersten Vorhersagen des Jahres zur wirtschaftlichen Entwicklung werden
bereits ironisch übertitelt: „Prognosen, Prognosen..." (SZ, 2.1.), und man entlarvt
die Abhängigkeit der Prognosen von optimistischen und pessimistischen Grund-
einstellungen der Experten. Die FAZ fragt später: „Nur noch im Kaffeesatz lesen?" (19.7.) Während es also Entwicklungen gibt, die sich als relativ gut quantifizierbar erwiesen haben (Bevölkerungsentwicklung, Abgänge aus dem Bil-
dungssystem), ist es insbesondere die wirtschaftliche Entwicklung, die sich dieser Prognostizierbarkeit teilweise entzieht. Auch dies schwächt die wirtschaftspolitische Dominanz im Diskurs über Arbeitslosigkeit, da gerade dieser sehr
stark auf wirtschaftliche Prognosen angewiesen ist.
   Doch auch zu den „gut quantifizierbaren" Phänomenen heißt es: „Die Eckpfeiler der Statistik sind wackelig geworden" (FAZ, 28.1.). Aufgrund von „Fort-
schreibungsfehlern" seien Millionen-Fehler bei der Zahl der Bevölkerungs- und
Erwerbstätigenzahl zu erwarten, heißt es von Seiten des Statistischen Bundesamts. Diagnostiziert wird darum auch für die Gegenwart eine „zunehmende
Skepsis gegenüber den offiziellen Zahlen vom Arbeitsmarkt" (SZ, 6.4.). „Wirklichkeit" und „Praxis" sähen „anders aus", als die Statistik suggeriere. „Tücken
der Statistik" erkennt auch die SZ (3.2.): Hier wird die von der Bundesregierung
als „positiv" bewertete Ausbildungsstatistik diskutiert. Zum einen seien nicht
alle Berufsanfänger erfasst (weil manche noch ein zehntes Hauptschuljahr oder
ein Berufsvorbereitungsjahr absolvierten). Zum zweiten wäre nur der statistische
Nachweis eines „Überangebots" an Lehrstellen Beleg für eine wirklich „positive" Ausbildungssituation. Denn nur so wäre „Berufswahl" (und damit Identifikation mit der eigenen Arbeit, vgl. Abschnitt 4.1) faktisch möglich. Drittens sei der
regionale Abstraktionsgrad viel zu hoch:

„Was nützt es dem Schüler, wenn er erfährt, die durchschnittliche Klassengröße betrage 30 im Lande, wenn er doch mit 40 anderen die Schulbank drückt, während irgendwo ein paar Kleinstklassen im Lande für den statistischen Vorzeigewert sorgen. (…) Die einfache Gegenüberstellung von Angebot und Nachfrage ist also nicht nur vordergründig – sie führt in die Irre. (…) Daß die ‚Statistik lügt' ist natürlich Unsinn, aber dass sie die Wirklichkeit widerspiegelt, ist wohl ebenso abwegig."

Noch tiefer klingt diese Skepsis jedoch durch in folgendem Bericht. Die SZ fragt (19.11.):

„Wie sinnvoll war der Gang zum Zahlschalter des Arbeitsamts? (...) Das Millionenheer der Arbeitslosen ist unsichtbar. Man sieht Züge von Arbeitnehmern, die gegen angekündigte Betriebsstilllegungen und Entlassungen protestieren, doch Schlangen Arbeitsloser vor Ämtern, wie Ende der Zwanziger Jahre, Anfang der Dreißiger Jahre, die sieht man nicht. Unterstützung und Sozialhilfe werden überwiesen oder vom Briefträger überbracht. Dahinter steht die gute Absicht, den Betroffenen neugierige Blicke zu ersparen, denen sie am Zahlschalter ausgesetzt sein würden. Also bleibt Arbeitslosigkeit abstrakt, auf Ziffern beschränkt wie andere unangenehme wirtschaftliche oder soziale Tatbestände. Person wird der Arbeitslose nur für Verwandte, Bekannte."

In der taz heißt es zunächst scheinbar gegenläufig (taz, 11.1.):

„Was vor wenigen Jahren noch niemand für möglich gehalten hatte, ist wieder greifbarer und sichtbare Realität geworden: Massenarbeitslosigkeit."

Doch weiter dann:

„Noch versteckt sie sich in verfallenden Altbauvierteln, in den Wohnungen und Eckkneipen, nicht stolpert man nicht über sie auf den Straßen, dringt sie nicht in das tägliche Leben des Normalbürgers. Aber wie sind die Prognosen? Was geschieht wenn wir noch in diesem Jahrzehnt jene Höchstgrenze mit nahezu sechs Millionen Arbeitslosen erreichen?"

Das Prinzip der Herstellung von Sichtbarkeit und Lesbarkeit durch Statistik wird also sowohl was die Zukunft, als auch was die Gegenwart anbelangt, hinterfragt. Dies geschieht hinsichtlich des Kriteriums der Objektivität (1. Beispiel), der Adäquanz (2. Beispiel) und der Referenz (3. Beispiel). Das statistische Wissen ist lange nicht so sachlich, wie oftmals angenommen; vor allem was Prognosen anbelangt, hängt sehr viel von kontingenten Entscheidungen ab. Das zweite Beispiel verweist nicht nur auf technische Fehler der statistischen Erfassung, sondern auch auf grundsätzliche, nicht lösbare Probleme (zum Beispiel, dass „normale" Quoten oder Mittelwerte extreme Einzelfälle nicht ausschließen). Das dritte Beispiel verweist auf die ungenügende Repräsentativkraft der Statistik.[56] Neben eine inhaltliche Kritik der Statistik, die durch Definitions- und Verfahrensänderungen eingelöst werden könnte, tritt hier also eine formale Kritik, die nicht statistisch behoben werden kann.

7.3 Der sozialpolitische Diskurs

Eine der Reaktionsweisen auf die „begrenzte Verfügbarkeit" besteht in der stärkeren Betonung sozialpolitischer Maßnahmen. Dies zeigt sich in entsprechenden, bereits erfolgten gesetzlichen Beschlüssen, wie auch in der medialen Debatte, wo deren Ziele und Begründungen kommentiert werden. Bezugsproblem des sozialpolitischen Diskurses ist jedoch gerade nicht die Verringerung von Arbeitslosigkeit, sondern dieser setzt an bei der Neuverteilung der „beschwerlichen Last" (SZ, 5.2.) der gesamtgesellschaftlichen Folgen von Arbeitslosigkeit. In Frage gestellt wird zum einen das Ausmaß des Versorgungsstaats – sowohl unter dem Gesichtspunkt dessen Finanzierbarkeit als auch dessen Richtigkeit; zum anderen wird die Leistungsfähigkeit bisheriger Formen der „Regierung von Arbeitslosigkeit", wie zum Beispiel der Arbeitsvermittlung, hinterfragt.

7.3.1 Die Wiederentdeckung des Arbeitslosen

Das Ausmaß des Versorgungsstaats wird speziell für den Bereich der Arbeitslosigkeit in Frage gestellt: „Wer arbeitslos ist, kommt heute nicht mehr in Not.". Dies sei eine „Errungenschaft des modernen Sozialstaats" (FAZ, 6.3.), die positiv zu bewerten sei. Hinzu zur finanziellen Absicherung kommt jedoch auch ein immer geringerer Identitätsverlust. Bisher hätte gegolten: „Arbeit prägt das Leben, Arbeitslosigkeit verstümmelt es."; heute gilt das „nicht in jedem Fall" (ebd.). Bis in die 1970er Jahre wurde noch die symbolische und identifikatorische Kraft von Arbeit betont (vgl. die Abschnitte 4.1/6.3), genau diese werde jedoch in modernen Industrienationen immer geringer: „Manch einer verliert einen Arbeitsplatz am Fließband", und das neue, auf „Schwarzarbeit als Gärtner und Unterstützung" basierende, „zwischen Legalität und Illegalität angesiedelte Leben erscheint viel komfortabler als der alte Arbeitsplatz." (ebd.).

Hier wird eine Mischform aus „echtem" und „unechtem" Arbeitslosen sichtbar, der einerseits arbeiten will, kann und tut, dies aber nicht in den Dienst der Gemeinheit stellt, sondern, im Gegenteil, sich von dieser noch zusätzlich unter-

---

[56] Hier wird kritisiert, was McLuhan (1967) als „*The medium is the message*" formuliert hat. Statistik liefert eben immer nur Zahlen (!) und ist dadurch als appellative Instanz, wie man sie hier versucht einzusetzen, immer defizitär, gleich wie akkurat und präzise sie ist.

stützen lässt. Der Grund dafür besteht darin, dass das finanzielle Auskommen zwischen Arbeit und Arbeitslosigkeit nicht stark genug differiert, anderseits der schon 1973 geäußerte Wunsch nach „Erfüllung" im Beruf immer seltener verwirklicht werden kann: „In den Großraumbüros und Verkaufshallen der Dienstleistungsgesellschaft gewinnen die Menschen kaum Identifikation mit ihrer Arbeit." (SZ, 1.5.). In diesem Zusammenhang wird nun statistisches Wissen eingesetzt, um zu zeigen, dass es sich hierbei auf Dauer nicht nur um Einzelfälle, sondern um einen Trend handeln kann: „Die (...) Daten zeigen eine Veränderung in der Beschäftigungsstruktur der Bundesrepublik", mit einem deutlich höheren Anteil an Beschäftigten in eben diesem tertiären Sektor, der die beklagten Identifikationsprobleme erzeugt (ebd.).

An einem Einzelfall wird also die Entscheidungslogik des Missbrauchs sozialstaatlicher Leistungen dargestellt und sogar nachvollzogen, angesichts bestimmter Rahmenbedingungen; die amtlichen Daten liefern dann die Erkenntnis, dass in Zukunft mehr Menschen unter ähnlichen Rahmenbedingungen entscheiden werden. Wichtig ist hier, dass dies immer als gesamtgesellschaftlichen Phänomens begriffen wird. Der „Missbrauch" wird nicht als Ausdruck besonderer Verschlagenheit der Arbeitslosen charakterisiert, sondern die Wahrnehmung eines „aus den Fugen geratenen Sozialstaats, der weit über das Normalmaß hinaus versichert und schützt" (FAZ, 6.3.), bezieht sich auf viele Bereiche, unter anderem auch den der Ausbildungsunterstützung und der medizinischen Versorgung. Vielsagend ist hier der Titel eines Artikels aus der FAZ: „Das Recht auf dies und das Recht auf das." (16.1.). Strauß spricht von der Gewöhnung an diese Sozialstandards als einer „Krankheit, die materielle und moralisch-psychologische Ursachen hat". Aufpassen müsste man, „keine faule Gesellschaft zu werden." (SZ, 2.2.).

Der Verdacht auf *bewussten Missbrauch* wird in den meisten Fällen eher unterschwellig geäußert. In einem Kommentar zu den aktuellen Arbeitslosenzahlen und der Zahl der offenen Stellen im Februar heißt es: „Dies bedeutet, dass auf etwa 18 Stellensuchende – suchen wirklich alle? – ein offener Platz kommt" (SZ, 20.3). Dieser Verdacht nährt sich auch weniger dadurch, dass man den Arbeitslosen den Missbrauch sozialstaatlicher Leistungen prinzipiell zutraut, sondern er wird gerade durch andere Daten erzeugt. Es besteht ein „Auseinanderklaffen von statistischen Daten und tatsächlicher Erfahrung", für das es wohl keine „plausiblen Erklärungen" gebe - so zum Beispiel dafür, dass sich unter diesen offenen Stellen auch „Stellen als Hilfsarbeiter bzw. Stellen für unqualifizierte Kräfte" befänden, wie aus den Daten ersichtlich sei (SZ, 6.7.). Der daraus erwachsende Vorwurf bezieht sich also eher auf die Leistungsfähigkeit der Arbeitsvermittlung, denn auf die Moral des einzelnen Arbeitslosen. Kommentare wie diese verweisen zudem auf einen journalistisch eigenmächtigeren Umgang mit statistischem Wissen, welcher der amtlichen Deutungshoheit mehr und mehr Konkurrenz macht. Die amtlichen Daten werden nicht mehr einfach hingenommen, sondern auch selbstständig auf „Plausibilität" hin befragt.

7.3.2 Die Zumutbarkeitsregelung

Auch wenn die Figur des „unechten Arbeitslosen" in den Medien nicht übermäßig stark betont wird, findet diese starke Resonanz in der politischen Diskussion. Neue Zumutbarkeitsregeln sollen hier für eine bessere Legitimation der Arbeitslosenunterstützung sorgen. Interessanterweise ruft man sich in diesem Zusammenhang die Entstehungsgeschichte der Arbeitslosenversicherung ins Gedächtnis: „Arbeitslose: Zwischen Anspruch und Zumutung – Wie die Versicherung in den Jahren der großen Depression funktioniert hat." (SZ, 20.3.). Ab April gelten schließlich, nach langen Diskussionen, die neuen Zumutbarkeitsregeln, die je nach Qualifikation unterschiedliche Einbußen beim Lohn und bei der Ausbildungsadäquanz „zumutbar" machen. Hinzu kommen höhere Mobilitätsansprüche. Werden diese Zumutbarkeiten nicht akzeptiert, wird das Arbeitslosengeld gestrichen. Auch generelle Kürzungen werden angedacht (SZ, 3.11.). Langfristig wird sogar gefragt: „Können wir uns die Arbeitslosenversorgung halten?" (SZ, 12.5.).

Die Reaktionen auf diese Neuregelungen sind gemischt: „Blanke Not herrscht fast nirgendwo – aber das soziale Netz hat manchmal sehr weite Maschen", heißt es in der SZ (4.9.). Die FAZ argumentiert gegen den Status quo eines Systems des „sozialen Komforts" und für eine Rückkehr zu einem System der „Fürsorge" (FAZ, 30.9.). Das „Soziale" dürfe nicht zum „Mythos" stilisiert werden, sondern muss sich dem „ökonomisch Notwendigen" in der politischen Diskussion stellen, wie alles andere auch (ebd.); „Wider den Missbrauch des Sozialen" titelt die SZ (29.7.) und „klar sei, dass es Missbrauch gegeben habe" (Kohl; in SZ, 29.11.). Die Gewerkschaften sehen das anders: Eine „Rückkehr zu den Arsenalen des Frühkapitalismus" heißt es beim Deutschen Gewerkschaftsbund (SZ, 1.5.), die Arbeitslosen würden „beleidigt und bestraft" anstatt unterstützt. Einen Akt der „Demütigung" sieht darin die taz (5.3.), die IG Metall spricht von „Schaumschlägerei" und Versuchen zur „Beschönigung der Arbeitslosenstatistik" (SZ, 10.3.).[57] Die taz schreibt einen Bericht „aus dem Inneren eines Arbeitsamts" (22.3.), in dem auf die gestiegene Aggressivität im Umgang zwischen Behörden und Arbeitslosen hingewiesen wird. Sogar eine Polizeistreife ist im Arbeitsamt vor Ort, berichtet wird von wüsten Beschimpfungen der Ar-

---

[57] Hier zeigt sich, wie präsent das Wissen um mögliche Manipulation ist. Der Verdacht der „Beschönigung" wird in diesem Artikel jedoch nicht ausgeführt, sondern ebenfalls nur zitiert, so dass er auch an dieser Stelle nicht weiter berücksichtigt wird.

beitsvermittler durch die Arbeitslosen. „Ohnmächtig gegen die Arbeitslosigkeit, mächtig gegen die Arbeitslosen", so der Duktus der Vorwürfe seitens der Arbeitslosen (ebd.). Die Problematik dieser Unterscheidung wird also medial zumindest wieder ansprechbar, nachdem dies im zuvor untersuchten Zeitraum in keinem Artikel thematisiert wurde.

Doch genauso wie die Statistik das Problem des Missbrauchs zum Teil sichtbar macht, genauso relativiert sie auch die Größenordnung des Problems. Angesichts der geringen Zahl offener Stellen sei es nur um ein kleiner Beitrag, der über neue Zumutbarkeitsregelungen zum Abbau der Arbeitslosigkeit geleistet werden könne, es handele sich um eine „[d]eutsche Gespensterschlacht" (taz, 5.3.). Ein „wackerer Kämpfer der Statistik aus Nürnberg (IAB)" bezeichnet auf einer Tagung des Groß- und Einzelhandels die seit Monaten andauernde Diskussion um die Echtheit der Arbeitslosigkeit angesichts des weiterhin krassen Missverhältnisses zu den offenen Stellen als „witzlos" (taz, 5.11.).[58] Auch das wird seitens der Regierung wahrgenommen und man zweifelt in der Folge an der Aussagekraft der Zahl der offenen Stellen. Über vier Wochen lang wird im März eine „Meldepflicht für offene Stellen" diskutiert, denn „Schätzungen zufolge" würde nur etwa die Hälfte aller offenen Stellen dem Arbeitsamt gemeldet (SZ, 19.3.): „Wenn die Arbeitsämter über die tatsächliche Zahl genauer informiert würden, könnten sie auch leichter vermitteln.".[59]

7.4 Der nominalistische Diskurs

Als „nominalistischen Diskurs" können die Diskussionen bezeichnet werden, die im Vorfeld der politischen, rechtlichen Änderung bzw. Neudefinition der beiden Begriffe Arbeit und Arbeitslosigkeit geführt werden. Auch dieser Diskurs ist dabei als neue Reaktionsweise auf die hohen Arbeitslosenzahlen im Jahr 1982 und die zunehmend stärker wahrgenommenen Steuerungsprobleme im Bereich der Wirtschaftspolitik zu lesen.

7.4.1 Die Neudefinition des Erwerbspersonenpotentials

Ein Teil dieser Überlegungen hat direkte Auswirkungen auf Ebene der Statistik: So wird beispielsweise über eine Senkung der Lebensarbeitszeit nachgedacht, um Arbeitsplätze zu schaffen. Zwar sei dies kein „Rezept gegen die Arbeitslosigkeit" (SZ, 10.11.), doch würde es „einen beachtlichen Arbeitsmarktentlas-

---

[58] Und dies obwohl er eingeladen wurde, um auf der Veranstaltung die „Vorurteile über die Benutzer der sozialen Hängematte zu bestätigen." (ebd.).
[59] Die Meldepflicht wird jedoch schließlich, aus regierungsinternen Gründen, doch nicht eingeführt.

tungseffekt" bedeuten. Dies wird mit Zahlen belegt: Eine Herabsetzung der flexiblen Altersgrenze für Männer auf 62 Jahre würde eine Entlastung von 80.000 Erwerbspersonen bringen. Auf 60 herabgesetzt, würden das bis 1990 etwa 250.000 sein, in der Hälfte des nächsten Jahrzehnts bereits 300.000. Für Frauen könnte die Grenze sogar auf 59 gesenkt werden, dies würde 120.000 Personen „begünstigen" (ebd.). Die frei werdenden Stellen könnten dann Arbeitslosen zur Verfügung gestellt werden. Zunächst ist gar eine Senkung auf 55 Jahre Thema, allerdings nur wenn der konkrete Arbeitsplatz unverzüglich mit einem Jugendlichen neu besetzt wird (SZ, 29.1.).

Auch diese Maßnahmen werden zum einen auf Finanzierbarkeit, zum anderen auf „Richtigkeit" hin diskutiert. „Kostenneutralität" ist die entscheidende Bedingung, unter der diese Diskussion geführt wird, wenngleich dies dem im wirtschafts- und sozialpolitischen Diskurs vertretenen Programm der *Einsparung* und des *Verzichts* lange nicht genügt (vgl. 7.1; 7.3). Akzeptabel wird diese Idee jedoch über Argumente wie das Folgende: „Es sei widersinnig, einen 19 jährigen in die Arbeitslosigkeit zu zwingen und gleichzeitig einem 63 jährigen das Recht zu verweigern, sich etwas früher zur Ruhe zu setzen." (SZ, 5.11.). Der Erfolg dieser Maßnahme besteht in einer kostenneutralen Linderung der sozialen Folgen von Arbeitslosigkeit. Denn allgemein wird Jugendarbeitslosigkeit als dramatischer eingestuft, weil hier langfristig Integrationsschwierigkeiten der Jugendlichen befürchtet werden, während die Folgen von Arbeitslosigkeit im Alter durch finanzielle Unterstützung leicht aufzufangen zu sein scheinen. Deutlich wird, wie extrem unterschiedlich Arbeitslosigkeit in diesem Diskurs semantisch geformt wird: Für den Jugendlichen ein Joch, für den baldigen Rentner nur die Möglichkeit, „sich etwas früher zur Ruhe zu setzen.". Hier werden „über Arbeitslosigkeit" andere drohende Problemfelder auf neue Art und Weise bearbeitet. Im Abbau dieser sozialen Problematik besteht der Nettogewinn dieser Maßnahme, brutto kommt jedoch noch ein Rückgang der Arbeitslosenzahl hinzu, weil die abgehenden Alten eben nicht als Arbeitslose in der Statistik auftauchen, sondern als Rentenbezieher. Die Statistik wird hier als Umverteilungsinstrument benutzt, mit dem sich die Folgen von Arbeitslosigkeit neu austarieren lassen.

7.4.2 Die Neudefinition von Erwerbsarbeit

Genauso vielschichtig wie die eben beschriebene Diskussion stellt sich die Diskussion um einen neuen Arbeitsbegriff dar. In der politischen Opposition (Strauß) wird verstärkt der „Leistungsgedanke" beschworen und mit diesem ein „Ende der Verteufelung von Arbeit als kapitalistische Frohn" (SZ, 2.2.). Unterstützt wird diese Sicht zum einen im feuilletonistischen Diskurs: So wird beispielsweise im Streiflicht der SZ der aus dieser Perspektive absurde Beruf des

„Landschaftsbegehers" als Ergebnis der Idee des „Traumberufs" glossiert (11.3.). Auch theoretische Sichtweisen auf Arbeit werden hier aufbereitet und sogar „Thema des Tages": Als „Arbeitsparadoxon" stellt sich die gegenwärtige Lage so dar, dass „man", gerade weil zu wenig Arbeitsplätze da sind, „mehr arbeiten" müsse, um den Stückpreis von Arbeit zu senken und in der Folge die Nachfrage nach Arbeit zu erhöhen: „Wer ‚Verkürzung der Arbeitszeit' fordert, denkt zu kurzfristig und erzeugt das Gegenteil von dem was geplant ist." (SZ, 19.1.).

Derlei Forderungen bilden genau den anderen Pol dieser Diskussion: Hier werden „Folgen einer veränderten Arbeitswelt" debattiert (SZ, 1.5.). Dabei sei der Weg für „neue Einsichten der Weg durch erstarrte Statistiken oft versperrt", stellt ein „Management-Symposium" fest (SZ, 13.5.). Fest stünden jedenfalls objektive und subjektive Veränderungen der Arbeitsverhältnisse, auf die man mit einer „Lockerung der Verkrustungen der Manteltarifverträge und des Arbeitsrechts" reagieren müsse (SZ, 1.5.). Dadurch würden neue Arbeitsformen wie „Job-Sharing", „Teilzeitarbeit" oder eigenmächtige Verkürzung der Lebensarbeitszeit umsetzbar. Die Richtigkeit solcher Maßnahmen wird auch als Grundsatzdebatte geführt: Das IAB stellt eine Studie unter das Motto „Rückbesinnung auf den Menschen" und fragt: „Wieviel Erwerbsarbeit braucht der Mensch? Wieviel Erwerbsarbeit braucht die Gesellschaft zum Überleben? Wieviel Selbstbestimmung, Eigenverantwortung und Freiraum braucht der Mensch und die Familie?" (SZ, 10.9.).

Konkrete Vorschläge kommen zum Einen aus dem Bereich der Politik (35-Stunden-Woche): Hier wird allerdings nicht mit Zahlen operiert, sondern die „Verkürzung der Arbeitszeit" wird als „tragende und unverzichtbare Säule der Arbeitsmarktpolitik" eher dogmatisch gefordert (SZ, 5.11.) Aber auch aus der privaten Wirtschaft kommen Vorschläge. Hier werden einzelne Fallbeispiele diskutiert und mit deren Erfolgsbilanzen bezüglich Teilzeitarbeit und Job-Sharing geworben (FAZ, 12.3.; SZ, 8.11.). Politische Anschlussfähigkeit wird allerdings auch hier über Arbeitslosenzahlen oder das Thema Arbeitslosigkeit generiert[60]: Über Zeitarbeit ließen sich 200.000 Beschäftigungsverhältnisse erzeugen, bzw. aktuell gebe es Arbeitslose, auf die dieser Begriff „in seiner sozialen Dramatik" nicht zutreffe: „Viele suchen eben nur noch Teilzeitarbeit." (FAZ, 12.3.). Allein auf 230.000 arbeitslos gemeldete Frauen, die lediglich Teilzeitar-

---

[60] Dies ist zu dieser Zeit häufiger zu beobachten: „geschaffene Arbeitsplätze" bzw. „wiederbeschäftigte Arbeitslose" werden zu einer regelrechten Währung im öffentlichen und politischen Verhandlungsprozess generell: „Arbeitsplätze als Alternative zum Atomprogramm" (SZ, 1.2.), „Eine Million Arbeitsplätze durch Umweltschutz!" (SZ, 2.2.), „US-FIRMA bietet Arbeitsplätze gegen Verzicht auf Umweltschutz" (SZ, 2.11.).

beit suchen, kommt „ein Frauenkongress" (FAZ, 19.11.). Diese Zahlen werden
jedoch ohne Referenz gebraucht, es handelt sich in jedem Fall nicht um „amtliche Zahlen".

7.5 Der normalisierende Diskurs

Dieser Diskurs schließt an die Überlegungen zur „Begrenzten Sichtbarkeit" an
(7.2.2) und reagiert auf die als zu abstrakt wahrgenommene Symbolik der „Ziffern". Dieses Defizit wird unter anderem kompensiert durch einen Erzählstrang,
der versucht, Arbeitslosigkeit jenseits statistischer Informationen zu beschreiben.
Der Akzent wird also stark auf die Rückbindung und Rückübersetzung statistischer Information gelegt. „Leben mit der Arbeitslosigkeit" (taz, 5.3.), „An Arbeitslosigkeit gewöhnen?" (SZ, 6.4.), lauten einige Überschriften, die verdeutlichen, dass man gerade nicht mehr glaubt, es mit einem steuerbaren, verfügbaren
Phänomen zu tun zu haben, sondern mit einem auf Dauer gestellten Zustand.

7.5.1 Sozialreportagen

Dieser Zustand wird beleuchtet in einer Reihe von Sozialreportagen, die vor
allem in der taz zu finden sind. Diese berichten sowohl über betroffene Regionen
im Ausland (taz, 12.1.: „Ganze Kultur bedroht – Arbeitslosigkeit in Sandwell"),
oder das Ausland generell (taz, 8.1.: „Arbeitslosigkeit in Frankreich"; taz, 28.1.:
„Arbeitslosigkeit in England"; taz, 5.5.: „Arbeitslosigkeit in Nordirland"). Hier
werden die statistischen Informationen extrem herunter gebrochen: „27 Jobs für
5000 Schulabgänger" in Sandwell, „täglich 2.500 Arbeitslose mehr" in Frankreich, „jeder 8. Brite arbeitslos". Vor allem wird jedoch über deutsche Regionen
berichtet, in der taz startet dazu die Serie „Verhältnisse wie in Weimar – No
Future für Arbeitslose": „Arbeitslosigkeit in der Oberpfalz: Man lässt unsere
Gesellschaft einschlafen!" (taz, 21.1.), „Arbeitslosigkeit in Dortmund: Lähmung
statt Auflehnung". Hier kommen einzelne Arbeitslose zu Wort und berichten von
den konkreten Folgen der Arbeitslosigkeit in ihrer Region (zum Beispiel vom
Wegzug junger Leute). Dazu kommen Reportagen über einzelne Firmenschlie-
ßungen und deren Konsequenzen: „700 Arbeitslose werden heimatlos" (taz,
12.1.), weil die geschlossene Firma der einzige potentielle Arbeitgeber in der
Region ist.

7.5.2 Infographiken

Die „Begrenzte Sichtbarkeit" von Arbeitslosigkeit durch Statistik stellt auch das Bezugsproblem für neue graphische Aufbereitungen statistischer Information dar. Hier wird versucht, die Aussagekraft von statistischen Informationen intuitiver zu gestalten, indem man „nicht-statistische" Elemente (Figuren, Symbole) mit in die Graphik aufnimmt. Selbst auf Titelseiten finden sich „Landkarten der Arbeitslosigkeit" (Abb.21/22), auf denen die regionalen Quoten abgetragen werden. Auch die Hervorhebung spezieller statistischer Information, etwa zur Darstellung der Kosten von Arbeitslosigkeit (Abb.20), zum Thema Jugendarbeitslosigkeit (Abb.23) oder zur Verdeutlichung theoretischer Zusammenhänge (Abb.24) geschieht zunehmend visuell.

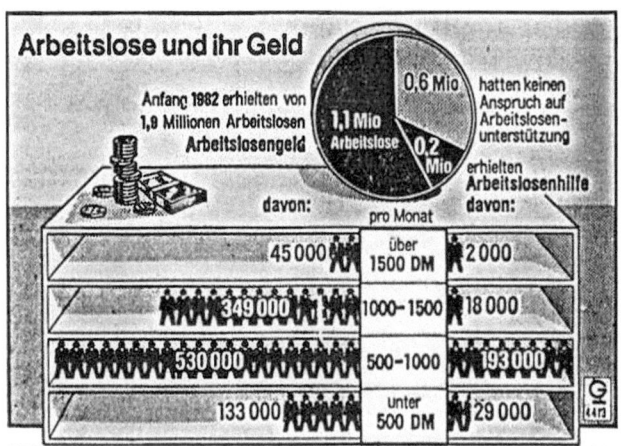

Abbildung 20:   „Arbeitslose und ihr Geld"; SZ, 15.9.[61]

---

[61] Diese Infographik zeigt die Kostenstruktur der Arbeitslosen, gestaffelt nach Arbeitslosengeld und Arbeitslosenhilfe. Interessant: Während im zugehörigen Text erklärt wird, dass fast ein Drittel der Arbeitslosen kein Geld erhält, taucht diese Kategorie zwar im Kreissegmentdiagramm auf, in der Hauptgraphik jedoch nicht. Die „kostenlosen Arbeitslosen" bleiben bloße Ziffer, die Versorgten nehmen Gestalt an.

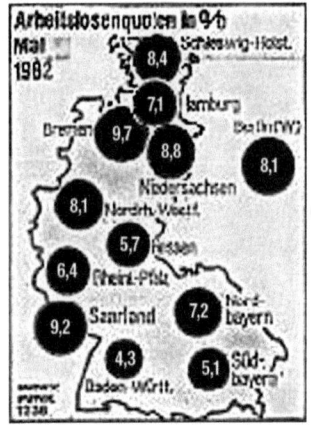

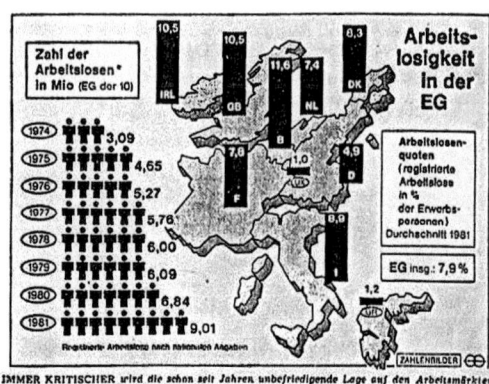

Abbildung 21: „Arbeitslosenquoten in %"; SZ, 6.6.[62]
Abbildung 22: „Arbeitslosigkeit in der EG"; SZ, 13.3.[63]

---

[62] Diese Abbildung mit dem tautologischen Titel „Arbeitslosenquoten in %" zeigt eine statistische Landkarte Deutschlands. Durch unterschiedlich große Punkte sollen „Ballungsräume" der Arbeitslosigkeit dargestellt werden.

[63] Diese Abbildung zeigt einerseits „Durchschnittswerte der Jahre 1974 bis 1981" für die gesamte Europäische Gemeinschaft an, allerdings in absoluten Größen („Männchentabelle"), was für derartige Vergleiche eigentlich ungünstig erscheint. Zusätzlich werden die durchschnittlichen Arbeitslosenquoten des Jahres der einzelnen EG-Länder als Balkendiagramme dargestellt. Die Werte entstammen „nationalen Angaben", ohne dass hier jedoch auf national unterschiedliche Definitionen näher eingegangen wird.

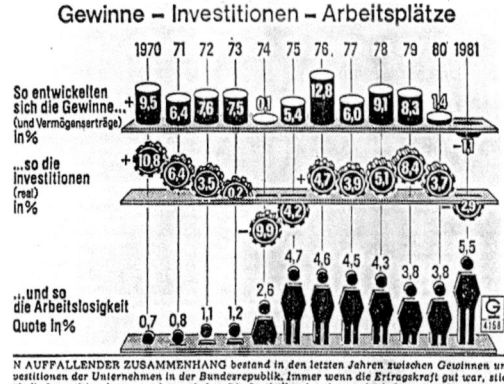

Abbildung 23:   „Jugendliche im Abseits"; SZ, 13.9.[64]
Abbildung 24:   „Gewinne – Investitionen – Arbeitsplätze"; SZ, 27.1.[65]

7.6 Der dramaturgische Diskurs

Als dramaturgischen Diskurs kann man jene Sprech- und Erzählweisen bezeichnen, welche die soziale Dramatik von Arbeitslosigkeit inszenieren. Auch dies nimmt Bezug auf die in 7.2.2 verdeutlichte Wahrnehmung eines zu hohen und zu wenig anschlussfähigen Abstraktionsgrads der statistischen Darstellung.

7.6.1 Die Entstehung einer medialen Expertise

Während die in Abschnitt 6.1 als Grundgerüst bezeichnete monatliche Bekanntgabe der Zahlen vom Arbeitsmarkt durch BA-Präsident Josef Stingl sachlich und inhaltlich gleich weiter existiert, gestaltet sich die Berichterstattung darüber wesentlich differenzierter als noch im Jahr 1973. Unterscheiden lassen sich alte und neue Umgangsformen mit statistischem Wissen.

---

[64] Die immer höher werdenden Mauern eines Balkendiagramms, das die Anzahl arbeitsloser Jugendlicher für die jeweiligen Jahre symbolisiert, trennen diese Jugendlichen von der industriellen Landschaft. „In der Statistik" zeigen sie jedoch weiterhin Engagement (in der Zeitung wird nach Stellenanzeigen gesucht) und Solidarität (ein arbeitsloser männlicher Jugendlicher legt den Arm um sein weibliches Pendant).

[65] Diese Infographik mit dem plakativen Titel „Gewinne – Investitionen – Arbeitsplätze" verdeutlicht einen zwar leicht versetzten, aber „auffallenden Zusammenhang" zwischen Investitionen und Arbeitslosigkeit, wie er von den Gegnern des Beschäftigungsprogramms stets beteuert wird.

Ein Bericht über die Bekanntgabe der Zahlen findet sich wie üblich im Wirtschaftsteil, samt graphischer Aufbereitung der Informationen. Dieser behält seinen „zitierenden Charakter" bei, das heißt es werden lediglich die verkündeten Daten und deren amtliche Interpretation wiedergegeben. Angesichts der konstant negativen Entwicklung ist die Berichterstattung auf kausaler Ebene von erheblicher Redundanz geprägt, denn keine der zahlreichen Bewegungen der Zahlen ist Zeichen einer tatsächlichen Bewegung auf dem Arbeitsmarkt. Als Beispiel mag der Bericht vom 6.7. (FAZ) dienen: Die Zahl der ausländischen Arbeitslosen sinkt, doch es liegt am „Heimaturlaub" der betreffenden Personen, die Arbeitslosenquote sinkt, doch dies liegt an der Neudefinition des Erwerbspersonenpotentials (s.o.), die Zahl der Jugendlichen Arbeitslosen steigt, doch dies liegt am Ende des Ausbildungsjahres. Dazu kommen der permanente Abgleich mit der saisonal zu erwartenden Bewegung der Zahlen und die stets negierte Frage nach „konjunkturellen Impulsen". Das konstante Niveau der Zahlen sowie das Ausbleiben relevanter Entwicklungen lassen jeden Versuch, aus den Daten Handlungswissen abzuleiten, absurd erscheinen. Eben weil auf kausaler Ebene nichts zu berichten ist, konzentriert sich die Berichterstattung auf eine detaillierte Wiedergabe von Zahlen, um so wenigstens partielle Informationsgewinne zu suggerieren: Mal werden für die Baubranche historische Negativwerte erreicht (September), mal für den Maschinenbau, deutschlandweit sind mehr Frauen arbeitslos als Männer, in München ist es umgekehrt. Formulierungen wie: „Die Zahl der Kurzarbeiter hat mit fast 600.000 den Vorjahreshöchstwert um annähernd drei fünftel übertroffen.", zeigen, wie schwierig es ist, auf diesem Weg noch Neuigkeitswerte zu erzeugen. Diese extrem detaillierte Sichtbarkeit aller Bewegungen führt also gerade nicht zu einer besseren Lesbarkeit dessen, was eigentlich abgebildet werden soll, nämlich Zustand und vor allem Entwicklung des Arbeitsmarkts. Auch hier wird die Verknüpfung von Sichtbarkeit und Lesbarkeit destabilisiert: Obwohl man genau weiß, was der Fall ist, folgt daraus nicht, was zu tun ist.

Doch werden die Zahlen am Tag ihres Erscheinens an einer weiteren Stelle veröffentlicht, diesmal verarbeitet nach spezifisch medialen Selektionsvorgaben. So berichten alle drei untersuchten Zeitungen über die offizielle Bekanntgabe der Arbeitslosenzahl das ganze Jahr durchgehend auf der Titelseite. Hier werden auch die wichtigsten anderen Informationen genannt. Dies sind weiterhin die Arbeitslosenquote, die Zahl der offenen Stellen sowie die Zahl der Kurzarbeiter. In der FAZ ist die monatliche Arbeitslosenzahl zweimal, in der SZ gar fünfmal die Hauptschlagzeile der jeweiligen Ausgabe (Arbeitslosenzahlen vom Dezember (1981), Juni, September, Oktober, November). Hier wird jedoch nur die Arbeitslosenzahl genannt, in Millionenangabe und auf eine Dezimalstelle genau. Untermalt wird dies mit entsprechend drastischer Metaphorik („Die Bundesrepublik auf dem Weg zu Horrorvisionen" (taz, 8.1.)), oder durch extreme Nüchternheit der Kommunikation: „Mehr als Zwei Millionen", lautet die Schlagzeile am 8.12. (SZ), ohne Einheit, bewusst ohne Präzision, es ist die nackte Zahl, welche die Dramatik demonstriert (vgl. 4.3).

Dazu sind die aktuellen Arbeitslosenzahlen in neun (von zwölf) Fällen Gegenstand von Meinungsartikeln der SZ, wo unter anderem spezielle Inhalte noch einmal nachbereitet werden (Jugendarbeitslosigkeit/6.8.; Zahl der Kurzarbeiter/5.10.). Auch diese Kommentare arbeiten mit einer starken Gefährdungssemantik: „Bedrohliches vom Arbeitsmarkt" (SZ, 6.7.), „Kein Lichtblick am Arbeitsmarkt" (SZ, 3.9.), „Bedrückendes vom Arbeitsmarkt" (SZ, 5.10.). Hier wird auch ein deutlich eigenmächtigerer Umgang mit statistischem Wissen erkennbar: „Mehr als 1,8 Millionen stehen derzeit vor Fabriktoren und Bürotüren, ohne positive Saisoneinflüsse läge die Erwerbslosenzahl bereits über der Zweimillionenmarke." (SZ, 5.10.). Diese Rechnung ist ohne Referenz, das heißt hier wird nicht aus der Pressekonferenz der BA zitiert, sondern eine selbstständig durchgeführte „Schätzung" mit eingeflochten. Heimlich wird zur Zahl der Arbeitslosen auch schon die Zahl der Kurzarbeiter – „den Arbeitslosen von morgen" (SZ, 5.10.) – hinzuaddiert. Wenn auch eine konkrete Zahl nicht genannt wird, so trägt die Zahl der Kurzarbeiter doch mit dazu bei, dass sich ein zunehmend „düsteres Bild" vom Arbeitsmarkt herauskristallisiert.

7.6.2 Sprachspiele, Zahlenspiele

Schließlich entwickelt der mediale Umgang mit der Arbeitslosenstatistik erste Ansätze eigener Sprachspiele: „Düsteres aus Nürnberg" (SZ, 5.8.) und „Stingl enttäuscht Schmidt wieder" (SZ, 5.5.) lauten die Titel zweier Kommentare, in denen durch Personalisierungsprozesse eine neue Sprachregelung erzeugt wird: „Stingl" und „Nürnberg" werden zu Synonymen für die Arbeitslosenstatistik, Bundeskanzler „Schmidt" zum Erst-Adressaten hochstilisiert. Die Öffentlichkeit und der Arbeitsmarkt, also die eigentlichen Referenten des Diskurses, sowie die statistischen Informationen selbst spielen in diesem Artikel keine Rolle. Hintergrund ist ein Vorwurf der Schwarzmalerei Schmidts an Stingl vom Mai 1982 (SZ, 1.5.), dieser würde die Lage stets zu pessimistisch bewerten und damit den „guten, positiven Weg" auf dem man sich befände, verschleiern. Der Kommentar spricht Stingl frei von diesem Vorwurf, dieser könne „die Arbeitslosenzahlen nicht einfach wegbeten", sondern müsse ein „Tatsachenbild zeichnen" sowie „redlich die voraussichtliche Entwicklung skizzieren, nichts weiter" (SZ, 5.5.).

Doch nicht nur durch Personalisierung, auch durch eine Historisierung lassen sich die Zahlen dramaturgisch aufladen. „Auf dem Weg zur Zwei Millionen Grenze" sieht die taz die BRD am 8.1. und stellt folgenden Vergleich an: „Im

November war das Referenzjahr 1959, im Dezember 1956. Auch von der Arbeitsfront ein schneller Lauf in Richtung 1945." In der SZ heißt es zu den „Juli-Zahlen" (5.8.): „Man muss schon bis zum Jahr 1950 zurückblättern, um schlimmere Daten zu finden". Allein anhand der Zahlen wird die Zeit nach Kriegsende, wird auch „Weimar" als Verweisungshorizont erzeugt und gegenwärtig. Angesichts 18 Arbeitsloser pro offener Stelle im August heißt es: „Obwohl es abwegig ist, gegenwärtige Nöte mit der Krise der dreißiger Jahre zu vergleichen, darf man doch daran erinnern, dass damals reichlich 20 Arbeitslose auf eine freie Stelle kamen – eine ungute Annäherung." (SZ, 4.9.). Zwar gibt es auch Artikel, die gerade das Gegenteil behaupten: „Die Bundesrepublik ist nicht Weimar" (FAZ, 23.9.). Doch auch diese Aussage wird im Vergleich der wirtschaftlichen Entwicklung anhand von (anderen) Kennziffern belegt.

Hier wird also eine Umdeutung der Zahlen vorgenommen. Die Arbeitslosenzahl steht hier nicht mehr als numerische Repräsentation aktueller Zustände, sondern primär als Referenz auf andere historische Phasen und Ereignisse. Damit reiht sie sich ein in einen Diskurs, der selbst mehr und mehr auf Metaphern zurückgreift. Die Zahl selbst wird kaum numerisch diskutiert, sondern ob ihrer Rahmungseffekte auf den öffentlichen Diskurs.

7.6.3   Die Tragödie der Arbeitslosigkeit

Die Inszenierung der sozialen Dramatik von Arbeitslosigkeit greift auch auf „klassische" Semantiken zurück, wie sie in Kapitel 4 vorgestellt wurden. Während die Missbrauchsdebatte generell (d.h. nicht nur, aber *auch* in Bezug auf den einzelnen Arbeitslosen) dominiert, finden sich auch Verweise auf den Opferstatus der Betroffenen. Sowohl die katholische Kirche „setzt sich für Arbeitslose ein" (SZ, 5.3.), als auch die evangelische Synode „berät über Arbeitslosigkeit" (FAZ, 9.11.); hier geht es um Betreuungs- und Qualifizierungsangebote für Arbeitslose. Auch in der Politik wird der Verweis auf das „menschliche Problem der Arbeitslosigkeit" (Geißler; in SZ, 5.3.) häufiger. Dies sei nicht entsprechend intensiv diskutiert worden, meint auch die SPD und unterlegt diese Aussage mit statistischem Wissen (ebd.):

> „Wir sollten uns nicht täuschen: Betroffene gibt es sehr, sehr viele, weit mehr, als wir normalerweise eigentlich im Bewusstsein haben. Wenn wir in diesem Jahr eine jahresdurchschnittliche Arbeitslosigkeit von 1,75 Millionen Menschen haben, bedeutet das, dass etwa 5 Millionen Menschen in diesem Jahr arbeitslos sein werden. Wenn wir die Betroffenheit der Familien mit einberechnen, bedeutet das, dass etwa 20 Millionen Menschen in der ein oder anderen Art und Weise von Arbeitslosigkeit betroffen sind."

Auch hier werden also die amtlichen Zahlen eigenmächtig interpretiert, um die Dramatik der Situation zu untermauern. Wie die genannte Zahl von 20 konkret entsteht (also woher die Schätzgrößen stammen), wird allerdings nicht erklärt. Zudem werden einige Studien zitiert, die belegt haben, dass aufgrund der hohen Arbeitslosigkeit auch die Ausländerfeindlichkeit wieder zunehme (DIW-Studie; in FAZ, 16.9.). Auch hier spielt das statistische Wissen eine entscheidende Rolle: So ist es nicht die Arbeitslosigkeit selbst, die für die Ausländerfeindlichkeit verantwortlich ist, sondern: *„Düstere Prognosen"* über die Entwicklung auf dem Arbeitsmarkt schüren noch die Ausländerfeindlichkeit" (SZ, 8.5.). Dies wiederum verweist auf eine starke, jedoch einseitige Anschlussfähigkeit der Zahlen in der Bevölkerung und gleichzeitig auf einen damit gerade nicht einhergehenden Glauben an Beherrschbarkeit von Arbeitslosigkeit.

7.7 Zusammenfassung und Schlussfolgerungen

Die Sprechweisen über Arbeitslosigkeit sind im Jahr 1982 wesentlich ausdifferenzierter als noch im Jahr 1973. Insgesamt dominiert die theoriebasierte, wirtschaftspolitische Sichtweise noch immer den Diskurs. Diese Sichtweise auf Arbeitslosigkeit als Ungleichgewicht von Angebot und Nachfrage am Arbeitsmarkt erzeugt jedoch Uneindeutigkeiten, so dass gerade aufgrund eines Datenüberschusses unterschiedliche „Lesarten" möglich werden. Hier wird allerdings nicht um die Zahlen selbst gestritten, sondern darum, auf welche Zahlen man blicken sollte. Arbeitslosigkeit wird also „sichtbarer", insofern als schlichtweg mehr historische Daten zur Verfügung stehen, die eine langfristigere Perspektive ermöglichen, dadurch aber nicht unbedingt genauer, sondern *unterschiedlich* lesbar. Hier entsteht ein politisch aufgeladener Kampf um die Deutungshoheit.

Mit Beck et al. ist hier von einer Strategie der „Verzeitlichung" zu sprechen, mit der sich das wirtschaftspolitische Dispositiv immunisiert (2004: 28). Durch die immer wieder aufgeschobene Frage nach der Art der Steuerung wird die Frage nach der grundsätzlichen Steuerbarkeit von Arbeitslosigkeit ausgeblendet. Solange dies funktioniert, integriert der wirtschaftspolitische Konflikt den Gesamtdiskurs.

Untergraben wird dieser Diskurs jedoch von einer „sichtbaren Nichtverfügbarkeit" der Arbeitslosigkeit, die ebenfalls durch statistisches Wissen erzeugt wird. Viele Entwicklungen, die den Arbeitsmarkt betreffen, sind bereits kurz- und mittelfristig irreversibel, also nicht-steuerbar. Hier werden andere Reaktions- und Regierungsweisen auf bzw. von Arbeitslosigkeit nötig und möglich, die wiederum ihre Tragweite, also ihr Wirkpotential *ex ante* durch statistisches Wissen belegen. Hier werden Zahlen auch abseits der Produzenten und Erstkonsumenten nachgefragt und eingesetzt. Der Umgang mit ihnen wird differenzierter und auch kritischer, erste Gegenüberstellungen mit „der Wirklichkeit", „Plausibilität" werden bemüht. Arbeitslosigkeit bekommt dadurch in der öffentlichen Wahrnehmung jenseits der theoretischen Dichotomie von konjunktureller und struktureller Arbeitslosigkeit eine neue Heterogenität, das eingesetzte statistische Wissen sorgt für einen „amtlichen Charakter" dieser Problemwahrnehmung und erzeugt den Bedarf nach neuen, hierfür spezifischen Regierungsweisen. Hier wird die Festschreibung von Arbeitslosigkeit als gesellschaftlichem Phänomen gelockert und das arbeitslose Individuum rückt in den Blickpunkt, wenngleich auch nicht ins Zentrum politischer Überlegungen.

In der Folge werden die Begriffe und Begriffsgegensätze, denen mittels Statistik eine quantitative Substanz verliehen wird, auch erstmals qualitativ diskutiert. Insbesondere im Bereich Arbeit/Nicht-Arbeit/Arbeitslosigkeit werden Grenzziehungen neu und unterschiedlich verhandelt, mit Blick sowohl auf die finanziellen Folgen, auf die „normative" Richtigkeit von Forderungen, als auch auf die direkten statistischen Konsequenzen. Hier wird nicht versucht, Arbeitslosigkeit zu verringern, sondern sie neu und besser, das heißt in ihren Konsequenzen weniger schädlich zu positionieren. Doch auch hier dominieren weiterhin Kostenargumente, das heißt man versucht, den Preis der Arbeitslosigkeit zu senken. Das statistische Wissen hat hier wiederum Legitimationsfunktion und unterscheidet bloßes Gedankenspiel von nachvollziehbarer Überlegung. Die Zahlen haben hier allerdings mehr die Funktion zu zeigen, *dass* Steuerung in relevantem Ausmaß möglich ist, nicht in welchem Ausmaß diese *konkret* umgesetzt werden kann.

Genau darin zeigt sich das Bezugsproblem aller Diskurse über Arbeitslosigkeit im Jahr 1982. Einerseits werden Zahlen gebraucht, um (politischen) Forderungen Nachdruck zu verleihen, andererseits gilt gerade durch relativ erhärtete statistische Befunde eine kurzfristige Besserung der Lage nicht wirklich als wahrscheinlich. Insofern handelt es sich im Jahr 1982 um eine Art Patt-Situation zwischen Arbeitslosigkeit und Öffentlichkeit, deren Stabilität durch die Statistik nach allen Seiten hin untermauert wird. Je nach dem ob als Analyse- oder als Prognoseinstrument eingesetzt, werden durch Statistik unterschiedliche Handlungsalternativen plausibel, und es relativiert sich die Idee der Steuerung und Verfügbarkeit von „Arbeitslosigkeit selbst" in Richtung von Umverteilung und Minimierung der „Folgen von Arbeitslosigkeit". Am stärksten bemüht wird im Jahr 1982 der „symbolische Charakter" der Zahlen, durch den eine Neuausrichtung im Umgang mit Arbeitslosigkeit erreicht werden soll. Hier wird der Umgang mit statistischem Wissen sehr undifferenziert: Zu symbolischen Zwecken taugt nur die Arbeitslosenzahl, deren Bekanntheitsgrad entsprechend medial forciert wird. Die Arbeitslosenzahl schafft es auf die Titelseite und wird Gegenstand von Meinungsartikeln, welche die Dramatik der Lage am Arbeitsmarkt nochmals verbal untermauern. Dies geschieht zusätzlich durch Sozialreportagen, Infographiken und Verweisen auf historische Erfahrungen (Weimar), anhand derer die soziale Dramatik von Arbeitslosigkeit stärker ins Bewusstsein gerufen wird.

8 2005 – Geschichte einer numerischen Variable

Im Folgenden sollen die spezifischen Merkmale des Diskurses über Arbeitslosigkeit im Jahr 2005 herausgearbeitet werden. Das heißt, der Fokus soll insbesondere auf neuen Diskurssträngen und Diskurselementen liegen, die in der Form zu den vorherigen Erhebungszeitpunkten nicht zu beobachten waren. Doch liegt die Herausforderung gerade in der Beschreibung des Verhältnisses von Kontinuitäten und Diskontinuitäten im Diskurs, so dass die in den beiden vorherigen Kapiteln herausgearbeiteten Unterscheidungen zwischen einzelnen Teil-Diskursen beibehalten werden.

8.1 Der wirtschaftspolitische Diskurs

Der wirtschaftspolitische Diskurs über Arbeitslosigkeit befindet sich im Jahr 2005, verglichen mit den Jahren 1973 und 1982, in einer Ruhephase. Doch lässt sich auch diese Ruhe als Ereignis des Diskurses beschreiben, das Ursachen und Folgen besitzt:

Mit der „Agenda 2010" wurde bereits im Jahr 2003 ein weitreichendes Reformprogramm verabschiedet, das beide großen Volksparteien gemeinsam gestaltet hatten. Der wirtschaftspolitische Diskurs hat also unter anderem deshalb Pause, weil im Bereich der Politik weitgehend Konsens herrscht über die prinzipielle wirtschaftspolitische Ausrichtung. Diese Ausrichtung basiert im Wesentlichen auf einer radikalen Abkehr von nachfrageorientierter Politik, zugunsten einer unternehmensorientierten, Investitionen fördernden Angebotspolitik. Wie tief diese Überzeugung ob der Richtigkeit dieser Abkehr sitzt, zeigt sich im medialen Umgang mit Ideen, die dieser Abkehr zuwiderlaufen: Im März 2005 kommt es beispielsweise, angesichts des „Dramas am Arbeitsmarkt" (SZ, 5.3.), zu Überlegungen ob eines neuerlichen Konjunkturprogramms. Als „die Sache mit der Nachfrage" wird dieser Themenblock kommentiert – eine Formulierung, die sich als große Distanz zu diesem Thema und gleichzeitig als vertrautes Unwohlsein mit diesem Thema interpretieren lässt – und es wird daran erinnert, dass „bis vor kurzem in Berlin allein der Gedanke an so etwas als obszön galt." (ebd.). In einer „idealen Welt" wäre ein Wachstumsprogramm – „auf Kosten steigender Defizite" nach „bester keynesianischer Manier" (FAZ, 22.1.) – „tatsächlich richtig" (ebd.). Aber die wirtschafstheoretische Anleitung der Politik hat ihre Hochphase längst hinter sich: „Mit der reinen Lehre allein kann man nicht alle Probleme lösen." (FAZ, 22.7.) Dies wird nochmals unterstrichen durch einige Artikel, die sich, im Hinblick auf eine mögliche Neuauflage der „Großen Koalition" von 1966 bis 1969 nach den Bundestagswahlen im Herbst des Jahres, mit den Erfolgen und Misserfolgen der Globalsteuerung auseinandersetzen (SZ, 3.3.: „Das deutsche Leiden; Wie die Bundesrepublik in die Beschäftigungskrise geriet – und welche Rezepte es dagegen gab"; 24.9.: „Plisch und Plum"; 24.9.: „Miese Ehe, aber mit Erfolgsbilanz").

Im Jahr 2005 ist das „magische Viereck" tatsächlich nur noch rudimentär Gegenstand wirtschaftspolitischer Überlegungen. Insbesondere der Zusammenhang von Wachstum und Beschäftigung gilt als zumindest zeitweilig aufgelöst: „Wachstum wird Arbeitsmarktprobleme nicht lösen", lautet die Aussage eines Wirtschaftsinstituts (FAZ, 19.11.). In einem Streitgespräch wird Bundeswirtschaftsminister Wolfgang Clement mit der Aussage konfrontiert: „Mehr Jobs wollen alle. Sie sagen auch beide, wir brauchen Wachstum. Das hatten wir 2004, aber trotzdem steigt die Zahl der Arbeitslosen." Clement erwidert darauf: „Richtig, wir erleben gegenwärtig eine Umbruchsituation, in der alte ökonomische Regeln nicht mehr stimmen." (SZ, 8.9.). An vielen Stellen finden sich Formulierungen, die Arbeitslosigkeit sogar explizit als aus dem wirtschaftlichen Kontext herauslösen: Trotz „guter Wirtschaftsdaten *und* niedriger Arbeitslosigkeit" wird in Norwegen beispielsweise die amtierende Regierung abgewählt (SZ, 14.09. Hervorhebung D.F,), während in England Tony Blair wegen "eine[s] Wirtschaftsaufschwung[s] wie ihn Großbritannien noch nicht erlebt hat" *und* einer „rekordverdächtig niedrigen Arbeitslosenquote" gute Chancen auf einen neuerlichen Wahlsieg eingeräumt werden (SZ, 6.5.).

Die Koppelung von Arbeitslosigkeit (respektive Beschäftigung) an wirtschaftspolitische Konzepte wird jedoch nicht gänzlich aufgegeben, sondern es wird nachdifferenziert zwischen „beschäftigungsunwirksamen Wachstum" (*jobless growth*) und „beschäftigungswirksamen Wachstum". Hier entsteht eine neue Kennziffer: „Die Beschäftigungsschwelle", ein „von Politikern gerne benutztes Konstrukt." (FAZ, 17.03.). Dieses Konstrukt wird im Text genau analysiert: Eine niedrige Beschäftigungsschwelle zeuge von einer Nachfrage insbesondere nach gering qualifizierter Arbeitskraft, was langfristig nicht für den Standort Deutschland spräche, kurzfristig aber die Arbeitslosigkeit schneller sinken lässt; eine hohe Beschäftigungsschwelle dagegen ist Merkmal einer bildungsintensiven Beschäftigungsstruktur, die erst bei hohen Wachstumsraten ausbaufähig ist. Es ergibt sich also ein höchst ambivalenter, „mit großer Unsicherheit behafteter" Aussagewert dieser Größe, der für die Benutzung im politischen Kontext als eigentlich ungeeignet charakterisiert wird. Wichtig zu bemerken ist, dass die Verwendung des Begriffs „Konstrukt" – etwa im Gegensatz zum Begriff „Zahl" oder „Ziffer" – darauf verweist, wie selbst-erzeugt („konstruiert") und kontingent der Charakter dessen ist, was man damit versucht, greifbar zu machen.

Der wirtschaftspolitische Diskurs verzichtet im Jahr 2005 in Bezug auf Arbeitslosigkeit fast gänzlich auf konkrete Zahlen zum möglichen Abbau der Arbeitslosigkeit. Viel wichtiger als die Unterlegung bestimmter Argumentationslinien mit Zahlen ist der Verweis auf die logische Richtigkeit der getroffenen Maßnahmen, insbesondere was die Langfristigkeit betrifft. Hier entsteht das Argument der „Nachhaltigkeit" als Basis für ökonomische Überlegungen zum Thema Arbeitsmarktpolitik: „Vorstellungen von Nachhaltigkeit im Sinne der Frage: ,Wie können Gesellschaften überleben?'" (FAZ, 19.11.). Die Relevanz der Konjunktur, lange Zeit zentrales Bezugsproblem des wirtschaftspolitischen Diskurses, ist damit vollends auf das Niveau von „Strohfeuern" (SZ, 5.3.) reduziert. Diese können zwar initiatorische Wirkung haben, um den „stotternden Motor in Gang zu kriegen" (FAZ, 19.3.), besitzen diese aber nur unter Rahmenbedingungen (vor allem des Arbeitsmarkts), die selbst mit speziell wirtschaftspolitischer Expertise nichts zu tun haben.

In punkto Arbeitsmarktregulierung wird gerne auf das „Job-Wunderland USA" (SZ, 9.5.) als Vorbild verwiesen, um zu zeigen, dass ein „Mix aus Angebots- und Nachfragepolitik" (SZ, 3.2.) funktionieren kann. Doch gilt der Blick in die USA nicht den dortigen Arbeitslosenzahlen, sondern der Zahl neu entstandener Arbeitsplätze: „In Deutschland wurden von 1970 bis zum vergangenen Jahr 13 Prozent mehr Erwerbsgelegenheiten geschaffen, in den Vereinigten Staaten 78 Prozent." (FAZ, 2.2.) Allein im Monat April 2005 seien dort 274.000 neue Arbeitsplätze entstanden (SZ, 9.5.). Doch auch diese Zahl wird kritisiert: „Hinter dem schönen Schein der Statistik verbergen sich jedoch auch in den USA gravierende soziale Probleme: Ein Job bedeutet in den USA nicht automatisch genügend Geld, um den Lebensunterhalt zu sichern." (ebd./Vgl. dazu Abschnitt 4.1).

Im Jahr 2005 rückt in Deutschland generell verstärkt der komplexe Zusammenhang zwischen Arbeitslosigkeit und Beschäftigung ins Blickfeld, und man erkennt, dass die (wirtschafts-)politische Reaktion auf die gestiegene Arbeitslosigkeit seit den 1970er Jahren dramatische Auswirkungen auf die Beschäftigungsstruktur in Deutschland hatte und hat. Der Ökonom Hans-Werner Sinn prägt in diesem Zusammenhang den Begriff der „Basarökonomie" (SZ, 3.5., oder gleich: Sinn 2005). Hier treten der Diskurs über die Arbeitslosigkeit und der Diskurs über Beschäftigung, die lange Zeit kohärent geführt werden, auseinander. Analog zum Begriff des „echten Arbeitslosen" entsteht hier der Begriff des

„echten Arbeitsplatzes": „Jeden Tag gingen 1000 dieser echten Arbeitsplätze in Deutschland verloren, behaupten die Wahlkämpfer der Union." (SZ, 29.8.).[66] Noch ein zweiter Aspekt entkoppelt Arbeitslosigkeit vom wirtschaftspolitischen Diskurs: Was nämlich die konjunkturelle Belebung der Wirtschaft anbelangt – und ein dadurch erzeugtes, eventuell beschäftigungsförderndes Wachstum – so wird für das Jahr 2005 von Beginn an bestenfalls eine „Überwindung der Schwächephase" (SZ, 27.1.) erwartet: „Die Wirtschaftsforschungsinstitute rechnen für 2005 mit einem Wachstum von 0,8 bis 1,8 Prozent." Diese Prognose werden das Jahr über immer wieder korrigiert, im September verdichtet sich die Erkenntnis: „Der Aufschwung bleibt aus." (taz, 30.9.). Erst im Jahr 2006 sei mit „einer kräftigen und nachhaltigen Trendwende" zu rechnen (Clement; in SZ, 5.1.), die OECD geht ebenfalls von einem besseren Jahr 2006 aus, rechnet aber nur mit einem „leichten Rückgang der Arbeitslosigkeit".

Für die Wahrnehmung und handlungsleitende Deutung von Arbeitslosigkeit hat der wirtschaftspolitische Diskurs im Jahr 2005 also nur sekundäre Bedeutung, weil hier das „Handeln" in Form der Agenda 2010 bereits erfolgt ist, und Wirtschaftspolitik ohnehin nurmehr indirekt und erst mit einiger Verzögerung Erfolg für den Arbeitsmarkt verspricht. Dadurch konzentriert sich die Wahrnehmung der Arbeitslosigkeit – weit stärker als zu den bisher untersuchten Zeitpunkten, in denen die Quantifizierung langfristiger und vor allem zukünftiger Entwicklungen der Arbeitslosigkeit im Vordergrund stand – auf die *gegenwärtige* Situation.

8.2　Der arbeitsmarktpolitische Diskurs

Eine (künstliche) Stimulierung der Nachfrageseite des Arbeitsmarkts scheint im Jahr 2005 also tabu und die politische Konzentration auf die Angebotsseite des Arbeitsmarkts ist langfristig geregelt. Dadurch verschiebt sich die politische Perspektive, und der konkrete Gegenstand der politischen Auseinandersetzung mit Arbeitslosigkeit ist im Jahr 2005 nurmehr der Arbeitsmarkt selbst, seine Struktur und Funktionsweise. Diese werden als Grund für die hohe Arbeitslosigkeit gesehen und die Statistik trägt zu dieser Einsicht entscheidend bei:

> „Unabhängig von allen statistischen Abgrenzungsproblemen offenbaren die Daten die strukturelle Schwäche des heutigen deutschen Arbeitsmarktes. Die hohe Dauerarbeitslosigkeit, gemessen an der Arbeitslosenquote, hat sich seit den siebziger Jahren in mehreren Stufen aufgebaut. Ökonomen sprechen von Sockelarbeitslosig-

---

[66] Auch hier setzt eine statistische Abstraktion von empirischen Zuständen ein. An die Stelle des „echten Arbeitsplatzes" tritt in der wirtschaftstheoretischen Diskussion das „Vollzeitäquivalent" (SZ, 3.5.).

keit, die ein untrügliches Zeichen für eine Überregulierung und Verknöcherung des Arbeitsmarktes ist. In konjunkturell schlechten Zeiten steigt die Arbeitslosenquote, in guten Zeiten sinkt sie aber nicht mehr gegen Null – auch weil eine kräftig zulangende Lohnpolitik gering Qualifizierte in die Dauerarbeitslosigkeit und in die Abhängigkeit vom Arbeitsamt drängt." (FAZ, 2.2.).

Sogar auf die (im Abschnitt 4.3.2 beschriebenen) Vorläufer der amtlichen Arbeitslosenstatistik wird hierzu verwiesen:

„Vor der Einführung der Arbeitsmarktstatistik in den zwanziger Jahren sammelten nur die deutschen Gewerkschaften Daten zur Arbeitslosigkeit unter ihren Mitgliedern; die Angaben reichen bis 1887 zurück. Diese Zahlen sind unvollständig, geben aber einen Einblick in das Auf und Ab des Arbeitsmarktes. Die Arbeitslosenquote unter den Gewerkschaftsmitgliedern stieg und fiel mit der Konjunktur. Von Verkrustungen war damals nichts zu sehen. Der Schluss liegt nahe, dass die heutigen Probleme etwas mit dem gut ausgebauten Sozialstaat zu tun haben, der die Arbeitslosen schützt und ihnen zugleich Anreize nimmt, sich eine Arbeit zu suchen. Die Hartz IV-Reformen sollen diesen Teufelskreis ansatzweise durchbrechen." (FAZ, ebd.).

Diese nun sichtbar werdenden „wahren Ursachen" der gewachsenen Arbeitslosigkeit werden indes nicht der aktuellen Regierung zugerechnet, sondern: „Die rot-grüne Regierung hat die Fehler ihrer Vorgänger geerbt – Faule Eltern wirken nach." (taz, 2.3.). Vielmehr wurden durch die Hartz-Reformen bereits weitgreifende Maßnahmen getroffen, um die „Fehler der Vorgänger" zu beheben. In Abschnitt 4.3.2 wurde kurz auf einige Bestandteile der Reformen eingegangen. Die wichtigsten seien an dieser Stelle wiederholt: Zusammenlegung von Arbeitslosengeld und Arbeitslosenhilfe zum Arbeitslosengeld II (ALG II), Einführung von sogenannten Ein-Euro-Jobs für ALG II-Empfänger und Anhebung der Einkommensgrenze für Mini-Jobs auf 400 Euro, Unterstützung sogenannter „Ich-AGs", sowie Neudefinition des Erwerbspersonenpotentials. Die Reformen greifen also auf Arbeitsmarkt und Arbeitsmarktstatistik gleichermaßen zu. Dies erzeugt ein neues Bild vom Arbeitsmarkt, von dem nicht sicher ist, wieviel des Neuen dem veränderten Markt, wieviel der veränderten Statistik zuzurechnen ist.

8.3 Die statistische Konstruktion von Unsicherheit

Der Diskurs über die Arbeitslosigkeit im Jahr 2005 tritt infolge der eben beschriebenen Veränderungen in ein neues Zeitalter ein: Das „Hartz-Zeitalter" (SZ, 18.1.). Dieses Hartz-Zeitalter ist dabei auch und vor allem ein neues „Statistikzeitalter" (FAZ, 2.3.). Tatsächlich setzen die Hartz-Reformen bei Fragestellungen an, wie sie auch zu Beginn des „ersten Statistikzeitalters" (wie es in Kapitel 4 beschrieben wurde) leitend waren und es beginnt ein neuerlicher Diskurs über die „wahre Arbeitslosigkeit". Clement: „Am Anfang unserer Reform steht ein klares Bild vom Arbeitsmarkt." (SZ, 31.1.). Dieses muss auf neue, dem Zeitalter entsprechende Art und Weise erstellt werden: „Wenn wir Jede und Jeden einzeln betreuen und vermitteln wollen, müssen wir auch Jede und Jeden kennen." (ebd.). Das ist einerseits die nahezu wörtliche Übersetzung der Aussage des in Kapitel 4 zitierten „Arbeitsmarktbeauftragten" im England Anfang des 19.Jhds, William Booth (*"Let us know exactly who are the unemployed, and than we can deal with them."*). Andererseits wird damit implizit die bis dato praktizierte statistische Erfassung rückwirkend diskreditiert – zumindest was deren qualitative Standards anbelangt. An die Stelle der bisherigen Erfassungsweise, die gleichzeitig Produzent und Ergebnis „bürokratischer Verschiebebahnhöfe" (Clement; in SZ, 31.1.) darstellt, soll nunmehr eine neue Erfassungsweise treten, die zugleich „ehrlicher" weil „realistischer" ist, und dadurch auch besseres Steuerungswissen für die Reformen ermöglicht. Hier finden wir die Strukturmomente „Sichtbarkeit" (vs. „bürokratische Verschiebebahnhöfe"), „Lesbarkeit" („Bild vom Arbeitsmarkt") und „Verfügbarkeit" (Reformen) in überaus deutlicher Form ausformuliert und verknüpft.

8.3.1 „Die neue Ehrlichkeit"

„Einer der Hauptbestandteile von Hartz IV" (taz, 29.8.) besteht also in der Änderung der Erfassungsweise der Arbeitslosen. Dies geschieht durch eine graduelle Änderung der Definition nicht des Etiketts „arbeitslos", sondern des Etiketts „erwerbsfähig" zum Zweck der „Aufdeckung der stillen Reserve" (Weise; in SZ, 3.2.), und damit der Herstellung von mehr „Transparenz" bei der Frage nach der Größe des „verfügbaren" Arbeitskräftepotentials (ebd.). Das Kriterium der individuellen Verfügbarkeit wird dabei gesetzlich festgelegt und ist erfüllt für alle Personen, die mehr als drei Stunden pro Woche arbeiten können. Als Folge davon gelten viele Personen, die bislang Sozialhilfe in Form von Arbeitslosenhilfe erhalten haben (darunter viele Langzeitarbeitslose) von nun an (wieder) als „Erwerbspersonen" und werden darum als „Arbeitslosengeld II"-Empfänger in der Arbeitslosenstatistik mitgezählt. Diese Ausweitung der Grundgesamtheit, auf die sich die statistische Unterscheidung „arbeitslos/nicht-arbeitslos" bezieht, sorgt für einen Anstieg der Arbeitslosenzahl. „Jetzt kommt die ganze Wahrheit über den deutschen Arbeitsmarkt ans Licht (…). Die Zeit der Dunkelziffern vom Arbeitsmarkt ist vorbei." (Clement; in FAZ, 31.1.), so der Tenor der verantwortlichen Politiker. Getrennt wird also zwischen der statistischen Größe und der empirischen Referenz: „Die Zahl der Arbeitslosen ist gestiegen, das Ausmaß der

Arbeitslosigkeit hat sich aber nicht geändert." (Weise; in SZ, 31.1.). Diesem Argument wird zunächst in der Presse entsprochen: „Die Statistik zeigt das ganze Ausmaß der deutschen Arbeitsmarktmisere." (FAZ, 1.2.). Selbst das Argument der Ehrlichkeit wird von wissenschaftlichen Sprechern mitgetragen (IAB; in SZ, 1.12.).

Allerdings handelt es sich nicht um eine punktuelle Wende hin zu einer ehrlicheren Statistik, sondern um einen länger andauernden Prozess: „Arbeitslosenstatistik nähert sich weiter der Wirklichkeit an" heißt es in der FAZ (2.3.). Grund für diese nur allmähliche „Annäherung" ist die Tatsache, dass die Ummeldungen vom Sozialhilfe- zum ALG II-Empfänger, sowie die Neu-Anmeldung bislang gar nicht gemeldeter Personen mit erheblichen organisatorischen und technischen Schwierigkeiten verbunden sind und darum insbesondere in den ersten drei Monaten des Jahres permanent weitere Hartz IV-Empfänger registriert werden. Man weiß also um die Existenz eines statistischen Effekts auf die Arbeitslosenzahl, weiß jedoch nur sehr vage, wie groß dieser Effekt langfristig ausfallen wird. Zunächst kommt es zu einem punktuellen Anstieg der Arbeitslosenzahl auf über 5 Millionen (im Januar 2005), doch steigt die Zahl auch im Februar weiter an. Diese Bewegungen der Zahl werden jedoch explizit als „statistisches Phänomen" (SZ, 3.2.) beschrieben, das „statistischen Effekten" geschuldet sei (SZ, 27.1.). Das heißt, die Rolle der Statistik als Konstrukteur der Zahl wird hier evident und darum offen thematisiert. Aufgrund der üblichen Vergleiche der monatlichen Arbeitslosenzahl mit dem Vergleichsmonat des Vorjahres bleibt dieses Argument zudem das ganze Jahr über präsent und wird so zu einem Allgemeinplatz. Denn die Arbeitslosenzahl wird tatsächlich nur noch in Einzelfällen ohne Verweis auf die neue Zählweise genannt.

„Der Hartz IV-Effekt"

Es gibt eine Reihe von Versuchen, den „Hartz IV-Effekt" aus der Arbeitslosenzahl herauszurechnen (Abb.25), doch gestaltet sich dies wegen der genannten organisatorischen und technischen Schwierigkeiten äußerst kompliziert: „Wie in den vorangegangenen Monaten stellt die Arbeitsagentur auch die Angaben für den Juni unter den Vorbehalt ‚erheblicher Unschärfen'." (FAZ, 1.7.). BA-Chef Weise äußert sich, angesprochen darauf, wie dieser „Hartz IV-Effekt" quantifiziert worden sei, nur *ex negativo*: „Wir haben nicht geschätzt, gerätselt oder in die Glaskugel geschaut." (SZ, 11.2.). Hier erkennt man die starke Zahlenabhängigkeit des Diskurses über Arbeitslosigkeit, was dazu führt, dass selbst derart unscharfe Zahlen letztlich doch veröffentlicht werden (müssen). Zudem ergibt sich eine zunächst paradoxe Konstellation von Unschärfe und Präzision: Einerseits werden den einzelnen Berechnungsschritten der Arbeitslosenzahl, bzw. der

Quantifizierung bestimmter Teilgrößen der Zahl „erhebliche Unschärfen" zuge-schrieben, andererseits ergibt sich damit für die zuletzt entstehende Arbeitslosen-zahl gerade ein höheres Maß an Präzision: "Das Ausmaß der Arbeitslosigkeit hat sich aber nicht geändert. Es wird jetzt nur präziser dargestellt." (Weise; in FAZ, 2.3.). Die präzisere Darstellung wird aber in die Zukunft verlagert: „Verlässli-chere Daten seien erst in den kommenden Monaten zu erwarten" (FAZ, 2.2.). "Verlässliche Zahlen werden wir erst zum nächsten Revisionstermin am 1. Okto-ber bekommen" (Weise; in SZ, 2.3.). „Noch fehlen verlässliche Daten zu Erfol-gen und Misserfolgen" (SZ, 3.5.). Erst am 29.09 heißt es in der FAZ: „Arbeitslo-senzahl erstmals komplett.".

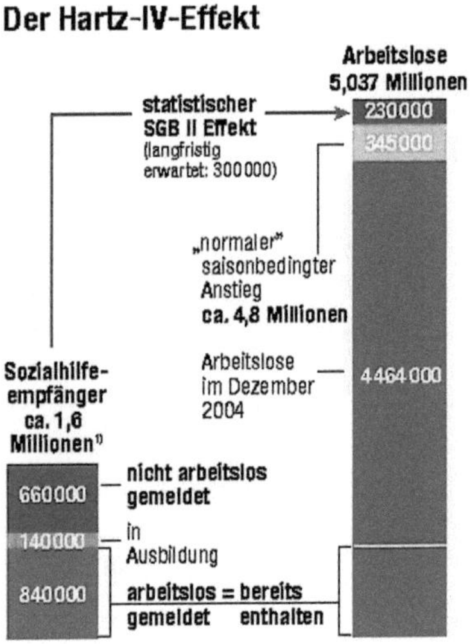

Abbildung 25: „Der Hartz IV-Effekt"; FAZ, 3.2. [67]

8.3.2 „Die neue Unehrlichkeit"

Neben einer systematischen Verzerrung der Arbeitslosenzahl durch Hartz IV nach oben, existiert durch Hartz IV allerdings auch eine systematische Verzer-rung der Arbeitslosenzahl nach unten. Als solche wirkt vor allem der Beschluss,

---

[67] Die Graphik zeigt die Unschärfen und die Schätzabhängigkeit der angenommenen Zusammenset-zung der Arbeitslosenzahl im Januar 2005. Hier fließen Zahlen aus 2003 (arbeitslos gemeldete dama-lige Sozialhilfeempfänger) genauso ein wie „langfristige Erwartungen" und Normalitätserwartungen. Die Summe der einzelnen Blöcke in der Januardarstellung (rechter Balken) ergibt nicht die oben ausgewiesene Zahl von 5,037 Millionen.

ALG II-Empfänger, die sich in Weiterbildungsmaßnahmen befinden oder einen sogenannten „Ein-Euro-Job" annehmen, für die jeweilige Zeit nicht in der Arbeitslosenstatistik zu führen. Beide Verzerrungsmöglichkeiten sind Gegenstand von Manipulationsvorwürfen, die den Wahlkampf im Zuge der (vorgezogenen) Bundestagswahl bestimmen. Während die Verzerrung nach oben insbesondere von der amtierenden Regierung zur Erklärung steigender bzw. gestiegener Arbeitslosenzahlen betont wird (siehe vorheriger Abschnitt), wird die Verzerrung nach unten insbesondere von Seiten der Opposition beklagt. Zwei Fallbeispiele verdeutlichen dies:

„Lügenwahlkampf"

Die offizielle Arbeitslosenzahl liegt beispielsweise im Juli bei 4,772 Millionen. Gestiegen ist sie im Vergleich zum Vormonat um 68.000, im Vergleich zum Vorjahr um 412.000. Der Anstieg im Vergleich zum Vormonat sei der „geringste seit 5 Jahren" (Clement, 29.7.), der Anstieg im Vergleich zum Vorjahr ist „zu einem erheblichen Teil [statistischer] Effekt der Hartz IV-Reform." (ebd.). Um diesen Effekt bereinigt ergebe sich eine Zahl, die sich in etwa auf derselben Höhe befände, wie im Jahr 1998 im Monat des Regierungswechsels Kohl/Schröder. Die Opposition spricht von einem „Lügenwahlkampf" (SZ, 5.8.) und erklärt im Gegenteil: „Die Zahl der Arbeitslosen liege sogar über fünf Millionen, wenn die Ein-Euro-Jobber und Menschen in Weiterbildungsmaßnahmen hinzugerechnet würden.". „Über 500.000 Jobsuchende tauchten in dem offiziellen Zahlenwerk nicht auf. ‚Wir werden im Falle eines Wahlsiegs eine ehrliche Arbeitslosenstatistik vorlegen, aus der sich die wahre Arbeitslosigkeit in Deutschland ergibt', kündigte Pofalla an, ohne Details zu nennen." (SZ, 16.8.): Die verbale Interpretation der Lage am Arbeitsmarkt reicht in der Folge von „günstiger Entwicklung" (Clement; in SZ, 29.7.) und „richtiger Richtung" (Weise; ebd.) bis hin zu: „Der Dammbruch am Arbeitsmarkt setzt sich mit unverminderter Wucht fort." (Pofalla; ebd.). Bezüglich der letzten Zahlen vor der Bundestagswahl werden die Interpretationen noch gegensätzlicher: „Während Wirtschaftsminister Clement den höchsten Rückgang der Arbeitslosigkeit in einem September seit der Wiedervereinigung feierte, machte Unions-Fraktionsvize Ronald Pofalla den höchsten Septemberwert seit 1949 aus.". Bei beiden Parteien dominiert wie gesehen die Betonung „eigener" Zahlen; die Bewertung der so stark kritisierten offiziellen Zahl fällt darum eher sparsam und sehr redundant aus: „Offenbarungseid" (SZ, 27.1.), „Bankrotterklärung" (SZ, 1.4.), „Bilanz des Schreckens" (FAZ, 1.7.) lautet die Sprachregelung in Unionskreisen, „mehr Warnungen kann ein Land nicht bekommen" (SZ, 1.3.), lautet die Bewertung der Regierung.

„Äpfel und Birnen"

Nicht nur im Wahlkampf bzw. im großen, historischen Vergleich, auch im Kleinen zeigt sich das gestiegene Bewusstsein um den Effekt von Zählweisen in der Arbeitsmarktstatistik und deren mögliche politische Instrumentalisierung. So kommt es zum Streit bei der Gegenüberstellung der Bilanzen von Options-Kommunen und „normalen" Kommunen.[68] Die Options-Kommunen legen im September eine bessere Vermittlungsbilanz vor. Diese bessere Bilanz wird jedoch von der Bundesagentur nicht ernst genommen: „Da würden Äpfel mit Birnen verglichen, ärgerte sich sogleich die Agentur für Arbeit. [Der Zuständige] habe mit "heißer Nadel" eine "eigene Zählmethode entwickelt, die für uns in keiner Weise nachvollziehbar ist." (taz, 5.9.).

8.3.3 Die neue Normalität?

Doch bilden diese Beispiele aus der Phase des Wahlkampfs nur die Verdichtung eines das gesamte Jahr über stattfindenden Diskurses über offizielle, halboffizielle und nicht-offizielle Zahlen. Die „Hartz IV-Varianz" – von knapp über 4 Millionen (SPD) bis knapp über 5 Millionen (Union) im obigen Fallbeispiel – bilden also nicht die Grenzen des Raums, in dem sich die statistischen Aussagen über Arbeitslosigkeit im Jahr 2005 bewegen.

Die politischen Akteure auf Regierungsseite proklamieren in regelmäßigen Abständen niedrigere Zahlen als die offizielle Arbeitslosenzahl. Zunächst wird die Menge der nachgemeldeten Sozialhilfe-Empfänger, welche die Arbeitslosenzahl so drastisch steigen lässt, skeptisch betrachtet. Diese Ummeldungen werden von den für die Sozialhilfe zuständigen Kommunen getätigt. Diese werden verdächtigt, „im Einzelfall selbst im Koma liegenden Menschen bescheinigt [zu haben], sie könnten einer Arbeit nachgehen.". Seither „stehen die Rathäuser unter Verdacht, durch besondere Großzügigkeit bei der Vergabe des Prädikats 'erwerbsfähig' schlicht ihre Ausgaben senken zu wollen." (FAZ, 2.3.). Bis in den Juli hinein halten sich bei Minister Clement gar „grundsätzliche Zweifel an den Daten. (…) Stichproben hätten gezeigt, dass etwa 20 Prozent der als arbeitslos Registrierten ‚nicht arbeitslos im Sinne des Gesetzes' seien." (FAZ, 1.7.). Auch hier ergäbe sich also „eigentlich" eine andere, niedrigere Zahl.

Eine wesentlich niedrigere Zahl der Arbeitslosen ergibt sich nach Kriterien der Internationalen Arbeitsorganisation (ILO). Deren „Erwerbslosendaten" wer-

---

[68] Im Regelfall werden Langzeitarbeitslose nach der Hartz IV-Reform von der Bundesagentur betreut. Es gibt jedoch sogenannte „Options-Kommunen": Dies sind einzelne Kommunen unionsregierter Bundesländer, welche die Vermittlung und Betreuung von Langzeitarbeitslosen auf eigenen Wunsch hin zum Teil selbst durchführen.

den im März durch das Statistische Bundesamt erstmals mitgeteilt und werden somit – obwohl ILO-Zahlen bereits seit 1969 existieren – als „amtliches Wissen" erstmals thematisierbar.[69] Hier wird explizit auf unterschiedliche Erhebungsweisen und Definitionen verwiesen (FAZ, 2.3.; taz, 2.3). Die hier entstandene Zahl von 3,99 Millionen Arbeitslosen für den Februar 2005 wird von der Regierung zwar nicht als ehrlichere Zahl bezeichnet, sie wird aber gelegentlich als unterstützendes Wissen in den politischen Diskurs mit eingeflochten. Auf dem statistischen Höhepunkt der Arbeitsmarktkrise heißt es: Der Vergleich mit den Zahlen der Internationalen Arbeitsorganisation zeige, „daß ein beträchtlicher Teil der Arbeitslosen nicht ohne Erwerbsarbeit gewesen ist." (Clement; in FAZ, 2.3.). Als im Juni die nationale Arbeitslosenzahl leicht zurückgeht heißt es, die auch nach ILO-Maßstab fallenden Zahlen – also „der Blick von außen" (Clement; in SZ, 29.6.) – zeigen, dass „Deutschland auf Wachstumskurs ist." (ebd.).

Entgegengesetzt argumentieren die Oppositionsparteien. Über immer noch drastischere Arbeitslosenzahlen soll einerseits das Scheitern der Regierung unterstrichen werden, andererseits die eigene Ehrlichkeit im Umgang mit der „Realität" kommuniziert werden. Union und FDP wollen „deutlich machen, dass es realistischerweise mehr als sechs Millionen Arbeitslose gibt" (SZ, 5.7.; 16.8.). Nur wenn dies deutlich gemacht werde, „könne man in der Bevölkerung Bereitschaft zu notwendigen Reformen wecken." (ebd.). Diese Zahlen werden jedoch ohne konkrete (sachliche oder methodische) Begründung genannt.

Interpretationspraxis

Zu bemerken ist erstens, dass die Arbeitslosenzahlen zwar vom Chef der Bundesagentur bekannt gegeben werden. Die Zahlen sind jedoch hochpolitisch und werden umgehend politischen Interessen entsprechend verhandelt. Die politischen Sprecher (Clement, Pofalla) fallen dabei nicht durch einen geringeren Grad an Expertise auf als der „amtlichen Sprecher", BA-Chef Weise. Alle beteiligten scheinen gleichberechtigt bei der Interpretation der Zahl. Die ursprünglich (1973, 1982) dominierenden Erklärungsmuster (Konjunktur und Wetter) werden dabei nur noch rudimentär bemüht. Im Vordergrund steht der Einfluss methodisch, statistisch induzierter Veränderungen der generellen Abbildung von Arbeitslosigkeit und inwiefern die entstandene Zahl politisch zugerechnet werden kann. Die Regierung beschreibt die Änderung der Statistik als notwendigen Zugewinn an Präzision und Ehrlichkeit und damit die Statistik selbst als Akt der Arbeitsmarktpolitik. Die Opposition lässt sich auf die Begrifflichkeiten Präzision

---

[69] Bisher waren jedoch immer nur Jahreszahlen aus der ILO-Statistik verfügbar. Nun werden diese ebenfalls monatlich erhoben.

und Ehrlichkeit prinzipiell ein, argumentiert aber genau entgegengesetzt und es entsteht ein Diskurs um die „wahre Arbeitslosigkeit".

Neben dem wechselseitigen Vorwurf der Unehrlichkeit, welche die Herstellung einer „wahren" Zahl der Arbeitslosen verhindert, ist es vor allem eine tatsächliche Unsicherheit über die Größe der statistischen Effekte der neuen Zählweise auf diese Zahl, welche die Aussagekraft der Statistik destabilisiert. Die Begründung dieser mangelnden Aussagekraft durch organisatorische/technische Mängel auf der einen Seite, der Verweis auf Manipulation auf der anderen verweisen zudem gemeinsam permanent auf eine potentielle Auflösung in der Zukunft. Doch werden an eine (mögliche) Auflösung der Frage nach der wahren Zahl keine sachlichen Konsequenzen geknüpft. Der politische Steuerungsanspruch wird von beiden Seiten nicht mehr aus den speziellen Zahlen heraus formuliert (etwa zur Jugendarbeitslosigkeit, zur Arbeitslosigkeit bei speziellen Bildungsschichten o.ä.), sondern nur noch über das Niveau der absoluten Arbeitslosenzahlen begründet. Nur die Höhe, nicht die Präzision oder die Zusammensetzung der Zahl der Arbeitslosen ist „Warnung" und soll „Bereitschaft zu Reformen" wecken. Dieser Diskurs ist also in höchstem Maße auf sich selbst bezogen und besitzt eigentlich keinerlei gesellschaftliche Referenz neben der Frage nach der künftigen Regierungszusammensetzung.

8.4 Der mediale Diskurs über die Arbeitslosenstatistik

Die statistische Neudefinition von Arbeitslosigkeit schafft also einen gehörigen „Interpretationsspielraum" für die Veränderungen bzw. die absoluten Größen der Arbeitslosenzahl, in dem quasi die statistik-inhärente, methodische Verlässlichkeit der Zahlen außer Kraft gesetzt wird. Diese Verlässlichkeit der offiziellen Daten versucht man, durch parteispezifisch unterschiedliche, halb- und nicht-offizielle Rechnungen wieder herzustellen. Diagnostiziert wird in der Folge ein „Zahlenwirrwarr" (SZ, 1.3.): Aus allerlei „erheblichen Unschärfen" und unterschiedlichen Definitionen und Erhebungsweisen entstehen vielerlei Daten, die zwar „präziser" sind aber trotzdem „nicht verlässlich", und die gleichzeitig „ehrlicher" sind aber trotzdem „unehrlich" bleiben. Es ist die Koinzidenz von gestiegener Zahlenvielfalt und gesunkener Zahlenaussagekraft, die als statistische Konstruktion von Unsicherheit beschrieben werden kann und die durch politische Kontroversen zusätzlich verschärft wird. Als „Die 5-Millionen-Lüge" wird diese Episode des Diskurses im Nachhinein beschrieben, die eine „verstörte Öffentlichkeit" zurücklässt (FAZ, 3.11.). Wie diese „Verstörungen" praktisch aussehen bzw. welche Folgen die im letzten Abschnitt beschriebenen Änderungen in der Statistik haben, dies ist Gegenstand des folgenden Abschnitts.

8.4.1 Zwischen Sachlichkeit und Wahrheit

Zunächst lässt sich eine direkte Weiterführung des in der Politik entfachten Diskurses um die „wahre Arbeitslosigkeit" beschreiben. Diese findet größtenteils in Meinungsartikeln in Politik- und Wirtschaftsteil statt: „In Wahrheit haben über sechs Millionen Deutsche keinen Job", heißt es in der SZ (1.2.), während Wirtschaftsminister Wolfgang Clement die aktuelle Zahl von knapp über 5 Millionen als die „ans Licht gebrachte Wahrheit" beschreibt. Auch in Leserbriefen werden solche Rechnungen vorgeführt: Hier fällt die Zahl von „sieben Millionen Arbeitslosen". Dies wird erklärt als Summe aus „registrierten, nicht registrierten sowie Arbeitsloser in Maßnahmen" (taz, 6.5.). Selbst von „Acht Millionen mit dem Rücken zur Wand" ist die Rede:

> „Zunächst zu den Fakten. Hier wird der Eindruck erweckt, dass sich die Statistik durch Hartz IV mit den mehr als fünf Millionen Arbeitslosen der Realität nähere und damit ein wesentliches Stück Aufklärung seitens der Regierung geleistet worden sei. Leider hinkt die offizielle Statistik den tatsächlichen Verhältnissen immer noch hinterher. Zusätzlich existieren noch gut weitere drei Millionen Bürger, die gerne eine Beschäftigung hätten." (SZ, 25.5.).

Strikte Verweise auf „Wahrheit", „Fakten" und klare Zahlen die diese ausdrücken sind jedoch eher die Ausnahme. Häufiger sind Artikel, welche die Kontextabhängigkeit der jeweiligen Zahl wenigstens im Ansatz mitkommunizieren. Paradoxerweise werden der (explizite) „Verweis auf Wahrheit" und der (implizite) „Verweis auf Perspektivität" zum Teil innerhalb eines Textes gebraucht. Während es zum Beispiel im Titel noch heißt: „*In Wahrheit* (Hervorhebung D.F.) haben über sechs Millionen Deutsche keinen Job" (SZ, 1.2.), heißt es im Text selbst nurmehr: „Zählt man all jene hinzu, die in den Vorruhestand, in Trainingsprogramme und Personalservice-Agenturen abgeschoben wurden" käme man auf eine Zahl von „sechs bis sieben Millionen". Der Anspruch auf Wahrheit wird also zunächst explizit geäußert, dann jedoch perspektivisch als offene Frage des Dazuzählens ausformuliert und mündet schließlich in einer diffusen Mengenangabe.

Die „neue Sachlichkeit" bringt jedoch nicht nur den Verweis auf höhere Zahlen hervor, in seltenen Fällen werden auch niedrigere Zahlen genannt (SZ, 10.10.). Auch in der Argumentation des betreffenden Textes fällt der Begriff des Perspektivismus nicht explizit, jedoch heißt es über Arbeitslosigkeit: „Deren statistische Messung ist ein Minenfeld.". Von den offiziell ausgewiesenen „rund 5 Millionen Arbeitslosen", seien die 1,8 Millionen im Osten abzuziehen, die „weder der Politik noch der Wirtschaft angelastet werden [können]", ebenfalls abzuziehen seien „1,5 Millionen Menschen, die nicht arbeiten können oder nicht wollen, nicht zuletzt auch aufgrund der bisher großzügigen sozialen Absicherung in Deutschland.". Es bliebe schließlich „die echte Arbeitslosigkeit von rund 1,7 Millionen. Das entspricht einer Arbeitslosenquote von etwa 4,5 Prozent" und Deutschland gehöre damit zu den „Ländern mit der niedrigsten Arbeitslosigkeit." Auch hier sieht man also zunächst den Versuch einer perspektivischen Betrachtung, der dann allerdings aufgegeben wird zugunsten eines „Wahrheits-" oder „Echtheitsanspruchs".

Ein ähnliches Beispiel bietet eine Meldung zur offiziellen Zahl der Arbeitslosen für das Jahr 2004 (SZ, 5.1.). Wieder geht es um die „aus der Statistik genommenen Teilnehmer an Qualifizierungsmaßnahmen": Ohne diese Personen ergibt sich für das Jahr 2004 ein „Siebenjahrestief", dazugezählt ergäbe sich die „[h]öchste Arbeitslosigkeit seit der Wiedervereinigung". Hier wird also zunächst die Kontextabhängigkeit der Zahl eingeführt, dann aber nicht weiter durchgehalten: Zwar schafft es der Verweis auf die Kontextabhängigkeit wenigstens in die Unterüberschrift („Bessere Zahlen für das Gesamtjahr 2004 nur durch geänderte Statistik"), die tatsächliche Überschrift lautet jedoch: „Höchste Arbeitslosigkeit seit der Wiedervereinigung". Hier legt man sich also doch wieder auf eine Perspektive fest, die obendrein der amtlich festgelegten Perspektive genau widerspricht. Die gewählte Entscheidung lässt sich einerseits medientheoretisch erklären über den „Hang zum Negativismus" bzw. als „skandalisierende Selektionsleistung" (vgl. 3.3). Doch zeigt sich auch die stärkere Sachgebundenheit medialer Kommunikation im Vergleich zum politischen Diskurs: Die Zahlen vor der Wiedervereinigung werden als generell nicht vergleichbar behandelt, weil seither ein gänzlich neuer, größerer Wirtschaftsraum existiert, für den die Arbeitslosenzahl ausgewiesen wird. Dies gilt nicht für den politischen Manipulationsdiskurs. Hier werden „höchste Werte seit 1949" beklagt (Pofalla; in SZ, 1.9.).

8.4.2 Zwischen Sachlichkeit und Perspektivität

Doch gibt es auch Artikel, die den Aspekt der Perspektivität stärker betonen bzw. bis zum Ende durchhalten. Ein Kommentar in der FAZ beschäftigt sich mit Clements Aussage: „Jetzt kommt die ganze Wahrheit über den deutschen Arbeitsmarkt ans Licht." (FAZ, 31.1.) Der Kommentar trägt den Titel „In Wahrheit" (FAZ, 31.1.) und darin heißt es: „Clements Satz über die Wahrheit ist indes falsch und richtig zugleich. Die wirkliche Lage am Arbeitsmarkt ist nach wie vor durch Instrumente wie Minijobs und Ich-AG sowie Frühverrentung und Altersteilzeit vernebelt (…): Auch ‚fünf Millionen' beschreibt somit nicht die Menge derer, die dem Arbeitsprozess zur Unzeit und unfreiwillig entzogen sind.". Allein die Formulierung des Titels „in Wahrheit" verweist auf die Unterstellung eines etwas naiven Realismus dieses Diskurses. Insofern steht am Anfang des Textes auch der Versuch einer perspektivischen Auflösung des Wahrheitsanspruches, dieser wird allerdings zwar wieder über eine persönliche Meinung eingelöst, allerdings nicht numerisch ausgewiesen. Der Begriff der „Vernebelung" meint nicht zwingend, dass man die bestehenden Zahlen über Mini-Jobs, Ich-AG etc. einfach dazurechnen muss und schon ergebe sich die „wahre Zahl". Sondern diese Instrumente erzeugen *wirkliche* Unschärfen, die die Zuordnung schwierig machen. Nicht einmal Aussagen über eine generelle Tendenz, ob die Zahl höher oder niedriger liegen würde, werden getätigt. Gesagt wird nur, was die Zahl „nicht beschreibt" (nämlich die Wirklichkeit), doch enthält man sich einer Aussage dazu *was sie beschreibt.*

Auch das Argument der „Ehrlichkeit" wird an anderer Stelle thematisiert, ohne dass dem Argument klar widersprochen oder zugestimmt wird: „Ob die neue Zahl ein Zeichen von mehr Ehrlichkeit ist, wird dabei zur Frage der Perspektive." (taz, 1.2.). Nicht einmal sehr überschaubare Sachfragen lassen sich eindeutig klären, beispielsweise ob „Mütter von kleinen Kindern" als arbeitslos gelten sollten oder nicht, denn es finden sich für beiderlei Alternativen wissenschaftliche und durch Daten gestützte Argumente (ebd.). Es läuft also hinaus auf eine bewusste Entscheidung zwischen einem Dazuzählen oder eben Nicht-Dazuzählen, zu Tage treten also dezisionistische Elemente der Arbeitslosenstatistik selbst, nicht nur jene der aus ihr abgeleiteten Politik. Dies stellt eine neue Erkenntnis dar, auf deren Basis das Argument der Ehrlichkeit letztlich absurd wirkt. Denn „Ehrlichkeit" wie sie in der politischen Debatte betont wird, setzt gerade ein „besseres" oder „gesichterteres" Wissen voraus, um Entscheidungen gar nicht erst nötig zu machen. Ein solches Wissen, so der Duktus dieser Texte, existiert in dieser Form allerdings nicht.

Noch deutlicher wird der Drang zur Auflösung des Diskurses über die Arbeitslosenzahl in einem Text, der versucht, das oben beschriebene Fallbeispiel zum „Lügenwahlkampf" sachlich aufzuklären. Im Raum steht die Behauptung, die aktuelle Arbeitslosenzahl (Juli 2005) sei niedriger als im Juli 1988:

„Die Zahlen der Bundesagentur für Arbeit (BA) widersprechen der These des Bundeskanzlers zunächst. Allerdings ist der Vergleich kompliziert. Die durch das Hartz IV-Gesetz in diesem Jahr erstmals erfassten Fälle müssen heraus gerechnet werden, dies sind bis zu 380 000. Zugleich müssen aber die Teilnehmer an kurzen Trainingsmaßnahmen bei den Werten von 2005 addiert werden. Sie werden heute offiziell nicht als arbeitslos gewertet. Sollen die aktuellen Werte vom Juli die Vergleichsbasis sein, so ist die Zahl der Arbeitslosen derzeit eindeutig höher als 1998. Damals betrug sie 4,1 Millionen, heute sind es – rechnerisch bereinigt – 4,5 Millionen. Nun verweisen die SPD-Wahlkämpfer auf den Einsatz von Arbeitsbeschaffungsmaßnahmen durch die CDU/FDP-Regierung 1998. So kommt bei einer alle diese Faktoren erfassenden BA-Berechnung der Unterbeschäftigung heraus, dass im

Januar und Februar der Wert 2005 etwas besser war als 1998. Kritiker sehen allerdings in den Ich-AGs eine zusätzliche subventionierte Schein-Beschäftigung. Ihre
Zahl beträgt derzeit knapp 240.000 – addiert man diese, sieht der Wert für 2005
wieder schlechter aus." (SZ, 6.8.)

Hier enthält man sich also einer abschließenden dezidierten Stellungnahme und
die Frage, zu welchem Zeitpunkt die Arbeitslosigkeit höher war, wird zu einer
unbeantwortbaren Frage, *obwohl* für beide Zeitpunkte offizielle Daten vorliegen.
Als letzte Nuance in diesem Teildiskurs kann auch eine rückwirkende Infragestellung von Arbeitslosenzahlen beschrieben werden. Dies reicht bis zu den
Statistiken der Weimarer Republik zurück, wo, „wie Wirtschaftshistoriker be-
rechnet haben" nicht 6 Millionen, wie oftmals angenommen, sondern 7 Millionen Menschen arbeitslos waren – „die geschätzte Zahl an unsichtbaren Arbeitslosen miteinbezogen." (FAZ, 1.2.). Doch auch für die jüngere Vergangenheit
kommt ein Gutachten des Sachverständigenrats zu anderen Ergebnissen als die
offizielle Arbeitsmarktstatistik. Dem Gutachten zufolge sei „seit 1991 nie die
Marke von 5 Millionen Arbeitslosen unterschritten worden." (FAZ, 30.1.), „von
1996 bis 1998 und dann wieder vom Jahr 2003 an [hatte Deutschland] mehr als 6
Millionen Arbeitslose." (FAZ, 1.2.).
Unterstützt wird der Diskurs über die Arbeitslosenstatistik durch zahlreiche,
sehr detaillierte Graphiken, die sowohl in der SZ als auch in der FAZ monatlich
veröffentlicht werden. Diese fallen deutlich komplexer aus als zu den vorher
untersuchten Zeitpunkten, weshalb sie jedoch nicht ausführlicher kommentiert
werden, die Interpretation wird dem Leser größtenteils allein überlassen. Auch
diese Graphiken kommen allerdings, im Vergleich zu den Graphiken aus den
Jahren 1973 und 1982 nicht mehr ohne Kontextinformationen aus, wie die Fuß-
noten zu einzelnen Kurven und Daten anzeigen. In diesen wird wiederum auf
Zählweisen und Vergleichbarkeit der Ergebnisse hingewiesen. Die Aussagekraft
der Zahlen wird also nicht mehr einfach vorausgesetzt, sondern muss erzeugt
und benannt werden.

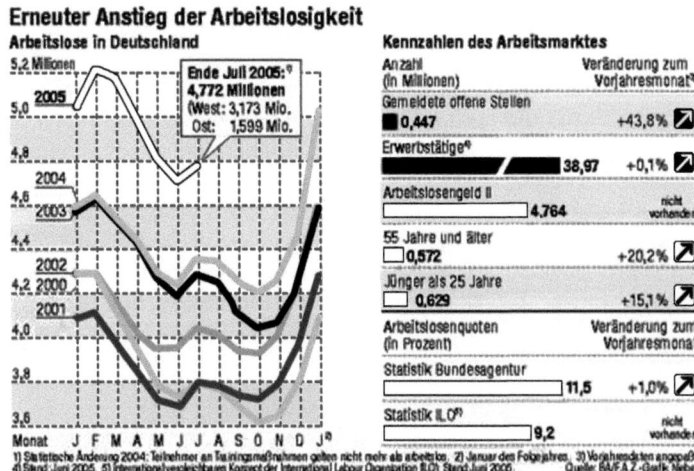

Abbildung 26: Graphik zur Situation am Arbeitsmarkt; FAZ, 3.8.

Zusammengefasst lässt sich für die Quantifizierung der gegenwärtigen „wahren" Arbeitslosigkeit im medialen Diskurs ein Zahlenraum zwischen 1,7 Millionen und über 8 Millionen feststellen. Während Zahlen über die zukünftige Entwicklung völlig aus dem Diskurs verschwinden, lässt sich eine immense Unsicherheit für die Quantifizierung der aktuellen Lage beschreiben. Sogar die lange Zeit überhaupt nicht thematisierten Statistiken aus vergangener Zeit werden unter dem Erleben dieser Unsicherheit auf einmal unsicher. Unterschiedlich zeigt sich der Umgang mit der gestiegenen Zahlenvielfalt. Sowohl Versuche, sich auf eine einzige „richtige" Zählweise festzulegen und daraus eine „wahre Zahl" abzuleiten sind zu beobachten, als auch Versuche, sich einer Stellungnahme diesbezüglich zu verweigern. Beide Alternativen haben jedoch gemeinsam, dass sie den Kern der Unsicherheit nicht in technischen Schwierigkeiten oder politischen Manipulationen sehen, sondern es treten Ordnungs- oder Abgrenzungsfragen auf, die als unterschiedlich problematisch aufgefasst werden. Hält man am Wahrheitsanspruch fest, ergeben sich diffuse Zahlenangaben, die einmal über, einmal unter der offiziellen Zahl liegen. Je stärker man den Wahrheitsanspruch aufgibt, umso mehr kommt man zu mehreren Zahlen, die allerdings sehr präzise und sachlich begründet werden können. Die statistischen Ideale der „wahren Zahl" und der „präzisen Zahl" treten also auseinander und müssen gegeneinander abgewogen werden.

8.5 Eine neue Qualität im Umgang mit statistischem Wissen?

Im letzten Abschnitt wurde die mediale Praxis einer direkten Fortführung des politischen Diskurses beschrieben. Zahlen und Argumente werden hier auf Sachlichkeit geprüft, und daraufhin nach je eigenen Wertvorstellungen entweder neu bewertet oder tatsächlich als möglichst offene und unkommentierbare Argumente im Raum gelassen. Doch es lässt sich auch ein Diskursstrang beobachten, der sich nicht mit den bisher behandelten Problematiken selbst beschäftigt, sondern der – gleichsam als Diskurs *über den Diskurs* – den *Umgang* mit den beschriebenen Problematiken thematisiert. Insbesondere drei solcher Umgangsformen stellen das Bezugsproblem dar. Diese wurden zum Teil oben schon behandelt, sollen aber hier noch einmal eigens herausgestellt werden.

Manipulationsdiskurse

Ausführlich beschrieben wurde die Allgegenwärtigkeit des Manipulationsverdachts bezüglich der statistischen Daten. Es lässt sich formulieren, dass die offizielle Arbeitslosenzahl die einzige unter vielen ist, die tatsächlich niemand für die Richtige hält. Diese wird zum rein bürokratischen Produkt, ohne empirisch eindeutige Referenz, abhängig von zahlreichen Schätzungen und Unschärfen, die zudem bewusst politisch instrumentalisiert werden. Es steht sogar der Verdacht im Raum, eine mögliche unionsgeführte Regierung wolle die Statistik punktuell ändern um dann wieder zur alten Zählweise zurückzukehren. Dieser Verdacht wird sogar insofern ernst genommen, als dass man es für angemessen hält, dies zu bestreiten (SZ, 16.8.).

Perspektivismus

Auch die Versuche, diesen Manipulationsdiskursen durch perspektivische Diskussion ihre moralische Aufgeladenheit zu nehmen, wurden oben ausführlich beschrieben. Dieser Versuch wird von den Medien zum Teil selbst übernommen, oft unterstützt durch wissenschaftliche Expertise. Doch wird eine radikale Perspektivität der Zahl in den meisten Fällen als unbefriedigend erlebt und darum nur selten durchgehalten, wenngleich der Verweis auf die generelle Abhängigkeit der entstehenden Zahl von Zählweisen nicht mehr weggelassen werden kann. „Die extremen Schwankungen [der Arbeitslosenzahl] zeigen, wie groß der Gestaltungsspielraum bei der Statistik ist", zitiert die taz einen Arbeitsforscher (3.3.). Dies kann als Kernsatz für den medialen Umgang mit Zahlen wie er oben beschrieben wurde bezeichnet werden.

Diffuse Kommunikationswege

Dieser Aspekt wurde oben nicht behandelt. Darunter zu begreifen sind all jene Praktiken, die nicht mehr nur die Aussagekraft bzw. die Relevanz der Zahlen untergraben, sondern die auch die institutionelle Einbettung der Zahl - als gesetzlich geregelte Zählweise mit festgelegten Ergebnisbekanntgaben konterkarieren. So manifestiert sich die Tatsache, dass im Januar 2005 über 5 Millionen Arbeitslose gezählt werden, nicht auf dem Amtsweg sondern in der Bild am Sonntag: „Zu Beginn des Jahres gehen die Arbeitsmarktzahlen wegen der Wintertemperaturen leider immer nach oben, meistens um rund 350.000 (‚sagte der Wirtschaftsminister der Bild am Sonntag). Das wird in diesem Jahr gewiss wieder so sein. Das heißt: Wir werden uns bei 4,8 Millionen Arbeitslosen bewegen.". Im Text heißt es dann weiter: „Durch die Zusammenlegung von Arbeitslosen- und Sozialhilfe im Zuge von Hartz IV würden nun aber mehr als 200 000 frühere Sozialhilfeempfänger mitgezählt. Damit räumte Clement erstmals indirekt ein, dass die Zahl von fünf Millionen Arbeitslosen im Januar wohl überschritten wird. In der vergangenen Woche hatte der Minister bereits vorgewarnt und ‚schreckliche Zahlen' angekündigt." (SZ, 31.1.).
Dieses Procedere des diffusen Bekanntwerdens lässt sich häufiger beobachten:

„Nach Medienberichten liegt die Zahl der Arbeitslosen im Februar bei 5,216 Millionen. Heute gibt die Bundesagentur für Arbeit die offiziellen Zahlen bekannt." (taz, 1.3.)

„Die Zahl der Arbeitslosen ist einem Bericht der Bild-Zeitung zufolge im Juli wieder leicht gestiegen. Im zu Ende gehenden Monat waren insgesamt 4,772 Millionen Menschen ohne Job, 68.000 mehr als im Juni." (FAZ, 28.7.).

„Die Zahl der Arbeitslosen in Deutschland ist im Oktober auf deutlich unter 4,6 Millionen gesunken und damit stärker als erwartet. Auf 4,556 Millionen sei die Arbeitslosenzahl laut Medienberichten zurückgegangen. (FAZ, 1.11.).

Die Zahl wird hier also bekannt durch „Medienberichte über Medienberichte". Im Fall der Arbeitslosenzahlen vom Mai hat die Bundesagentur sogar nur mehr Bestätigungsfunktion:

„In Kreisen der Bundesagentur für Arbeit (BA) wurden am Sonntag entsprechende Medienberichte ‚der Größenordnung nach' bestätigt. Die genauen Zahlen gibt die Nürnberger Behörde an diesem Dienstag bekannt." (FAZ, 30.5.).

Die BA reagiert also auf die neue Situation am Zahlenmarkt, nimmt sich wahr als Anbieter unter Anbietern, und ist gezwungen ihr gesatztes Vorgehen neuen, veränderten Bedingungen teilweise anzupassen. Die amtliche Statistik kommentiert nicht nur ihre eigenen Zahlen, sondern auch fremde, unautorisierte Zahlen „aus Medienberichten". Von der Wahrnehmung dieser drei Bezugsprobleme aus, lässt sich der angesprochene neue „Umgang mit den Umgangsformen", also ein Reflexiv-Werden des Diskurses beschreiben.

8.5.1 Statistik als Ritual

Einerseits werden nicht mehr nur die Zahlen selbst angezweifelt und in Konkurrenz zu anderen Zahlen hinterfragt, sondern es ist die Institution der Bundesagentur für Arbeit selbst, als Institution des Zählens einerseits und insbesondere als Institution der Bekanntgabe, die in Frage gestellt wird, oder zumindest kritisch wahrgenommen wird. „Es stellt sich zunehmend die Frage, wie sinnvoll es noch ist, monatlich das Ritual der Arbeitslosenzahlen zu zelebrieren. Denn der Erkenntniswert ist gering. Oder wie es Wirtschaftsforscher formulieren: Die Arbeitslosigkeit ist eine „Restgröße", die sich politisch manipulieren lässt." (taz, 29.4.). Der Erkenntniswert sinkt weiter, lässt sich anfügen, weil es zunehmend der Fall ist, dass hier nur Informationen geliefert werden, die „durch Medienberichte" ohnehin bereits bekannt sind.

Damit wird die Bekanntgabe selbst zu einem Pseudo-Ereignis stilisiert, bei dem alles wichtige bereits vorher bekannt ist. Zu den anstehenden Aprilzahlen heißt es beispielsweise in der SZ, wiederum bereits am 29. März:

„Weiterhin mehr als fünf Millionen Arbeitslose –Schlagabtausch schon vor den Zahlen: Diese Woche wird für die Bundesregierung keine gute. Die Terminvorschau ist so leer wie seit Weihnachten nicht mehr: Am Dienstag treffen die Augsburger Domsingknaben den Bundespräsidenten, am Mittwoch besucht Künasts Staatssekretär Alexander Müller einen Bauernhof, am Donnerstag tagt zum 13. Mal der Visa-Ausschuss, und am Freitag hält Herr Müller das Grußwort bei einem Tierarzt-Kongress. Das war´s – die Berliner Politik ist im Osterurlaub. Und so steht nichts auf der Agenda, was von den neuen Arbeitslosen-Zahlen ablenken könnte."

Die Bekanntgabe der Arbeitslosenzahlen hat also überhaupt nicht mehr informativen Charakter, sie bildet nur den erneuten Beginn eines erneuten „Schlagabtausches" zwischen den Parteien, von dem ebenfalls bereits bekannt ist, wie er verlaufen wird. Die taz titelt am 2.3.: „Routinierte Kommentare zur Rekordmarke – Agentur für Arbeit: Höchststand wohl erreicht, SPD für Maßnahmenpaket, CDU plädiert für Mehrarbeit, FDP: ‚Tag der Schande' ". Ähnlich die SZ am 1.4., nach gesunkener Arbeitslosenzahl: „Clement: Trendwende, Union: Zynismus". „Politik als Krawallritual" heißt es auch in einem Meinungsartikel zur politischen Auseinandersetzung generell: Diese wird „in diesem Land immer stärker nach dem Prinzip des eskalierenden Geschwätzes geführt. Wer auf einen groben Klotz nicht mindestens einen doppelt so groben Keil setzt, findet wenig Gehör. Daran sind die Medien, vor allem das Fernsehen, schuld." (SZ, 3.5.).

8.5.2 Statistik als Kunst und Spiel

Die Inszenierung des Ritualcharakters der Bekanntgabe der Arbeitslosenzahl bzw. der mediale Blick auf die Entstehungsweise der Arbeitslosenzahlen und den Umgang mit ihr operiert über eine höchst metaphernreiche und dadurch distanziert wirkende Sprechweise. Die BA wird als „träger Koloß" (FAZ, 2.2.) oder „Mammutbehörde" (FAZ, 14.3.) beschrieben, sie liefert „Zahlenwerke" (SZ, 3.2.), aus denen ab und an ein „[n]euer Nürnberger Superlativ" (taz, 5.1.) hervorgeht. Dieser wird dann „verkündigt" (SZ, 30.3.) durch BA-Chef Weise, der wiederum bereits vorab der Bekanntgabe zum „Kopf der Woche" gekürt (FAZ, 30.1.) und in der FAZ (2.2.) als „Der Fünf Millionen Mann" portraitiert wird. Komplettiert wird das Ritual vom „idealen Buhmann der Nation" Wolfgang Clement (FAZ, 2.3.), der als „Ankündigungsminister" charakterisiert wird (ebd.).

Auch die Manipulationsdiskurse bzw. der Vorwurf der „Schönfärberei" werden nochmals überspitzt präsentiert und umformuliert: „Miese Stimmung in Clements Frisiersalon" heißt es in der taz (1.2.), das Argument der Ehrlichkeit wird als „Verbrämung" charakterisiert. Das Argument der Ehrlichkeit stellt aus dieser Perspektive also gerade nicht das Zentrum statistischer Berichterstattung dar – wie es die politische Sprechweise suggeriert – sondern sie ist nur dekorative Randerscheinung des eigentlichen Inhalts. Dieser Versuch seitens der Politik, über das Argument der Ehrlichkeit Glaubwürdigkeit zu erlangen, wird durch die spöttische Beschreibung obendrein als naiv beobachtet. Weiter: „Arbeitslosenzahlen waren schon immer ein Objekt politischer Frisierkunst. Bisher allerdings wurden die Zahlen nach unten geglättet, jetzt treibt Hartz IV die Zahl nach oben.".

Wichtig ist hier, dass diese Praxis nicht als plumper und nur als verwerflich zu bezeichnender Akt der Manipulation beschrieben wird, sondern als „Kunst", die ästhetischen Zwecken dient und ein eigenes Regelwerk besitzt. Die Metapher der „Glättung" ist gerade nicht zu lesen als Akt der „Schönfärberei", der aus einer „schlimmen" Statistik eine gute macht, sondern als Akt der Herstellung von Eindeutigkeit. Die Herstellung „glatter Zahlen" sorgt für die Aussagekraft, die, wie oben beschrieben, im „Zahlenwirrwarr" (SZ, 2.3.) verlorengegangen ist und dadurch *überhaupt erst* für politische Handlungsfähigkeit.[70]

---

[70] Wobei eben auch parteipolische Eskapaden (wie sie in 8.3.2 vorgestellt wurden) als „politisches Handeln" gelten müssen.

Auch in anderen Artikeln wird an diese Wahrnehmung angeschlossen. Die „politische Frisierkunst" wird dort allerdings eingereiht als nur eine Facette des politischen „Spiels": „Das Fünf-Millionen Spiel", beschreibt die taz (24.3.). Auch die Begriffe „Strafraum" (FAZ, 4.3.), „Schachzug" (ebd.) und ähnliche Metaphern fallen hier. „Das Spiel weiterspielen" schreibt die FAZ (4.3.) zur politischen Praxis zwischen den großen Parteien: „Das Kunststück" der Opposition bestünde im konkreten Fall darin, „die Regierung nochmals mit dem ökonomischen Programm der Opposition zu konfrontieren zu dem Zeitpunkt, zu dem die Arbeitslosenzahl vorausberechenbar wegen der Wirkung des Hartz IV-Gesetzes dramatisch steigen würde. (…) Auf diesen ersten Akt ließ sich nun eine dramaturgische Steigerung setzen (…) und zwar in jenem Moment, in dem die Bühne dramatisch vom Blitz des neuen Arbeitslosenrekords erhellt war." (ebd.). Auch dies ist weit entfernt von der redundanten Sprache der „Schönfärberei" und „Manipulation", wie sie im politischen und teilweise im medialen Diskurs vorzufinden ist; hier wird eine viel größere Distanz zu den eigentlichen Fragen aufgebaut. Die Zahlen selbst bzw. die Statistik werden beschrieben als Kulisse einer „Bühne", auf der ein ganz anderes Stück aufgeführt wird, doch wird darüber nicht explizit geurteilt.[71]

8.5.3 Statistik als wertlose Praxis

Doch neben diesen ironischen Zusatzwidmungen der politischen und statistischen Praxis existieren auch Anzeichen einer Abkehr, sowohl von den beschriebenen Umgangsformen als auch von der statistischen Erfassung selbst. Diese wird erstens generiert durch die Heftigkeit und Radikalität der Debatten um die richtigen Zahlen, und zweitens dadurch, dass die bisherigen Konzepte zur Bekämpfung von Arbeitslosigkeit auf Basis statistischer Messungen nahezu wirkungslos waren; dies sowohl was kurzfristige Problemfelder (Arbeitsvermittlung), als auch was langfristige Strategien (Wirtschafts-, Bildungspolitik) betrifft. Selbst in der Politik wird die Leistungsfähigkeit der politischen Steuerung hinterfragt: „Immer mehr komme er zu der Einsicht, konstatiert einer, der durchaus etwas zu sagen hat in dieser Koalition, dass die Politik die Arbeitslosigkeit ‚nur in geringem Umfang' bekämpfen könne." (SZ, 11.3.). „Wenn sich die Politik nicht auf protektionistische Irrwege begeben will, sind ihre Einflussmöglichkeiten eher gering", zu dieser Einschätzung kommt auch ein Meinungsartikel

---

[71] Hartz IV, die Statistik und die Arbeitsmarktpolitik schaffen es im Übrigen tatsächlich ins Theater: „Tobende Dunkelziffern; Stücke über Arbeitslosigkeit und Hartz IV erobern die Bühnen" (SZ, 23.9.). Konkret: „Hartz IV- Das Musical" (Dresden), „Die Arbeitsvermittlungsrevue/Die Vollbeschäftigten" (Essen), „Angebot und Nachfrage" (Bochum), „Cafe Umberto" (Düsseldorf), „3 von 5 Millionen" (Berlin).

vom 3.5. (SZ). Vor diesem Hintergrund wirkt die Heftigkeit der Debatten um die statistische Messung umso absurder. „Zahlenspiele ohne Wert" heißt es in der SZ (30. 3.), einen Tag wiederum *vor* der Bekanntgabe der Aprilzahlen:

> „Mit großem Eifer wird Ende März wieder die Lage auf dem Arbeitsmarkt interpretiert. Steigt die Zahl der Arbeitslosen erneut um hunderttausend, beklagen die einen das Scheitern der Regierungspolitik. Sinkt die am Donnerstag zu verkündende Zahl um hunderttausend, feiern das andere als ersten Erfolg der rot-grünen Arbeitsmarktreformen. Dabei ist jedes Triumphgehabe, gleich von welcher Seite, völlig unangebracht, geradezu töricht und zynisch. Die Arbeitslosen, die Riesenmenge von mehr als fünf Millionen Jobsuchenden, sind nur Spielmaterial im politischen Gerangel. Tatsächlich kommt es auf die so heftig umstrittene Zahl gar nicht an."

Über zahlreiche pathetische Begriffe („Triumphgehabe", „großer Eifer", „beklagen", „feiern") wird die Unangemessenheit der politischen Praxis kritisiert. Die Bewegungen der Zahl, die jeweils Ursache für die genannten Bewertungen sind, werden hier erlebt als Hinweise auf Entwicklungen, die „in der Substanz wenig am Problem Massenarbeitslosigkeit ändern" (ebd.): „Steigt die Arbeitslosigkeit noch weiter, liegt dies an den Nachmeldungen aus den Kommunen, die peinlicherweise erst jetzt vollends gezählt haben, wie viele Empfänger des neuen Arbeitslosengeldes II sie haben. Sinkt die Arbeitslosigkeit, liegt dies am Wetter.". Hier wird das Prinzip der Herstellung von Verfügbarkeit von Arbeitslosigkeit durch Statistik ins Gegenteil verkehrt und gerade eine „Nicht-Verfügbarkeit" der Arbeitslosigkeit betont, die durch die statistische Beobachtung entsteht. Nicht die „Substanz" der Arbeitslosigkeit wird in den Bewegungen der Zahl sichtbar, sondern gerade das nicht-substantielle des Problems.

Doch nicht nur die politische Praxis wird gescholten, es ist explizit der „öffentliche Diskurs" der zum Teil thematisiert wird. Im Juni kommentiert die SZ die Debatten um die Arbeitslosenzahlen:

> „Auf diese Weise verkommt der öffentliche Diskurs zum Überbietungswettbewerb der Besserwisser. Eine bizarre Lust am Niedermachen dominiert. Hektisch dreht sich alles im Kreis. Vor Monaten erst wurde die Hartz-Reform hochgejubelt zum Retter des Arbeitsmarktes, ja zum Erlöser aus der Krise Deutschlands. Das war so unverantwortlich wie es heute das hemmungslose Schmähen der Reform ist." (SZ, 30.6.).

An anderer Stelle taucht die Metapher des „Spiels" wieder auf, jedoch in höchst negativer Konnotation: „Das große Arbeitslosenspiel – Was passiert eigentlich bei einem sechswöchigen Bewerbungstraining der Arbeitsagentur?", fragt die SZ (11.6.) und untersucht die Praxis der reformierten Arbeitsvermittlung. Hier wird ebenfalls die Statistik als der eigentliche Ort der Arbeitslosenpolitik erlebt:

„Eine Teilnehmerin macht eine ernüchternde Rechnung auf. Wir sind, sagt sie, sechs Wochen in einem Kurs, der inhaltlich auf maximal zehn Tage eingedampft werden könnte, weil wir bei Kursen von mindestens sechs Wochen aus der Arbeitslosenstatistik hinausfallen. Wir sind nur eine kleine Infanterie in der politischen Kriegsführung namens Statistik (…). Alle spielen das unendliche Arbeitslosenspiel, um uns geht es hier im Prinzip überhaupt nicht."

Die Rede ist explizit von „zwei Wirklichkeiten": Die eine stellt die politische Ebene der Regierung von Arbeitslosigkeit dar und wird durch Statistik abgebildet; nur die andere, zweite Wirklichkeit ist die tatsächliche Arbeitslosigkeit der Individuen, die jedoch nur noch die Kulisse bildet für „dramaturgische Steigerungen" der politischen Auseinandersetzung. Auch in der taz findet sich ein derartiger Bericht „aus den Eingeweiden der Arbeitsagentur" (29.8.). Dieser wird von einer Mitarbeiterin der Agentur verfasst, die urteilt:

„Das eigentliche Unternehmensziel [der BA] ist der Selbsterhalt der Behörde (…) Denn eigentlich macht sie primär eins: Sie macht Statistik. Ihr Auftrag ist, eine positive Statistik zu produzieren. Und so wird sie ganz automatisch zu einer Maschinerie des Betrugs und Selbstbetrugs. Mit einem riesigen Apparat an Personal, Material, Geld, Gebäuden, Kunden, Fragebögen, Akten kümmern wir uns energisch um die Verbesserung der Arbeitslosenstatistik."

Blendet man die Polemik dieser Argumentation gegen die Bundesagentur konkret aus, eröffnet sich der Blick auf die Wahrnehmung der Statistik. Diese wird dargestellt als Instrument, das vom Wirklichkeits-Abbilder zur Wirklichkeit selbst geworden ist. Dies geschieht allerdings gerade nicht aus politischem Kalkül heraus, sondern „automatisch". Die Rede von den „zwei Wirklichkeiten" wird also implizit auch hier durchgehalten, und die Arbeitslosenstatistik wird argumentativ herausgelöst aus allen Vorwürfen von Fälschung und Perspektivität, die sich auf die Wirklichkeit der Arbeitslosigkeit oder die Effektivität von Arbeitsmarktpolitik beziehen. Arbeitslosenstatistik als Praxis wird als selbstreferentielles System sichtbar, das abgekoppelt von den unterstellten Bezugsproblemen (Verhinderung oder Senkung von Arbeitslosigkeit) einen autonomen Bereich darstellt.

8.6 Der Arbeitslose

Wie in der Einleitung zu diesem Kapitel angedeutet, lag der Schwerpunkt auf der Darstellung inhaltlich neuer Aspekte des Diskurses über die Arbeitslosigkeit. Darum wurden bisher hauptsächlich die öffentliche Wahrnehmung der statistischen Neuerungen und politischen Reformen, sowie Rückwirkung derselben auf die entsprechenden Institutionen Statistik und Politik untersucht. In diesem letzten Abschnitt soll nun der Frage nachgegangen werden, ob sich hieraus Konsequenzen ergeben für die Wahrnehmung des individuellen Problems Arbeitslosigkeit bzw. für die Figur des Arbeitslosen.

Der Arbeitslose als Opfer

Die Tätersemantik verschwindet im Jahr 2005 nahezu vollends, obwohl an diese noch indirekt erinnert wird als Hauptansatzpunkt für die Hartz IV-Reform: „Es gibt kein Recht auf Faulheit" ließ der Kanzler das Land im Jahr 2001 via Bild-Zeitung wissen." (SZ, 30.8.). Selbst Experten behaupten dagegen heute: „Das Schicksal der Arbeitslosigkeit ist fast immer ein auferzwungenes Phänomen." (ebd.). Der Arbeitslose wird darum im Jahr 2005 hauptsächlich als Gegenstand bürokratischer Maßnahmen wahrgenommen. Häufig sind Berichte über das Auskommen mit Hartz IV, sowie ethnomethodischen Darstellungen des bürokratischen Alltags den der Arbeitslose zu bewältigen hat (taz, 3.1.; FAZ, 27.5.; SZ, 29.6.: 2.7.). Die Tendenz geht also auch hier dahin, dass der Arbeitslose als Figur bürokratisch erzeugt wird:

> „Ich möchte noch hervorheben, dass der typische ALG II-Empfänger, der EHB, der erwerbsfähige Hilfsbedürftige, längst nicht mehr der stark tätowierte Kunde ist, der mit der Bierflasche in der Warteschlange steht, nein, das ist die Krankenschwester, die Kindergärtnerin, die Verkäuferin, das ist der Industriekaufmann, der kleine Selbstständige. Denn es trifft vermehrt auch den Mittelstand, und zunehmend kommen auch Führungskräfte und Akademiker, die alle dem gleichen Ritual unterworfen werden." (BA-Angestellte; in taz, 29.8.).

Dieses Ritual jedoch macht aus Menschen, die ihren Arbeitsplatz verloren haben, nicht „herkömmliche Arbeitslose", sondern es erzeugt den bewusst bürokratisch beschriebenen „ALG II-Empfänger", über dessen „Typik" man nun Auskunft geben muss. Von den klassischen Semantiken des Arbeitslosen (des Täters oder der Verrohung) ist also wenn überhaupt nur noch im Rückblick die Rede. Der Arbeitslose taucht vielmehr auf als Gegenstand des „Forderns und Förderns" (so das Leitmotto der Hartz IV-Reform), wobei die Forderungen meist als drastisch und einschneidend beschrieben werden, die Förderungen dagegen als meist wenig effizient und erfolgreich (ausführlich: FAZ, 19.11.).

„Der Arbeitslose" wird allerdings auch als statistisches Phänomen weiterverhandelt. Arbeitslosigkeit ist im Jahr 2005, wie gerade angedeutet, ein Phänomen, das nicht mehr auf bestimmte Bevölkerungsteile beschränkt ist. Dies verkünden zahlreiche Artikel welche die statistischen Daten rücksetzen in lebensweltliche Kontexte. „Die Riesenmenge von 5,2 Millionen Jobsuchenden erschreckt, doch die große Zahl allein sagt noch wenig aus. Die Arbeitslosigkeit hat (...) viele Gesichter, denn sie setzt sich aus unterschiedlichen Gruppen zusammen", heißt es in der Süddeutschen Zeitung (2.3.) und es folgen detaillierte Informationen über die Arbeitslosigkeit bei älteren und jüngeren Menschen, sowie die Verteilung nach Bundesländern und Branchen.

Der Arbeitslose als Gefahr

Weit problematischer noch als die ohnehin drastischen Arbeitslosenzahlen werden die Auswirkungen des Wissens um die Gefahr der Arbeitslosigkeit betrachtet, die durch die soziale Einbettung der vielen Arbeitslosen akut wird. Hier wird die Ausstrahlung des Phänomens selbst auf nicht direkt Betroffene betont. „Die große deutsche Angst – 80% der Menschen fürchten sich vor Jobverlust" heißt es in der SZ (27.7.). Dies ist das Ergebnis einer Studie zum Thema Angst vor Arbeitslosigkeit. Grund dafür ist:

> „(...)dass jeder hierzulande von der Arbeitslosigkeit ‚eingekesselt' sei. ‚Jeder hat Bekannte, die arbeitslos sind, und erlebt, wie schwer es ist, einen neuen Job zu finden', sagt er. Zudem sei das Thema in den Medien ‚erdrückend präsent': Wer immer wieder liest, dass fast fünf Millionen Menschen keine Arbeit haben, geht in ein Bewerbungsgespräch schon hoffnungslos hinein." Auch hier erfährt der Diskurs über die Arbeitslosigkeit also eine Rückkoppelung: Durch die drastische Inszenierung der Arbeitslosigkeit, zum Beispiel im Zuge des politischen Diskurses, bei der wiederum die Statistik eine entscheidende Rolle spielt, ergeben sich negative Verstärkungseffekte auf das Phänomen Arbeitslosigkeit selbst.[72]

Die neue Gefährlichkeit des Arbeitslosen besteht also nicht hinsichtlich seiner möglichen Aggressivität, sondern sie wird stärker in der Gefahr einer Lähmung der Bevölkerung durch die „erdrückende Präsenz" seines Schicksals gesehen. Seltener sind die Verweise auf Ausländerfeindlichkeit als Begleiterscheinung von Arbeitslosigkeit. Dieser Zusammenhang wird jedoch zum Teil als Novum betrachtet: „Bei hoher Arbeitslosigkeit gedeiht offenbar der Rechtsextremismus." (taz, 24.8.).

---

[72] Hier ist oft von „(psychologisch) wichtigen Schwellen" (FAZ 31.1./15.5., SZ, 30.3.) die Rede, welche die Arbeitslosenzahl übersteigt, ohne dass jedoch je benannt würde, worin der psychologische Effekt oder die Wichtigkeit denn konkret bestünde. Hier – abseits des politischen Diskurses, wo solch eine Überlegung sofort den Verdacht der Schönfärberei erzeugen würde – kann eine Umkehr dieses Arguments wenigstens versuchsweise ausformuliert werden. Durch positive Berichterstattung, und einen Verweis auf positive Entwicklungen der Zahl können tatsächlich „reale" positive Effekte erzielt werden.

Die armen Arbeitslosen

Als letzten Punkt lässt sich noch ein Wiederaufflammen der „Alten Sozialen Frage" beobachten: „Ende eines Traums: Es gibt wieder Arme und Reiche im Land." (FAZ, 4.1.). Überhaupt rückt das Thema Arbeitslosigkeit wieder stärker an den Bereich Armut heran.[73] Diese wächst in ganz Deutschland, wofür insbesondere in Ostdeutschland „Arbeitslosigkeit die Hauptursache" ist (DIW; in SZ, 14.7.). Die Problematik der Arbeitslosigkeit wird als konstant und allgemein bekannt vorausgesetzt: „Die hohe Arbeitslosigkeit ist nicht erst seit dem Regierungsantritt Schröders das größte Übel in Deutschland. Wer von ihr betroffen ist, kann in die Armut abrutschen, physisch wie psychisch krank werden, den Lebensmut verlieren." Neu ist neben der gestiegenen Gefahr der Armut die Befürchtung einer stärkeren Selbstwahrnehmung der Arbeitslosen als Individuen: „Der Einzelne wird sich fast immer als Opfer fühlen, weil kaum einer einsehen kann, warum ausgerechnet er entlassen wird, um die Firma zu retten oder den Eigentümern höhere Gewinne zu sichern." (ebd.). Während Arbeitslosigkeit also als Bedrohung Kollektive erzeugt, wirkt der tatsächliche Eintritt von Arbeitslosigkeit individualisierend.

8.7 Zusammenfassung und Schlussfolgerungen

Im Jahr 2005 lässt sich eine erneute Akzentverschiebung in der Betrachtung des Phänomens Arbeitslosigkeit beobachten. Arbeitslosigkeit ist weniger Gegenstand von wirtschaftstheoretischer Erklärung, sondern wird einhellig als politisch erzeugtes, „hausgemachtes" Problem aufgefasst, das politisch behoben werden muss. Vor allem die Sichtweise auf Arbeitslosigkeit als Marktversagen steht hier im Mittelpunkt der Hartz IV-Reform. Sowohl an der Einsicht in die Richtigkeit dieser Reform, als auch bei ihrer Durchführung spielt die Statistik eine wichtige Rolle. Voraussetzung und Teil dieser Reformen ist eine Umdefinition zahlreicher statistischer Grenzziehungen, zum Beispiel was das Erwerbspersonenpotential und den Begriff der Arbeitslosigkeit betrifft. Im Zuge dessen wird Arbeitslosigkeit als eklatantes Messproblem wahrgenommen. Drei Reaktionsweisen auf dieses Problem lassen sich herausstellen:

Im politischen Diskurs und insbesondere im Wahlkampf wird das Messproblem als Effekt politischer Manipulation konzipiert und die Idee einer „wah-

---

[73] Auch bei diesen ebenfalls öffentlich verhandelten Armutsberichten tauchen – dies ist bemerkenswert – postwendend Fragen zur statistischen Abgrenzung von Armut und Nicht-Armut auf: FAZ, 12.1.: Wer aber ist arm? - Formale Kriterien helfen nicht bei grundlegenden Fragen sozialer Gerechtigkeit". Zweifel an Statistik als Instanz lassen sich also durchaus auch in anderen Bereichen verorten.

ren Arbeitslosigkeit" gerade durch den permanenten Vorwurf falscher Zahlen stabilisiert. Herzustellen ist die „wahre Zahl" über *ehrlichen* Gebrauch der Statistik.

Im medialen Diskurs hingegen scheitert die *sachliche* Auflösung in der Frage nach der wahren Arbeitslosenzahl insofern, als dass die Arbeitslosigkeit entweder als nicht *genau* quantifizierbar, oder als *nur perspektiven-abhängig* quantifizierbar erscheint. Die Präzision von Teilgrößen der Arbeitslosigkeit und die Sinnhaftigkeit der Gesamtzahl werden teilweise als dialektisch miteinander verknüpft vorgestellt, so dass die Frage nach der „wahren Arbeitslosenzahl" in diesem Kontext von vornherein nur noch problematische Antworten erzeugt.

Dieser Verweis auf „Perspektivität" steht dem Paradigma der „Ehrlichkeit", wie es in der Politik betont wird diametral gegenüber. Nicht die einzelnen Lösungsansätze des Messproblems, sondern deren nicht aufeinander beziehbare Koexistenz lässt sich als „Krise der Lesbarkeit" bezeichnen: Denn erstens kann der Versuch, „wahre Arbeitslosigkeit" statistisch abzubilden nur noch perspektivisch erfolgen, und zweitens wird der Anspruch auf Wahrheit nicht in jeder Perspektive mitformuliert.

Diese im Raum stehende Unauflösbarkeit dieser Diskussion, der gleichzeitig sehr scharfe und redundante Ton der politischen Auseinandersetzung, sowie die evidente Erfolglosigkeit politischer Steuerung von Arbeitslosigkeit bewirken schließlich die Entstehung eines Diskurses, der eine Umbewertung der Arbeitslosenstatistik als wichtiger und einziger Informationsquelle zur Bekämpfung von Arbeitslosigkeit vornimmt: Zusätzlich zum Auseinandertreten von Richtigkeit und Präzision als Leitgedanken *innerhalb* der Statistik wird hier das Verhältnis von Zahl und Realität generell problematisch. Die Statistik taucht im Extremfall auf als „eigentlicher Ort des Regierens", der keinen direkten Bezug zur wirklichen Problematik der Arbeitslosigkeit der Menschen unterhält. Unterschiedlich ist die Reaktion auf diese Wahrnehmung: Entweder es kommt zu einer Abkehr von der politischen und statistischen Praxis, oder zu einer ironischen und metaphernreich durchgeführten Zweitbeschreibung dieser Praxis.

Allen Diskursen gemein ist eine Problematisierung des Verhältnisses von statistischer Zahl und sozialer Wirklichkeit. Durch diese Problematisierung wird auch das Makrophänomen Arbeitslosigkeit gesellschaftlich schwerer greifbar. Dies wird noch unterstützt durch die neuen politischen Lösungsangebote für die hohe Arbeitslosigkeit in Form von Hartz IV: Diese sind stark „individualisierender" Natur. Und auch die öffentliche Wahrnehmung von Arbeitslosigkeit gründet sich wieder verstärkt auf monographische Beschreibungen des einzelnen Arbeitslosen, während soziographische Beschreibungen aus dem öffentlichen Diskurs verschwinden.

9 Ergebnisse

Die vorliegende Studie hat aus diskursanalytischer Perspektive die gesellschaftliche Auseinandersetzung mit Arbeitslosigkeit untersucht. Als Arbeitshypothese galt die Annahme, dass diese Auseinandersetzung von Beginn an durch statistisches Wissen entscheidend mitgeprägt ist. Um Art und Grad dieser Prägung nachzuvollziehen, wurde Arbeitslosigkeit als spezifisches Phänomen moderner Gesellschaft rekonstruiert. Die statistische Erfassung konnte dabei als in der Ersten Moderne wichtige und alternativlose Voraussetzung für die politische Planung und öffentliche Diskussion auf die Gebiet beschrieben werden. Voraussetzung dafür ist der Übergang von der Wahrnehmung der Zahlen zur Arbeitslosigkeit als „repräsentative Größe" (Problem der Arbeitslosen) hin zur „abhängigen Größe" (Problem der Arbeitslosigkeit): Nicht die genaue Abbildung empirischer Zustände ist Grund für den Erfolg der Institution der Arbeitslosenstatistik, sondern die Nützlichkeit des hier entstehenden Wissens über Zusammenhänge zwischen Arbeitslosigkeit und anderen Phänomenen. Von dieser Situation ausgehend wurden die empirischen Fragen dieser Studie bearbeitet: Wie funktioniert der Diskurs über Arbeitslosigkeit in Abhängigkeit des statistischen Wissens? Wie ändert sich dieser Diskurs? Lässt sich diese Veränderung als reflexivmoderner Wandel beschreiben? Die Ergebnisse der drei dazu durchgeführten Fallstudien werden im Folgenden zusammengefasst.

9.1 Zusammenfassung

1973

Im Jahr 1973 lässt sich ein sehr übersichtlicher Diskurs über Arbeitslosigkeit beschreiben, dessen zentrales Charakteristikum darin besteht, dass er den statistischen Erkenntnissen nachgelagert ist. Die monatliche Bekanntgabe der Arbeitslosenzahlen taktet und dirigiert die öffentliche Auseinandersetzung mit Arbeitslosigkeit. Zwar bedürfen auch die zunächst sehr normalen und erwartbaren Zahlenentwicklungen des Jahres 1973 einer Interpretation, doch erfolgt diese immer nach der Bekanntgabe der Zahlen und entlang sehr robuster Erklärungsmuster. Durch den Einklang von erwarteter und eingetretener Entwicklung wird glaubhaft der Anschein von Expertise erzeugt. Es gibt hier weder eine ungeklärte Varianz der Zahlen, noch einen ungeklärten Einfluss auf die Zahlen. Diese Expertise ist zudem auf einen sehr engen Kreis von Sprechern beschränkt, der Präsident der Bundesanstalt ist nahezu der einzige, der die monatlichen Zahlen kommentiert. Die Zahlen und das durch diese Zahlen verkörperte Wissen sind im Jahr 1973 institutionell unantastbar; ihr Zweck besteht in der Ausblendung jeder sozialen Problematik von Arbeitslosigkeit. Indem die Funktionstüchtigkeit von Arbeitslosenversicherung und Arbeitsvermittlung monatlich anhand der Zahlen nachgewiesen wird, verschwindet Arbeitslosigkeit als soziale Bedrohung völlig aus dem öffentlichen Diskurs. Arbeitslosigkeit bezeichnet im Jahr 1973 kein Beschäftigungsdefizit, das soziale Risiken birgt, sondern ist ein volkswirtschaftlicher Luxus, den sich eine vollbeschäftigte Gesellschaft leisten kann. Sie wird zur Versicherung gegen konjunkturelle Pathologien wie zum Beispiel Inflation, die je nach Bedarf erhöht oder gesenkt werden kann. Letztlich stellen alle Zahlen zur Arbeitslosigkeit hier *Größen* dar, deren Entwicklung zwar nicht beliebig stark, aber doch aktiv und entscheidend beeinflusst werden kann. Hier bilden Sichtbarkeit, Lesbarkeit und Verfügbarkeit von Arbeitslosigkeit durch Statistik ein sehr stabiles Gefüge, das den öffentlichen Diskurs über Arbeitslosigkeit trägt und begrenzt.

Teilweise außer Kraft gesetzt werden diese Diskursroutinen durch die Ölkrise und die sich dadurch schlagartig erhöhende Arbeitslosenzahl. Hier werden neue Deutungsleistungen notwendig, die sowohl auf alte als auch auf neue Erklärungsmuster zurückgreifen. Von Seiten der Politik und der amtlichen Statistik wird der Einfluss globaler Faktoren auf den nationalen Arbeitsmarkt zunächst marginalisiert und auch im späteren Verlauf nur sehr zögerlich anerkannt, während im medialen Diskurs hier sehr schnell auf neue global orientierte Erklärungsansätze rekurriert wird. Diese alternativen Deutungen der Entwicklung am Arbeitsmarkt verweisen jedoch eher auf generelle Zusammenhänge und basieren letztlich auf subjektiven Einschätzungen. Die Deutungshoheit über die Zahlen bleibt weiterhin bei den Zahlenproduzenten. Trotzdem tauchen hier erstmals nicht amtlich ratifizierte Schätzungen und Prognosen auf. Diese haben allerdings gerade keinen aktiven Steuerungscharakter, sondern erzeugen eine Art passive Kontrollillusion, dergestalt dass man vorher wissen möchte, wie stark die Arbeitslosigkeit im schlimmsten Fall steigt.

1982

Im Jahr 1982 zeigt sich eine deutlich komplexere Diskurslandschaft. Der amtliche Diskurs über die Zahlen läuft zwar unvermindert weiter, verliert jedoch insofern an Relevanz, als dass die Frage nach der kurzfristigen Steuerbarkeit negiert werden muss. Der Nachweis der Stagnation jeglicher Entwicklung, sowie das Ausbleiben jedes steuerbaren Einflusses kann zwar sehr genau beschrieben werden, doch erfolgt daraus gerade keine Lesbarkeit. Hier ist der Diskurs über die Arbeitslosigkeit, was die monatliche Bekanntgabe der Zahlen betrifft, weder nach- noch vorgelagert, sondern weitgehend entkoppelt. Die statistische Evidenz der Lage am Arbeitsmarkt bietet Anlass und Raum zur wirtschaftspolitischen Reflexion. Insbesondere diese wirtschaftspolitische Auseinandersetzung greift hier auf alternative Zahlen zurück: Entweder man bemüht historische Daten zur Korrelation von Arbeitslosigkeit mit Merkmalen bestimmter Wirtschaftpolitik (zum Beispiel hohe Staatsquoten), und versucht dadurch, eine entsprechend andere Wirtschaftspolitik zu forcieren; oder man versucht Einsicht in die Richtigkeit bestimmter Maßnahmen zu generieren, indem man den dadurch möglichen Abbau der Arbeitslosigkeit numerisch prognostiziert.

Während Statistik im Jahr 1982 also als Diagnoseinstrument zu gar keinen politikanleitenden Ergebnissen kommt generiert sie als Analyse- und Prognoseinstrument jedoch sehr unterschiedliches Steuerungswissen. Die aktuellen monatlichen Zahlen geraten jedenfalls, was die Informationskraft betrifft, aus dem Blickfeld des politischen Diskurses. Die Zahl wird lediglich im Wahlkampf thematisiert und als Indikator für politisches Scheitern gegen die Regierung verwendet. Die monatlichen Arbeitslosenzahlen werden jedoch Gegenstand medialer Aufbereitung, wo sie kommentiert, dramatisiert und symbolisch aufgeladen werden. Hier wird auf Infographiken und Soziographien zurückgegriffen, um die Bedeutung von Arbeitslosigkeit jenseits numerischer Abstraktheit gesellschaftlich zu verankern. Gleichwohl also Arbeitslosigkeit in statistischer Hinsicht durchaus sehr genau „sichtbar" ist, wird dadurch weder kurz- noch mittelfristig eine genauere und eindeutige Lesbarkeit erzeugt. Der Glaube an die Verfügbarkeit von Arbeitslosigkeit wird durch statistisches Wissen aus anderen Bereichen (Bevölkerungsentwicklung, Prognosen zur wirtschaftlichen Entwicklung) zudem eher geschmälert als gefördert. Die Zahl der Arbeitslosen wird im Jahr 1982 also gerade nicht als änderbar begriffen und stellt eine *Konstante* dar. Um diesen Fixpunkt herum formiert der öffentliche Diskurs sich neu.

2005

Im Jahr 2005 lässt sich eine weitere Verschiebung im Diskurs beobachten: Die monatlichen Arbeitslosenzahlen bilden hier den Kern des politischen Tagesgeschäfts, und die Zahlen selbst sowie der politische Umgang damit genießen die volle mediale Aufmerksamkeit. Hier kommt es über einen langen Zeitraum zu sehr radikal verlaufenden Manipulationsdiskursen, so dass in der Öffentlichkeit die Glaubwürdigkeit sowohl der politischen Praxis, also auch der von ihr benutzten Zahlen destabilisiert wird. Es gelingt jedoch nicht, diese Unglaubwürdigkeit statistisch oder definitorisch auszumerzen; vielmehr ist in der medialen Berichterstattung eine Diskurslinie zu beobachten, welche die Diskussion um die ungeklärte Aussagekraft der Zahlen entmoralisiert, indem die nichtwissenschaftlichen Grundlagen der wissenschaftlichen Erfassung von Arbeitslosigkeit (vor allem: Definitionsfragen) beschrieben und hinterfragt werden. Zentral ist hier, dass dieser Prozess des Hinterfragens insofern scheitert, als dass es (definitorische, methodische) Entscheidungen gibt, die weder auf rationale noch auf normativ richtige Maßstäbe zurückgeführt werden können. Dies untergräbt einerseits den politisch brisanten Diskurs über Manipulation und ehrliche Zahlen, hinterlässt aber andererseits ein tiefes Unbehagen über die scheinbar unauflösbare Kontingenz der statistischen Realität. Die Zahl der Arbeitslosen wird öffentlich erkennbar als abhängige Variable nicht nur empirischer Faktoren sondern auch definitorischer und methodischer Entscheidungen, die sich einer Letztbegründung kategorisch entziehen. Hier verschiebt sich der öffentliche Fokus vollends von den Produkten der Statistik auf die Statistik selbst.

Dadurch löst sich jedoch die ehemalige Grundstruktur des Diskurses über Arbeitslosigkeit, wie sie im Jahr 1973 zu beobachten war, nicht auf, sondern sie wird im Gegenteil radikalisiert: Die monatlichen Arbeitslosenzahlen gewinnen immens an Bedeutung, jedoch gerade nicht was die Diskussion um mögliche Strategien zur Bekämpfung von Arbeitslosigkeit betrifft. Denn die inhaltliche Diskussion der statistischen Informationen findet im Wesentlichen abseits der Bekanntgabe der Zahlen statt. Vorgelagert der Bekanntgabe der Zahlen kommt es zu medialen Inszenierungspraktiken die alles inhaltlich Relevante bereits offenlegen. Selbst die Zahlen sind schon bekannt, so dass die Bekanntgabe der Zahlen selbst zu einem rituellen Ereignis ohne informativen Charakter wird. Nachgelagert zur Bekanntgabe der Zahlen kommt es regelmäßig zu einem Zurechnungsstreit zwischen Opposition und Regierung. Die Zahlen haben hier immer nur Bestätigungsfunktion bereits vorher feststehender Argumentationslinien. Diese Argumentationslinien sind jedoch „zahlenimmun", das heißt es gibt nahezu keine numerische Entwicklung der Statistik, die eine der bestehenden Argumentationslinien widerlegen kann. Die Anzahl der Sprecher, welche die Daten interpretieren, ist stark angestiegen, so dass zu allen Zeitpunkten mannigfaltige Zahlen und Rechnungen kursieren. Darunter finden sich neben politischen Akteuren auch wissenschaftliche, mediale und private Akteure. In allen Rechnungen werden „Repräsentationsfragen" verhandelt, die jedoch je nach Perspektive unterschiedlich beantwortet und dadurch unterschiedlich „verrechnet" werden. Dies mündet darin, dass die offizielle Arbeitslosenzahl im Vergleich zu allen anderen Arbeitslosenzahlen, die im Diskurs genannt werden, tatsächlich die einzige ist, für die es keinen „guten Grund" gibt, sondern nur eine „methodische

Erklärung". Die politische Verfügbarkeit von Arbeitslosigkeit durch statistische Lesbarmachung wird hier konterkariert: Die lesbaren Entwicklungen der Zahl und das dadurch verkörperte Wissen erscheinen als irrelevant angesichts des Ausmaßes der Arbeitslosigkeit. Sichtbar wird durch Statistik vielmehr eine „Substanz des Phänomens", die jedoch als *nicht-verfügbar* erlebt wird. Die Folge ist eine teilweise demonstrative Abwendung vom Zahlendiskurs, der in diesem Kontext nicht mehr als Grundlage, sondern als Hindernis für die Bekämpfung von Arbeitslosigkeit gesehen wird. Die Frage nach der „wahren Zahl" und die Frage nach der richtigen Steuerung können durch die Statistik gleichzeitig nicht beantwortet werden. Hier wird der in erstmodernen Kontexten unproblematische Übergang von statistischer Erfassung als Instrument der Repräsentation hin zu einem Instrument der Korrelation prekär. Die Institution des amtlichen Zählens ist dadurch überlastet und gerät in der öffentlichen Wahrnehmung in die Krise. Eine alternative Reaktion besteht in einer zynischen und äußert metaphernreich gestalteten Betrachtung der statistischen Praxis, und nicht der statistischen Informationen. Diese Gleichzeitigkeit von Hin- und Abwendung gegenüber der Statistik im Gesamten stellt das eigentliche Novum des Diskurses im Jahr 2005 dar und bedarf einer differenzierten Interpretation.

Für alle Erhebungszeitpunkte lässt sich eine hohe Sensibilität des öffentlichen Diskurses gegenüber Arbeitslosigkeit ausmachen. Diese Sensibilität lässt sich sogar empirisch zeigen anhand der Entwicklung von Arbeitslosenzahl und Berichterstattung: Steigt die Zahl der Arbeitslosen, steigt die Zahl der Artikel über Arbeitslosigkeit, sowohl innerhalb als auch zwischen den Stichproben. Die Zahl der Arbeitslosen hat zu allen Erhebungszeitpunkten die größte Bedeutung, gleichwohl sie den vergleichsweise geringsten Informationsgehalt besitzt, was Interpretation und Steuerung des Phänomens Arbeitslosigkeit besitzt. Dieser Symbolcharakter bleibt auch angesichts der starken Polemik in der Auseinandersetzung mit der Statistik als Institution ungebrochen; er wird durch die Frage nach der Repräsentationskraft der Zahl eher nochmals verstärkt.

9.2 Interpretation

Inwiefern lassen sich die hier zusammengetragenen Ergebnisse als Indikatoren eines reflexiv-modernen Wandels im Umgang mit statistischem Wissen über Arbeitslosigkeit beschreiben? Die Theorie Reflexiver Modernisierung bietet für diese Beschreibung Interpretationspotential auf drei Ebenen an.

Zeitdiagnose

Sehr überzeugend scheint nach wie vor die *zeitdiagnostische* Leistung: Als Charakteristikum der öffentlichen Auseinandersetzung mit Arbeitslosigkeit können zwei Verlustwahrnehmungen bezeichnet werden: Der Diskurs im Jahr 1982 steht paradigmatisch für die Erkenntnis, dass Arbeitslosigkeit kein politisch beherrschbares (im Sinne von vermeidbares) Phänomen ist. Hier entsteht der Begriff der Sockelarbeitslosigkeit, und nicht zuletzt die Soziologie diskutiert seitdem die „Krise der Arbeitsgesellschaft".[74] Uske hat spezifische Reaktionsweisen auf diese Verlustwahrnehmung unter dem Label der „öffentlichen Entsorgung der Arbeitslosigkeit" diskutiert. Arbeitslosigkeit wird hier durch einen in statistischer Hinsicht hochkomplexen und präzisen Vertrag sozial entschärft (durch neue Erwerbsarbeitsformen, Frühverrentung etc.) – nicht aber abgebaut.

Eine zweite Verlustwahrnehmung charakterisiert den Diskurs im Jahr 2005. Hier ist es die Erkenntnis, dass Arbeitslosigkeit auch kognitiv nicht mehr ausreichend beherrscht werden kann. Das heißt, es besteht Ungewissheit darüber, ob tatsächlich sichergestellt werden kann, inwiefern alle „Klauseln" dieses Vertrags tatsächlich erfüllt sind. Der Vertrag wird, von dieser Seite her gedacht „unkündbar" und muss darum „gebrochen" werden, es kommt zu einer definitorischen, methodischen Zäsur. Nicht die Tatsache, dass man nicht genau weiß, wie viele Menschen arbeitslos sind, ist dafür verantwortlich, sondern dass deutlich wird, dass ein solches Wissen nicht in derart robuster und präziser Form vorliegen kann, wie man das lange Zeit für möglich gehalten hat. Auf das für erstmoderne Rationalitätsvorstellungen charakteristische Weber-Zitat (4.2) bezogen: Es schwindet – teilweise! – der Glaube daran, dass man Arbeitslosigkeit „im Prinzip" vermessen kann. Zumindest verabschiedet man sich davon, dass dies für „alle Dinge" in diesem Bereich gleichermaßen möglich ist. Der zeitdiagnostischen Charakterisierung der Wahrnehmung von Arbeitslosigkeit als „*lack of security*" und „*lack of certainty*" (Beck et al. 1997: 20f.) ist auf Basis der vorliegenden Studie zuzustimmen, wobei bemerkt werden muss, dass erst die zweite Verlustwahrnehmung als Kriterium für diese Studie von Bedeutung ist.

Analyse

Auf einer weiteren Ebene lässt sich der Modus dieser Entwicklung *analytisch* greifen. Handelt es sich hier um einen Meta-Wandel im Sinne der von Beck, Bonß und Lau vorgeschlagenen Kategorien (ebd. 2001: 31ff.)? Hier lassen sich mehrere Anknüpfungspunkte finden:

---

[74] So der Titel des 21. Deutschen Soziologentages in Bamberg 1982 (Matthes 1983).

Ein erster besteht darin, dass beide skizzierten Verlustwahrnehmungen Ergebnis „hergestellter Unsicherheit" sind (ebd., auch Beck et al. 1997: 9) und dass es sich dabei um *unbewusste, nicht-intendierte Nebenfolgen* von Modernisierungsprozessen handelt. Die Unschärfen am Arbeitsmarkt, wie sie im Diskurs über die „wahre Arbeitslosigkeit" im Jahr 2005 behandelt werden, sind, was die Unterscheidung von echtem und unechtem Arbeitslosen, sowie von echtem und unechtem Arbeitsplatz betrifft, in ihrem Ausmaß gerade das Ergebnis politischer Intervention in den frühen 1980er Jahren. Die im Jahr 1982 eingegangenen Risiken der „Entsorgung von Arbeitslosigkeit" (Uske) entpuppen sich im Jahr 2005 als „kognitive Konstrukte (…), deren Definition durch wissenschaftliche Experten und politische Akteure zu Legitimationsdefiziten der Institution (in diesem Fall der Statistik und der Arbeitsmarktpolitik, Anm. D.F.) führen, die mit klassischen Mitteln wissenschaftlicher Beweisführung nicht mehr zu lösen sind." (Beck et al. 2001: 33). Gerade weil bei dieser Neudefinition der Risiken die nicht-wissenschaftlichen Grundlagen der wissenschaftlichen Expertise so evident werden, wird die Statistik als Basis für die politische, wissenschaftlich angeleitete Bekämpfung von Arbeitsmarktpolitik generell hinterfragt. Plötzlich sind nicht nur die zukünftigen Entwicklungen unsicher, sondern auch die gegenwärtige Situation entgleitet dem für die Herstellung von Eindeutigkeit zuständigen statistischen Blick. Die gegenwärtige Arbeitslosigkeit ist nicht mehr durch nur eine einzige Zahl auszudrücken, sondern es kommt zu einem vielfältigen Zahlenangebot, in dem alle Berechnungen auf eigene „kognitive und institutionelle Grenzziehungen" (ebd.) zurückgreifen.

Auch die politische Reaktionsweise auf die Unschärfen am Arbeitsmarkt lässt sich aus der von Beck, Bonß und Lau vorgeschlagenen Perspektive vornehmen: Die bewusst pauschale, möglichst einfache und mit wenigen Ausnahmeregelungen ausgestattete neue Art der Erfassung des Arbeitsmarkts (Hartz IV) lässt sich als *radikalisierte Modernisierung* der Arbeitsmarktpolitik bezeichnen, denn: Einerseits wird die Definition von „arbeitslos" schärfer gefasst, anderseits wird zumindest versucht, bestehende Uneindeutigkeiten aufzulösen und neue gar nicht erst entstehen zu lassen. Die Rede ist von einem „klaren Bild" jenseits „bürokratischer Verschiebebahnhöfe". Unabhängig von der angemessenen Abbildung generell, wird dadurch zumindest in der Frage Eindeutigkeit hergestellt, welche Personen (finanzielle, bildungstechnische) Unterstützung erhalten. Mit anderen Worten: Ziel ist ein billiger und vor allem übersichtlicher und einfacher „politischer Tarif der Arbeitslosigkeit". Es handelt sich also einerseits um den Versuch einer radikalen Rationalisierung der statistischen Erfassung, gleichzeitig wird hier eine radikale Individualisierung hinsichtlich der Zurechnung von Arbeitslosigkeit betrieben.

Diese beiden Aspekte lassen sich also durchaus in die These eines *Meta-Wandels* im öffentlichen Diskurs über Arbeitslosigkeit integrieren. Interessant wäre darüber hinaus zu erforschen, inwiefern diese These sich noch weiter verstärkt, wenn man denselben Diskurs beispielsweise unter dem Aspekt des Wandels der Basisinstitution der „Erwerbsarbeit" betrachtet. Spricht man hier im Jahr 1973 noch in Kategorien der „persönlichen Erfüllung" und „Identifikation", bekommt im Jahr 2005 das Wort „Arbeitsplatz" zumindest im Diskurs über Arbeitslosigkeit große Konkurrenz durch den Begriff „Job", der wesentlich weniger symbolisch aufgeladen ist, sondern das zeitlich und inhaltlich Begrenzte bereits mitdenkt. Unter dem Begriff der „Entgrenzung von Arbeit" (zum Beispiel: Gottschall/Voss 2004) ließe sich diskutieren, inwieweit der Unsicherheit darüber, „was Arbeitslosigkeit ist", eine Unsicherheit darüber entspricht „was Arbeit ist". Zeigen lässt sich jedenfalls für das Jahr 2005 der Versuch, Arbeitslosigkeit immer noch als Kehrseite von Erwerbstätigkeit zu begreifen. Dies scheitert aber, und die Grenzziehung zwischen Arbeitslos und Nicht-Arbeitslos erfolgt nur noch kontextuell: „Im Sinne des Gesetzes" aus Perspektive der Regierung, „im Sinne der Ehrlichkeit" aus Perspektive der Opposition, „im Sinne der internationalen Vergleichbarkeit" (nach ILO-Maßstab). Auch eine Untersuchung unter dem Blickwinkel des wohlfahrtstaatlichen Wandels (wie ihn beispielsweise Castel (2005) skizziert hat) wäre dies zu diskutieren, wie auch im Hinblick auf die Versuche einer Transnationalisierung und Harmonisierung der statistischen Erfassung von Gesellschaft, zum Beispiel im Kontext der Europäisierung (dazu: Bonß/Köhler 2007: 108-110).

Reaktionsweisen

Schließlich sind auf einer dritten Ebene Vorschläge zur begrifflichen Bestimmung der Umgangsweisen mit den eben beschriebenen Ergebnissen des Wandels gemacht worden (Beck et al. 2004: 33f.). Hier ist allerdings Vorsicht geboten: Denn diese beziehen sich darauf, wie es institutionell gelingt, unter Anerkennung von Ambivalenz, Uneindeutigkeit und Widersprüchlichkeit Entscheidungen zu treffen. Doch steht diese Frage ja nur indirekt im Fokus der geleisteten Untersuchung, untersucht wurde eine wahrnehmende und diskutierende (mediale) Öffentlichkeit, die die Entscheidungsfindung selbst an gesellschaftliche Funktionssysteme delegiert hat (Politik, Recht). Die Öffentlichkeit selbst ist – mit Ausnahme der Entscheidung darüber, welche Personen und Parteien entscheiden sollen – entscheidungsentlastet.

Über den Umgang mit statistisch konstruierter Unsicherheit lassen sich für den Bereich der Politik also nur indirekt Aussagen treffen: Im Wahlkampf dominiert eher eine *reflexiv-fundamentalistische* Reaktion. Hier wird die Vielfalt der

Zahlen unter dem Verweis auf Ehrlichkeit zurückgeführt auf eine einzige, „wahre" Zahl. Diese wird zwar nie präzise benannt, doch wird die Möglichkeit einer eindeutig richtigen Zahl bindend unterstellt. Gleichzeitig lässt sich jedoch auch ein *reflexiver Dezisisionismus* beschreiben (ebd. 42): Während von den politischen Sprechern in der öffentlichen Debatte vielerlei Grenzziehungen und daraus entstehende Zahlen kommuniziert werden, bleibt die Frage nach der „Zahl der Anspruchsberechtigten", aus welcher sich dann tatsächlich finanzielle und rechtliche Konsequenzen ableiten, im öffentlichen Raum eigentlich tabu. Für die „Frage nach der Erfassung" werden vielfältige Kriterien zur Beantwortung bemüht, die „Frage nach der Anspruchsberechtigung" bleibt eindeutig beantwortbar.

Anders verhält es sich mit den Reaktionsweisen der medialen Öffentlichkeit. Auch hier zeigen sich häufig Versuche, eine einzige wahre Zahl zu nennen. Hier dominieren eher fatalistische Szenarien, die zum Teil weit über den amtlichen Zahlen liegen. Doch sind keine präzisen, eigenen Rechnungen möglich, so dass hier nur eigenmächtig „Sekundäranalysen" bestehender amtlicher und halbamtlicher Daten durchgeführt werden. Für die eigentlich bemerkenswerten Reaktionsweisen im Diskurs jedoch – einerseits die Forcierung eines radikalen Perspektivismus oder radikalen Dezisisionismus, andererseits die Entstehung unterschiedlicher Neupositionierungen gegenüber Statistik als Praxis und Zahlen als Informationen – stehen aus der Perspektive der Theorie Reflexiver Modernisierung zunächst keine adäquaten Interpretationsangebote zur Verfügung.

An dieser Stelle können postmoderne Ansätze stärker zur Geltung kommen. Auch diese beobachten eine Krise der großen Modernisierungs-Erzählungen (Lyotard 1979: „*la crise des récits*"), in diesem Fall der Erzählung einer immer besseren Sichtbarkeit, einer genaueren Lesbarkeit und dadurch schließlich einer immer besseren Beherrschbarkeit von Arbeitslosigkeit durch Verwissenschaftlichung. Weil diese Erzählung, ganz im Sinne Lyotards defizitär ist was ihre Legitimation angeht (vgl. die Definitionskämpfe im Jahr 2005), bedarf es alternativer Wissensvorräte, die dieses Legitimationsdefizit überwinden. Als Komplement dieser großen Erzählungen konzipieren postmoderne Ansätze generell „Sprachspiele" als wichtigen Zusammenhang des Sozialen. Diese sind durch eine „narrative" (nicht: „szientifische") Struktur gekennzeichnet, d.h. sie beziehen sich auf alltäglich erfahrbare Dinge wie konkrete Akteure, konkrete Interessen und konkrete Situationen anstatt auf abstrakte Logiken, Rollen etc. In unserem Fallbeispiel kann die Fokussierung auf die Personen Clement, Weise und die Oppositionspolitiker, sowie das permanente Verweisen auf „Ehrlichkeit" bzw. „Manipulation" als narratives Material bezeichnet werden, aus dem die alternativen Erzählungen schöpfen. Es ist, als brauchte man diese zweite Erzählung, um die scheinbar prekäre Krise der ersten überhaupt „auszuhalten".

Als Ursache für die Legitimationsprobleme der großen Erzählungen wird jedoch meist eine Art wissenschaftlich oder intellektuell fundierter Skepsis unterstellt. Dies kann allerdings nur für einige wenige Beispiele im Jahr 2005 nachvollzogen werden. Die im Jahr 1982 bereits auftretenden und im Jahr 2005 weit verbreiteten Formen gesellschaftlicher Verständigung über das Procedere der Arbeitslosenstatistik gehorchen jedoch eher einer Logik der Zynik oder sind Ausdruck von Verdruss. Beides jedoch entzündet sich, und hieran lässt sich die These der „Hyperrealität" von Baudrillard tatsächlich nachvollziehen, an der unfreiwillig bloßgestellten und medial noch bis ins Kleinste ausgeleuchteten Referenzlosigkeit der zirkulierenden statistischen „Zeichen" (vgl. die vielen (Teil-) Arbeitslosenzahlen, Saison- und Hartz 4-Effekte, Referenzgrößen usw.).

Gerade dieser Hyperrealität wird dann mittels kleiner Sprachspiele wiederum Rechnung getragen. So betrachtet lässt sich die ausladende Metaphorik des Diskurses über die Praxis des Zählens sogar funktional beschreiben. Man kann es dann durchaus so betrachten, dass diese höchst aufwendig und subtil gestaltete Metaphorik – „frisierte Zahlen", „Blitz der Arbeitslosenzahl", „Nürnberger Zahlenwerk", „Getöse" – nur dann legitim wird, wenn dem, was da beschrieben wird, tatsächlich nicht weniger „Realitätsgehalt" (im Sinne von wirkender Realität bzw. Funktionalität) unterstellt wird, als dem Problem Arbeitslosigkeit selbst. Das heißt: Nicht eine Abkehr von einer politisch Praxis, die man als nur plakativ und illusorisch zu entlarven meint, wird hier betrieben und inszeniert, sondern die Funktionalität des politischen Sprachspiels über die Manipulation wird anerkannt und durch mediale Präsenz unterstützt. Auch die „Zahlenspiele ohne Wert", könnte man sagen, *haben einen Wert*. Dieser These würde, erstens, auch Edelman zustimmen wenn er schreibt: „Die öffentliche Diskussion über eine Streitfrage hat die Funktion, den an der Kontroverse Beteiligten das Sichabfinden mit einem Ergebnis zu erleichtern, das von ihren Ansichten über die optimale Politik abweicht." (ebd. 1976: 105). Man könnte es dann regelrecht als politische Leistung ansehen, das angesichts von Massenarbeitslosigkeit scheinbar Unausweichliche (eine zum Teil große individuelle Härten erzeugende Reform der Arbeitsmarktpolitik) doch noch als Ergebnis einer hochkontroversen Debatte aussehen zu lassen. Dass die Beschreibung dieser Kontroverse, zweitens, stets sehr metaphorisch verläuft und man dieser durchwegs eine gewisse Naivität und Unglaubwürdigkeit unterstellt, ist seinerseits wiederum funktional: Darin nämlich, dass glaubhaft demonstriert wird, dass aus dem Bereich Politik alleine in naher Zukunft kein „*one-best-way*" zur Lösung des Problems Arbeitslosigkeit zu erwarten ist. Die metaphorische Beschreibung des politischen Sprachspiels wiederholt und unterstützt dann nur noch einmal die inhärente Logik der neuen politischen Doktrin im Kampf gegen Arbeitslosigkeit: Die gestiegene Eigenverantwortung des Individuums.

Literatur

Adorno, Theodor W. (1995): Studien zum autoritären Charakter. Suhrkamp. Frankfurt am Main 1995.

Anonymus (1931): Abreise Dr. Curtius' nach Wien. In: Berliner Tageblatt (Morgen-Ausgabe) 03.03.1931: S. 1.

Anonymus (1933): Pflichtarbeit der Arbeitslosen- u. Krisenunterstützungsempfänger. In: Aschaffenburger Zeitung 20.11.1933: S. 2.

Anonymus (2004a): Clements Frisiersalon. In: Spiegel 14.1.2004: S.1.

Anonymus (2004b): Arbeitslosenstatistik ist schöngefärbt. In: Süddeutsche Zeitung. 24. September 2004: S. 5.

Anonymus (2005): Zählen gegen den Untergang, Manager-Magazin, 1.3.2005. URL: http://www.manager-magazin.de/unternehmen/artikel/0,2828,344270,00.html

Bauchspies, Wenda/Croissant, Jennifer/Restivo, Sal: Science, Technology, and Society: A Sociological Perspective. Blackwell, Oxford 2005.

Baudrillard, Jean (1976): Der symbolische Tausch und der Tod. Matthes & Seitz. München 1982

Beck, Ulrich (1986): Risikogesellschaft. Suhrkamp. Frankfurt am Main 1986.

Beck, Ulrich (1993): Die Erfindung des Politischen. Zu einer Theorie reflexiver Modernisierung. Suhrkamp. Frankfurt am Main 1993.

Beck, Ulrich (1998): Politik der Globalisierung. Suhrkamp. Frankfurt am Main 1998.

Beck, Ulrich/Bonß, Wolfgang (1984): Soziologie und Modernisierung. Zur Ortsbestimmung der Verwendungsforschung. In: Soziale Welt, Jahrgang 35/Heft 4: S. 381-406.

Beck, Ulrich/Bonß, Wolfgang (Hrsg.)(1989): Weder Sozialtechnologie noch Aufklärung? Analysen zur Verwendung sozialwissenschaftlichen Wissens. Suhrkamp. Frankfurt am Main 1989.

Beck, Ulrich/Bonß, Wolfgang/Lau, Christoph (2001): Theorie Reflexiver Modernisierung. Fragestellungen, Hypothesen, Forschungsprogramme. In: Beck, Ulrich/Bonß, Wolfgang (Hrsg.) (2001): Die Modernisierung der Moderne. Suhrkamp. Frankfurt am Main 2001.

Beck, Ulrich/Bonß, Wolfgang/Lau, Christoph (2004):Entgrenzung erzwingt Entscheidung. In: Beck, Ulrich/Lau, Christoph (Hrsg.): Entgrenzung und Entscheidung. Suhrkamp. Frankfurt am Main 2004.

Beck, Ulrich/Giddens, Anthony/Lash, Scott (1997): Reflexive Modernisierung. Suhrkamp. Frankfurt am Main 1996.

Behmer, Markus (Hrsg.)(2005): Journalismus und Wandel. Analysedimensionen, Konzepte, Fallstudien. Verlag für Sozialwissenschaften, Wiesbaden 2005.

Bundesministerium für Bildung und Forschung (2006): Verantwortungsbewusste Wissenschaft in Europa / Science and its Publics, Konferenz am 24.06.2007 - 25.06.2007 | München. URL: http://www.bmbf.de/de/science_publics.php

Bohlender, Martin (1998): Zu einer Genealogie politischer Rationalität. In: Leviathan 26: S. 497-521.

Bollenbeck, Georg (2007): Der Bologna-Prozess und die Veränderungen in der Hochschullandschaft [Beiträge zum Symposium „Der Bologna-Prozess und die Veränderungen in der Hochschullandschaft". Synchron. Wissenschafts-Verlag: Heidelberg 2007.

Bonß, Wolfgang (1982): Die Einübung des Tatsachenblicks. Zur Struktur und Veränderung empirischer Sozialforschung. Suhrkamp. Frankfurt am Main 1982.

Bonß, Wolfgang (1985): Konstruierte Gesellschaft, rationale Deutung. In: Soziale Welt (Sonderband): Entzauberte Wissenschaft. Zur Relativität und Geltung soziologischer Forschung. Schwartz, Göttingen 1985: S. 9-48.

Bonß, Wolfgang (1999): Jenseits der Vollbeschäftigungsgesellschaft. In: Schmidt, Gert (Hrsg.): Kein Ende der Arbeitsgesellschaft. Ed. Sigma, Berlin 1999: S.145-175.

Bonß, Wolfgang (2007): Basisprämissen, Basisselbstverständlichkeiten, Basisprinzipien, Basisinstitutionen, Basisprozesse. Anmerkungen zu 10 Jahren Diskursgeschichte des SFB 536. unveröffentlichtes Manuskript, 2007.

Bonß, Wolfgang/Köhler, Benedikt (2007): Die reflexive Modernisierung des Zählens. Von der amtlichen zur post-amtlichen Statistik.. In: Westend. Neue Zeitschrift für Sozialforschung, Heft 2/2007: S.97-121.

Bourdieu, Pierre (1998): Praktische Vernunft. Zur Theorie des Handelns, Suhrkamp. Frankfurt am Main 1998.

Brecht, Bertolt (1933): Eine gute Antwort. In: ders.: Geschichten vom Herrn Keuner. Zürcher Fassung. Suhrkamp , Frankfurt am Main 2004: S.22.

Brose, Hans-Georg (Hrsg.) (2000): Die Reorganisation der Arbeitsgesellschaft. In: Die Reorganisation der Arbeitsgesellschaft. Campus, Frankfurt am Main 2000: S.9-31.

Bundestag (2004): Kleine Anfrage zur Wahrheit und Klarheit in der Arbeitsmarktstatistik, 9.3.2004, Drucksache 15/2709.

Castel, Robert (2005): Die Stärkung des Sozialen. Leben im neuen Wohlfahrtsstaat. Hamburger Edition, Hamburg 2005.

Evans Paul (1985): Money, Output and Goodhart's Law: The U.S. Experience. The Review of Economics and Statistics. Vol. 67. Nr. 1: S. 1-8.

Destatis (2007): Strategie- und Programmplan für die Jahre 2007 bis 2011. Wiesbaden 2007.

Deutsches Historisches Musem/Lebendiges Museum online (DHM/LeMO) (2007): 1918-1933 – Alltagsleben. URL: http://www.dhm.de/lemo/html/weimar/alltag/index.html

Desrosières, Alain (2005): Die Politik der großen Zahlen. eine Geschichte der statistischen Denkweise. Springer. Berlin 2005.

Durkheim, Emile (1893/1992): Über soziale Arbeitsteilung. Studie über die Organisation höherer Gesellschaften. Suhrkamp. Frankfurt am Main 1992.

Edelman, Murray (1976): Politik als Ritual. Die symbolische Funktion staatlicher Institutionen und politischen Handelns. Campus. Frankfurt am Main 1976.

Ferree, Marx M./Gamson, William (2002): Shaping abortion discourse. Cambridge University Press. UK 2002.

Fischer, Daniel (2007a): Politikberatung aus Perspektive der Verwendungsforschung. Arbeitspapier. Zugriff unter: URL: http://www.unibw.de/soziologie/forschung/wissen/statistik/download_bereich.2007-08-14.4731848234/down1/at_download

Fischer, Daniel (2007b): Versuch über die Arbeitslosenstatistik. Überlegungen im Anschluss an Michel Foucault.. (Arbeitspapier). Zugriff unter URL: http://www.unibw.de/soziologie/forschung/wissen/statistik/download_bereich.2007-08-14.3932663837/down1/at_download

Flaskämper, Paul (1928): Das Problem der ‚Gleichartigkeit' in der Statistik. In: Allgemeines Statistisches Archiv 1928: S.208-235.

Foucault, Michel (1969): Was ist eine Aussage? In: ders.: Botschaften der Macht. Der Foucault-Reader. Diskurs und Medien. Stuttgart 1999.

Foucault, Michel (1970): Die Ordnung des Diskurses. Antrittsvorlesung am College de France. Fischer. München 1991.

Foucault, Michel (1974): Was ist ein Autor? In: Michel Foucault: Dits et Écrits. Band I. Suhrkamp. Frankfurt am Main 2005. S.1003-1042.

Foucault, Michel (2004): Geschichte der Gouvernementalität Band I. Suhrkamp. Frankfurt am Main 2004.

Geigant, Friedrich (1994): Lexikon der Volkswirtschaft. Verlag Moderne Industrie: Landsberg am Lech 1994.

Giddens, Anthony (1988): Die Konstitution der Gesellschaft. Grundzüge einer Theorie der Strukturierung. Campus. Frankfurt am Main 1988.

Gottschall, Karin/Voss, Günter (2004): Entgrenzung von Arbeit und Leben. Zum Wandel der Beziehung von Erwerbstätigkeit und Privatsphäre im Alltag. Hampp: München 2004.

Habermas, Jürgen (1962): Strukturwandel der Öffentlichkeit. Suhrkamp. Frankfurt am Main 1990.

Habermas, Jürgen (1969): Technik und Wissenschaft als Ideologie. Suhrkamp. Frankfurt am Main 1969.

Habermas, Jürgen (1988): Der normative Gehalt der Moderne. In: ders.: Der philosophische Diskurs der Moderne. Suhrkamp. Frankfurt am Main 1988. S. 390-425.

Hennings, Klaus H. (1984): Ist Thatcherism angebotsorientierte Wirtschaftspolitik? - Diskussionspapier / C 71. Universität Hannover/Fachbereich Wirtschaftswissenschaften. Hannover 1984.

Hildebrand, Bruno (1866): Die wissenschaftliche Aufgabe der Statistik. In: Jahrbücher für Nationalökonomie und Statistik. Heft 6: S. 1-11.

Holz, Arno/Schlaf, Johannes (1890): Die Familie Selicke. Drama in drei Aufzügen. Issleib. Berlin 1890.

Hübner, Rainer (1994): Arbeitslosigkeit als plurale Lebensform. In: Neue Gesellschaft. Frankfurter Hefte. Heft 7/1994: S. 612-616.

Institut für Sozialforschung (2006): Die gesellschaftliche Herrschaft der Zahlen. Tagung am Institut für Sozialforschung. 16.-17. November 2006. Campus/Westend. Frankfurt am Main 2006.

Jahoda, Marie/Lazarsfeld, Paul F./Zeisel, Hans (1931): Die Arbeitslosen von Marienthal. Suhrkamp. Frankfurt am Main 1980.

Kalthoff, Herbert (2006): Zahlenwelten. Studien zur Praxis bankwirtschaftlichen Wissens. Lucius & Lucius. Stuttgart 2006.

Kalthoff, Herbert (2007): Rechnende Organisation: zur Anthropologie des Risikomanagements. In: Beckert, Jens /Diaz-Bone, Rainer/Ganßmann, Heiner (Hrsg.): Die sozialen Strukturen des Marktes. Campus. Frankfurt am Main 2007.

Katzmair, Harald (2000): Ordnungen des Zählens. Zur quantitativen Konstruktion des Sozialen (1550-1870). In: Österreichische Zeitschrift für Geschichte. Heft 11/2000: S. 34-76.

Keller, Reiner (1998): Müll. Die gesellschaftliche Konstruktion des Wertvollen. Westdeutscher Verlag. Opladen 1998.

Keller, Reiner/Hirseland, Andreas/Schneider, Werner/Viehöver, Willy (2003): Handbuch sozialwissenschaftliche Diskursanalyse. Band 1: Theorien und Methoden. Westdeutscher Verlag. Opladen 2003.

Keller, Reiner (2004): Diskursforschung. Verlag für Sozialwissenschaften. Wiesbaden 2004.

Keller, Reiner (2005): Wissenssoziologische Diskursanalyse. Verlag für Sozialwissenschaften. Wiesbaden 2005.

Korte, Hermann/Schäfers (Hrsg.) (2003): Einführung in die Hauptbegriffe der Soziologie. Wiesbaden 2003.

Krassmann Susanne/Bröckling, Ulrich/Lemke, Thomas (2000): Gouvernementalität der Gegenwart. Studien zur Ökonomisierung des Sozialen. Suhrkamp. Frankfurt am Main 2000.

Kuczynski, Jürgen (1947): Die Geschichte der Lage der Arbeiter in Deutschland von 1800 bis in der Gegenwart. Band I. Berlin 1947.

Latour, Bruno (1995): Wir sind nie modern gewesen. Versuch einer symmetrischen Anthropologie. Akademie-Verlag. Berlin 1995.

Lazarsfeld, Paul F. (1960): Vorspruch zur neuen Auflage. In: Jahoda, Marie/Lazarsfeld, Paul F./Zeisel, Hans: Die Arbeitslosen von Marienthal. Verlag für Demoskopie. Allensbach 1960: S. XI-XXVII.

Link, Jürgen (1997): Versuch über den Normalismus. Wie Normalität produziert wird. Westdeutscher Verlag. Opladen 1997.

Litz, Hans Peter (1990): Statistische Adäquation und Idealtypus. Anmerkungen zur Methodologie der Wirtschafts- und Sozialstatistik. In: Allgemeines Statistisches Archiv 1990: S. 429-456.

Luhmann, Niklas (1990): Das Moderne der modernen Gesellschaft. In: Zapf, Wolfgang (1990): Die Modernisierung moderner Gesellschaften. Verhandlungen des 25. Deutschen Soziologentages. Campus. Frankfurt am Main 1990: S.87-108.

Luhmann, Niklas (1995): Die Realität der Massenmedien. Westdeutscher Verlag. Opladen 1995.

Lyotard, Jean-Francois (1979): Das postmoderne Wissen. Ein Bericht (original: La condition postmoderne). edition passagen 1986.

Machlup, Fritz (1960): Idealtypus, Wirklichkeit und Konstruktion. In: Ordo. Jahrbuch für die Ordnung von Wirtschaft und Gesellschaft. Bd. 12: S.21-57.

Marcus, Käte (1930): Neue Arbeitsmöglichkeiten schaffen. In: Vossische Zeitung (Sonntags-Ausgabe). 02.03.1930: S. 5-6.

Marx, Karl (1867): Das Kapital. Kritik der politischen Ökonomie. Band I (Marx/Engels-Werke 23). Dietz. Berlin (DDR) 1962.

Matthes, Joachim (Hrsg.) (1983): Krise der Arbeitsgesellschaft? Verhandlungen des 21. Deutschen Soziologentages in Bamberg 1982. Campus. Frankfurt am Main 1983.

McLuhan, Marshall (1967): The Medium is the Message/Das Medium ist die Botschaft. Frankfurt am Main/Berlin/Wien 1969.

Menges, Günter (1982): Die Statistische Adäquation. In: Jahrbuch für Nationalökonomie und Statistik Band 197/4. Stuttgart 1982: S.289-307.

Münch, Richard (2002): Die „Zweite Moderne": Realität oder Fiktion? Kritische Fragen an die Theorie der „reflexiven" Modernisierung. In: Kölner Zeitschrift für Soziologie und Sozialpsychologie 54 (3), 417-443.

Niess, Frank (1982): Geschichte der Arbeitslosigkeit. Ökonomische Ursachen und politische Kämpfe. Pahl-Rugenstein. Köln 1982.

Nicolas, Maurice (1952): Wesen und Aufgabe der Statistik. Duncker & Humboldt. Berlin 1952.

Nikolow, Sybilla (2002): Die Nation als statistisches Kollektiv. Bevölkerungskonstruktionen im Kaiserreich und in der Weimarer Republik.. in: Vogel, Jakob/Jessen, Ralph (Hrsg.): Wissenschaft und Nation in der europäischen Geschichte. Campus. Frankfurt am Main 2002: S. 235-259.

Ostwald, Hans (1906): Der Landstreicher. Bard Marquardt & Co.. Berlin 1906.

Petty, Sir William (1963): Sir William Petty economical writings. New York 1963.

Poferl, Angelika (1997): Der strukturkonservative Risikodiskurs. Eine Analyse der Tschernobyl media-story in der Frankfurter Allgemeinen Zeitung.. in: Brand Karl-Werner/Eder, Klaus/Poferl, Angelika 1997: Ökologische Kommunikation in Deutschland. Opladen 1997.

Porter, Theodore M. (1995): Trust in Numbers: The Pursuit of Objectivity in Science and Public Life. Princeton University Press. Princeton 1995.

Powers, Michael (1997): The Audit Society. Oxford University Press. New York 1997.

Preston, John (2000): The worst enemy of science? Essays in memory of Paul Feyerabend. Oxford University Press. New York 2000.

Priddat, Birger P. (2002): eGovernment/eDemocracy. Eine neue Dimension der Gemeinwohlermittlung in der Politik.. In: ders. Gemeinwohl und Gemeinsinn. Rhetoriken und Perspektiven sozial-moralischer Orientierung. Akademie-Verlag. Berlin 2002: S. 289-310.

Rez, Helmut (1988): International reagonomics - From domesticist benign neglect to global active unilaterism. Institut für Weltwirtschaft. Kiel 1988.

Schäfer, Mike S. (2007): Wissenschaft in den Medien. Die Medialisierung naturwissenschaftlicher Themen. Verlag für Sozialwissenschaften. Wiesbaden 2007.

Schmahl, Hans-Jürgen (1970): Globalsteuerung der Wirtschaft. Die neue Konjunkturpolitik in der Bundesrepublik Deutschland. Weltarchiv. Hamburg 1970.

Schmidt, Gert (1999): Kein Ende der Arbeitsgesellschaft. edition sigma. Berlin 1999.

Schmidt, Daniel (2005): Statistik und Staatlichkeit. Verlag für Sozialwissenschaften. Wiesbaden 2005.

Schäfers, Bernhard/Zapf, Wolfgang (2002): Handwörterbuch zur Gesellschaft Deutschlands. Bundeszentrale für Politische Bildung. München 2002.

Schelsky, Helmut (1973): Systemüberwindung, Demokratisierung und Gewaltenteilung. Grundsatzkonflikte der Bundesrepublik. Beck. München 1973.

Schumpeter, Joseph (1912): Theorie der wirtschaftlichen Entwicklung. Duncker u. Humblot. Leipzig 1912.

Sinn, Hans-Werner (2005): Die Basarökonomie. Econ. Berlin 2005.

Statistisches Bundesamt 1954: Jahrbuch des statistischen Bundesamts. Wiesbaden 1955.

Statistisches Bundesamt 1983: Jahrbuch des statistischen Bundesamts. Wiesbaden 1984.

Statistisches Bundesamt 1993: Jahrbuch des statistischen Bundesamts. Wiesbaden 1994.

Sukopp, Thomas (2007): Anything goes? Paul K. Feyerabend als Elefant im Popperschen Porzellanladen. In: Aufklärung und Kritik. Heft 1/2007: S.124-138.

Stölzl, Christoph (1979): Die Zwanziger Jahre in München. Ausstellung im Münchner Stadtmuseum. München 1979. S.316-324.

Tucholsky, Kurt (1926): Arbeit für Arbeitslose. In: Gesamtausgabe Texte und Briefe. Band 8: Texte 1926. Rowohlt. Reinbek bei Hamburg 2004.

Uske, Hans (1995): Das Fest der Faulenzer. Die öffentliche Entsorgung der Arbeitslosigkeit. DISS. Duisburg 1995.

Vollmer, Hendrik/Mennicken Andrea (Hrsg.) (2007): Zahlenwerk. Kalkulation, Organisation und Gesellschaft. Verlag für Sozialwissenschaften. Wiesbaden 2007.

Wagner, Gert (2005): Die Macht der Zahlen. in: 360°. Fachmagazin für das Management im öffentlichen Sektor. Heft 5: S.14-15.

Walters, William (1994): The discovery of unemployment. In: Economy and Society. Heft 3/1994: S.267-290.

Weber, Max (1919): Vom inneren Beruf zur Wissenschaft. In Winkelmann, J. (Hrsg.): Max Weber: Soziologie. Weltgeschichtliche Analysen. Kroner. Stuttgart 1992.

Weingart, Peter/Winterhager, Matthias (1984): Die Vermessung der Forschung: Theorie und Praxis der Wissenschaftsindikatoren. Suhrkamp. Frankfurt am Main 1984.

Zimmermann, Benedicte (2006): Arbeitslosigkeit in Deutschland. Zur Entstehung einer sozialen Kategorie. Campus. Frankfurt 2006.

Zola, Emile (1877): Der Totschläger/(original: l'Assommoir). Dt. Übersetzung von Fritz Wohlfahrt. Baumert & Ronge. Grossenhain 1881.

Anhang

Artikelverzeichnis 1973: 133 Artikel

SZ, 17.04.: „Scheu vor dem Risiko"
SZ, 24.04.: „Weniger Arbeitslose in England"
SZ, 25.04.: „Wo die Schotten nicht geizen"
SZ, 25.04.: „Mit den Gastarbeitern wird es immer schwieriger"
SZ, 27.04.: „Konjunktur auf Stelzen"

Mai (9)
SZ, 02.05.: „Hilflos auf der Konjunkturwoge"
SZ, 02.05.: „Wenn sich die Arbeitswelt total verändert"
FAZ, 09.05.: „Zwölf Prozent mehr offene Stellen"
SZ, 09.05.: Graphik
SZ, 09.05.: „Ruhiger Aufschwung am Arbeitsmarkt"
SZ, 18.05.: „Arbeitskräfte auch in Zukunft knapp"
SZ, 26.05.: „Daten und Taten"
SZ, 26.05: „Winterbedingte Arbeitslosigkeit beseitigt"
SZ, 29.05: „Nach dem Studium stempeln gehen"

Juni (6)
SZ, 01.06.: „Friderichs verspricht harten Kurs"
SZ, 01.06.: „Bonn warnt die Wirtschaft vor Beschäftigungsrisiko"
SZ, 03.06.: „Wer hilft jungen Hilfsarbeitern?"
SZ, 07.06.: „Winterarbeitslosigkeit abgebaut"
SZ: 23.06.: „Weniger Arbeitslose in England"
SZ, 30.06.: „`Wahrheit' in der Politik"

Juli (9)
SZ, 05.07.: „Lebensqualität mit vielen Widersprüchen" 30
SZ, 06.07.: „Zurückhaltung auf dem Arbeitsmarkt"
SZ, 18.07.: „Es fehlt an Ferienjobs"
SZ, 10.07.: „Arbeitgeber attackieren Zentrale für politische Bildung"
SZ, 12.07.: „Verbraucher stecken ihre Kaufpläne zurück"
SZ, 21.07.: „Sie lindern das Los der Obdachlosen"
SZ, 22.07.: „Im Boom steckt der Rückschlag"
SZ, 24.07.: „Ifo-Institut ermittelt: Die Barometer fallen"
SZ, 30.07.: „Bundesanstalt für Arbeit finanziell „klamm"

August (4)
SZ, 06.08.: „Arbeitsvermittler ohne Chance"
SZ, 08.08.: Graphik
SZ, 08.08.: „Ruhe auf dem Arbeitsmarkt durch Ferien"
SZ, 30.08.: „Bundesanstalt für Arbeit erhöht Gastarbeitergebühr"

September (6)
SZ, 07.09.: Graphik
SZ, 07.09.: „Arbeitslosenzahl leicht gestiegen"

Dezember (25)
SZ, 01.12.: „Drastische Wirtschaftkrise in den USA befürchtet"
SZ, 03.12.: „Ende der Vollbeschäftigungsgarantie"
SZ, 06.12.: „Schwaches Wachstum – harte Verteilung"
SZ, 06.12.: Graphik: „Das Beschäftigungsrisiko"
SZ, 07.12.: Graphik
SZ, 07.12.: „Zahl der Arbeitslosen weiter gestiegen"
FAZ, 07.12.: „Der Arbeitsmarkt spürt die Konjunkturwende" 31
SZ, 08.12.: „2 Prozent Arbeitslose im Bau"
SZ, 10.12.: „Sicherung der Arbeitsplätze hat für die Regierung Vorrang"
FAZ, 13.12.: „Die Gefahr einer Stagflation"
FAZ, 13.12.: „600 000 Arbeitslose im nächsten Jahr"
SZ, 15.12.: „Mißverständnis um Arbeitslosigkeit"
SZ, 17.12: „England vor einer Wirtschaftskatastrophe"
SZ, 18.12.: „Stingl warnt: Krise nicht herbeireden"
SZ, 18.12.: „Sorge um Arbeitsplatz belastet viele Gastarbeiter"
SZ, 19.12.: „Experten-Prognose: 400 000 Arbeitslose"
FAZ, 20.12.: „`Doppelstrategie´ der Bundesregierung..."
SZ, 21.12.: „Weniger Arbeitslose in England"
SZ, 22.12.: „Wege zur Vermeidung von Arbeitslosigkeit"
SZ, 22.12.: „Arbeitnehmer werden unruhig"
SZ, 22.12.: „Bis 700 000 Arbeitslose im Januar"
SZ, 23.12.: „Weniger Arbeitslose durch Bildungsmaßnahmen und Pensionierung"
SZ, 23.12.: „Meist Ungelernte arbeitslos"
SZ, 27.12.: „Paris rechnet mit mehr Arbeitslosen"
FAZ, 29.12.: „Sorgenvoller Ausblick"

Januar 1974 (4)
SZ, 01.01.1974: „450 000 Arbeitslose" 40
FAZ, 04.01.1974: „Bald 450 000 Arbeitslose"
FAZ, 11.01.1974: „Fast 500 000 Arbeitslose"
SZ, 01.01.1974: „Gefährliche Schockwirkung"

Artikelverzeichnis 1982: 217 Artikel

Januar (44)
SZ, 02.01.: „Der verrufene Fortschritt"
SZ, 03.01.: „Prognosen, Prognosen..."
SZ, 05.01.: „Berlins Hauptproblem: Die Arbeitslosen"
FAZ, 06.01.: „Ein Blick ins nächste Jahrtausend"
SZ, 07.01.: „Alarmsignale vom Arbeitsmarkt"
FAZ, 08.01.: „Jetzt 1,7 Millionen Arbeitslose"/"Schlimme Lage"
SZ, 08.01.: „Mehr als 1,7 Millionen Arbeitslose"
SZ, 08.01.: „Höchste Arbeitslosenzahl seit Dezember 1953"
TAZ, 08.01. : Arbeitslosenzahl im Dezember: Titelseite
TAZ: 08.01.:„Die Bundesrepublik auf dem Weg zu Horrorvisionen"
TAZ, 08.01.: „Auf dem Weg zur Zwei Millionen Grenze"
TAZ, 08.01.: Arbeitslosigkeit in Frankreich: „täglich 2.500" mehr.
TAZ, 09.01.: „700 Arbeitslose werden heimatlos"
FAZ, 08.01.: „Arbeitslosigkeit besonders stark gestiegen"
FAZ, 09.01.: „Uns geht's ja noch gold"
FAZ, 09.01.: „Lage auf dem Arbeitsmarkt belebt vertagte Bonner Konflikte",
SZ, 11.01: „Die Arbeitslosigkeit nimmt in Europa noch zu"
SZ, 11.01.: „Debatte um Arbeitsbeschaffung verschärft"
TAZ, 12.01.: „Verhältnisse wie in Weimar": Zwei Millionen Grenze ist nicht mehr weit.
TAZ, 12.01.: „Ganze Kultur bedroht"
SZ, 12.01.: Thema des tages. „Mehr arbeiten"
SZ, 13.01.: Das Angebot ist vorerst noch ein Programm ohne Inhalt"
FAZ, 14.01.: „Lohnhöhe entscheidet über Arbeitsplätze"
TAZ, 15.01.: „Erfolglose Zickzack-Politik"
FAZ, 15.01.: „Was tun gegen die Arbeitslosigkeit?"
FAZ, 16.01.: „Das Recht auf dies und das Recht auf das"
FAZ, 16.01.: „Die unkritische Theorie"
TAZ, 19.01.: „Beschäftigungspolitische Initiative"
TAZ, 19.01: „Vorbild Amerika?"
SZ, 19.01.: „38 Professoren fordern ein Beschäftigungsprogramm"
SZ, 20.01.: „Farthmann: Schon mit 55 aus dem Arbeitsleben ausscheiden"
TAZ, 21.01.: „Arbeitslosigkeit in der Oberpfalz": „Man lässt unsere Gesellschaft einschlafen!
FAZ, 21.01.: „Mehr Arbeitsplätze durch Investitionslenkung"
FAZ, 22.01.: „Etwas Sichtbares"
FAZ: 22.01.: „Wenig Hilfe für Amerikas Arbeitslose"
FAZ: 22.01.: „Rechnungen und Gegenrechnungen im Bundestag um Arbeitslose".
SZ, 22.01.: „Union und Ehrenberg streiten sich über die Arbeitslosenzahl in diesem Jahr"
FAZ, 26.01.: „Schreckensstatistik" der Arbeitslosigkeit"
SZ, 26.01.: „Mehr Wachstum, aber auch mehr Arbeitslose"
FAZ, 28.01.: „Matthöfer: mit höheren Ölsteuern Arbeitsplätze finanzieren"
TAZ, 28.01: „England: 3 Mio. Arbeitslose"

TAZ, 28.01.:„ Gesundheit am Arbeitplatz"
SZ, 29.01: „Suche nach der Zukunftsformel"
TAZ, 29.01.: „ Arbeitslosigkeit in Dortmund: Lähmung statt Auflehnung
FAZ, 30.01. „Als Karl-Schiller „Liebe Genossen sagte, wurde es ganz still"

Februar (13)
FAZ, 01.02.: „Fast zwei Millionen Arbeitslose"
SZ, 01.02.: „Arbeitsplätze als Alternative zum Atomprogramm"
SZ, 01.02.: Stingls wird am Mittwoch über AL berichten"
FAZ 02.02.: „Zweifrontenkrieg gegen die Arbeitslosigkeit"
SZ, 02.02.: „Naturschützer: Eine Million Arbeitsplätze durch Umweltschutz"
SZ, 02.02.: „Suche nach der Zukunftsformel"
SZ, 03.02.: „Attacke gegen die Kaufkraft-Theorie"
SZ, 03.02.: „Tücken der Statistik":
SZ, 04.02.: „Fast zwei Millionen Arbeitslose"
FAZ, 05.02.: „Last der Arbeitslosigkeit"
SZ, 05.02.: „Leichter Rückgang der Arbeitslosigkeit"
SZ, 06.02.: „Arbeitslosigkeit, ein weltweites übel"
SZ, 06.02.: „Arbeitslosigkeit ein weltweites Übel"

März (39)
SZ, 03.03.: „Vergebliche Suche nach Auftriebskräften"
TAZ, 04.03.: „Zumutbarkeit wird streng gefasst!"
SZ, 04.03.: „ Verschärfte Regelung für Arbeitslose"
FAZ, 04.03.: „Streit um Zumutbarkeit geht weiter"
SZ, 05.03.: „Keine Wende auf dem Arbeitsmarkt in Sicht"
SZ, 05.03.: „Immer mehr Ausländer sind arbeitslos"
FAZ, 05.03.: „Stingl: Noch keine Wende am Arbeitsmarkt"
SZ, 05.03.: „Kirche setzt sich für Arbeitslose ein"
FAZ, 05.03.: Parteien über die Bekämpfung der Arbeitslosigkeit uneins":
TAZ, 05.03.: „Arbeitslose nicht weiter demütigen"
FAZ, 05.03.: Roth: Mit der Arbeitslosigkeit darf nicht polemisch umgegangen werden".
SZ, 06.03.: „Arbeitslosigkeit im Theorien-Streit"
FAZ, 06.03.: „Eine Kette von Irrtümern"
SZ, 08.03.: „London will Zügel nicht schleifen lassen"
FAZ, 08.03: „Bildung allein genügt eben nicht!"
SZ, 10.03.: „Aufschwung löst nicht alle Arbeitsmarktprobleme"
SZ, 10.03.: Schärfere Arbeitsregeln von April an"
SZ, 10.03.: „Zumutbarkeit soll nicht bürokratisch geregelt werden"
SZ, 11.03.: „Streiflicht: „Traumberuf"
FAZ, 11.03.: „Mehr Arbeit durch flexible Arbeitszeit"
SZ, 12.03.: „Am Beschäftigungsprogramm kein gutes Haar gelassen"
SZ, 14.03.: Graphik „Arbeitslosigkeit in der EG"
TAZ, 15.03.: „Leben mit der Arbeitslosigkeit"
SZ, 17.03.: Entzug des Arbeitslosengeldes möglich"

TAZ, 21.05: „Jugendarbeitslosigkeit und der gute Einfall"
FAZ, 22.05. „Mehr Investitionen – aber wie?"
SZ, 26.05.: „Vorrausschätzung für Mai: Arbeitslosenzahl sinkt unter 1,7 Millionen"
SZ, 28.05: „Schlüsselgrößen für den Arbeitsmarkt"
TAZ, 27.05 : „Arbeit und Arbeitslosigkeit im Gefängnis"
TAZ, 28.05.: „Arbeitsplatzbesitzer und andere Menschen".
SZ, 29.05.: „Wissenschaft in der Anfechtung"

Juni (1)
SZ, 03.06.: „Im Mai 1,6 Millionen Arbeitslose"

Juli (19)
TAZ, 01.07.: „230000 Jugendliche finden keine Lehrstellen"
FAZ, 02.07.: „Schillers vergebliche Warnung"
FAZ, 05.07.: „Eine Gewerkschaft von 3000 Arbeitslosen"
SZ, 06.07.: „Arbeitslosenzahl im Juni erstmals seit 4 Monaten wieder gestiegen"
SZ, 06.07.: „Bedrohliches vom Arbeitsmarkt"
FAZ, 06.07.: „Mehr Arbeitslose und weniger offene Stellen"
TAZ, 09.7.: „Gründe zur Arbeitslosigkeit"
FAZ, 09.07.: „Dem europäischen Arbeitsmarkt droht bis 1990 der Zusammenbruch"
TAZ, 16.07: „Mehr Arbeitsplätze für Frauen und Jugendliche"
FAZ, 18.07 „Unsicherheit schwelt weiter":
SZ, 18.07.: „Eine skeptische Arbeitsmarktprognose der OECD".
SZ, 19.07.: Graphik: Der Preis der Arbeitslosigkeit
SZ, 19.07.: „Warum müssen alle zur gleichen Zeit arbeiten?"
FAZ, 21.07.: „Nur noch im Kaffeesatz lesen?"
TAZ, 23.07.: Was tun mit der Arbeitslosigkeit? Arbeitslosigkeit ist Erholung!
FAZ, 24.07.: „Ohne wirtschaftspolitische Strategie"
SZ, 27.07.: „Schlechte Arbeitsmarktchancen für Ausländer"
TAZ, 29.07: „Im Winter deutlich mehr als zwei Millionen Arbeitslose".
SZ, 29.07:, „Wider den Missbrauch des Sozialen"

August (5)
SZ, 05.08.: „Düsteres aus Nürnberg"
SZ, 06.08.: „Schwacher Trost für die Zukunft"
SZ, 05.08.: „Zustrom von Schulabgängern belastet den Arbeitsmarkt"
SZ, 06.08.: Graphik: Arbeitslosigkeit in Deutschland"
SZ, 06.08.: „DGB: 3 Millionen Stellen in Gefahr"

September (26)
TAZ, 02.09.: „Arbeitslose mit halbiertem Einkommen".
TAZ, 03.09.:"Es ist schwierig Arbeitslose zu aktivieren"
SZ, 03.09.: "Blanke Not herrscht fast nirgendwo"
SZ, 03.09.: „Kein Lichtblick auf dem Arbeitsmarkt"
SZ, 04.09.: „Zahl der Arbeitslosen steigt weiter"

FAZ, 04.09.: „Trübe Aussichten für den Arbeitsmarkt"
FAZ, 07.09.: „Noch mehr Arbeitslose in Amerika"
TAZ, 09.09.: „Zur Arbeitslosigkeit"
SZ, 10.09.: „Arbeitszeitmodell für die Zukunft"
FAZ, 14.09.: „Graphik: Diskussion über die Schuldfrage"
SZ, 17.09.: „Arbeitsbeschaffung kaum teurer als Arbeitslosengeld"
FAZ, 16.09.: „Die Ausländerfeindlichkeit wächst"
FAZ, 17.09.: „Arbeitslosengeld nicht kürzen"
FAZ 17.09.: „Der Wirtschaftsminister sagt: Beschäftigung für alle, die arbeiten wollen!"
SZ, 21.09.: „Pessimistische Prognose – Hohe Arbeitslosenzahl aich für September erwartet"
FAZ, 22.09.: „Wie es dazu kam",
SZ, 23.09.: „In England wächst nur noch die Arbeitslosigkeit"
FAZ, 23.9.: „Die Bundesrepublik ist nicht Weimar"
SZ, 24.09: „Arbeitslose greifen zur Selbsthilfe"
FAZ, 25.09.: „Chronologie des Versorgungsstaats"
FAZ, 28.09.: „Von Arbeitsmarkttheorien und optimaler Besteuerung"
SZ, 28.09.: „Wissenschaft weiß wenig über Arbeitslosigkeit"
TAZ, 30.09.: „Statt Arbeitslosengeld: Weiterführung der Produktion"
TAZ, 30.09.: „Neue ökonomische Theorien? Da lacht die Wissenschaft!"
FAZ, 30.09.: „Die Arbeitslosen Schmidts und Genschers"
FAZ, 30.09.: „Vom Mythos des Sozialen":

Oktober (2)
SZ, 05.10.: „Im Winter 2,5 Millionen Menschen ohne Arbeit"
SZ, 05.10.: „Bedrückendes vom Arbeitsmarkt"

November (29)
SZ, 02.11.: „US-Firma bietet Arbeitsplätze gegen Verzicht auf Umweltschutz"
SZ, 02.11.: „Arbeitslosenkongreß in Frankfurt"
FAZ, 03.11.: „Nach Zwei Jahren Kurzarbeit droht Entlassung"
SZ, 03.11.: „Arbeitslosengeld kürzen"
SZ, 04.11. „Wohnungsbau sichert Arbeitsplätze"
SZ, 05.11.: „Fast zwei Millionen Arbeitslose im Oktober"
SZ, 05.11.: „Fatale Rekordzahlen"
TAZ, 05.11.: „Die bestprognostozierteste Krise!"
FAZ, 05.11.: „Ende Oktober hunderttausend Arbeitslose mehr"
FAZ: 05.11. „Ohne Tabus"
SZ, 05.11.: SPD setzt auf kürzere Arbeitszeit"
SZ, 06.11.: „Probleme für den Rest des Jahrhunderts"
FAZ, 08.11.: Noch mehr Arbeitslose in Amerika, Reagan bleibt hart!
SZ. 08.11.: „Die Arbeitszeit muss kein Tabus sein"
FAZ, 09.11.: „Synode berät über die Arbeitslosigkeit"
SZ, 10.11.: „Kein Rezept gegen de Arbeitslosigkeit":
SZ, 12.11.: „Arbeitszeit darf kein Tabu sein"

SZ, 12.11.: „Arbeitslosigkeit in den USA hat weltweite Folgen."
TAZ, 15.11.: „Einstieg in den Ausstieg oder wie?"
FAZ, 15.11.: „Die große Ratlosigkeit"
SZ, 15.11.: „EG sucht Ausweg aus der Arbeitslosigkeit"
FAZ, 17.11.: „30 Minister und die Arbeitslosigkeit"
FAZ, 18.11.: „Weder Keynes noch Friedman können helfen"
FAZ, 19.11.: „Rund 60 Prozent der Arbeitsplätze sind teilbar"
FAZ, 19.11.: „Wie sinnvoll war der Gang zum Zahlschalter?"
SZ, 20.11.: „Kampf gegen die Arbeitslosigkeit vorrangig"
SZ, 27.11. „Heftiger Streit um den richtigen Weg aus der Arbeitslosigkeit."
FAZ, 29.11.: Graphik: Hutzauberer!
FAZ, 29.11.: „Kohl macht Arbeitslosen Mut"
FAZ, 30.11.: „Einstellung zur Arbeitszeit wird sich ändern"

Dezember (2)
SZ, 03.12.: „Mehr als zwei Millionen Arbeitslose"
SZ, 03.12.: „Mehr als zwei Millionen"

Artikelverzeichnis 2005: 386 Artikel

Januar (50)
TAZ, 03.01.: das montagsinterview: "Hartz IV ist der richtige Weg"
TAZ, 03.01.: „brennpunkt 4 / Bloß nichts persönlich nehmen!"
FAZ, 03.01.: „Clement: Arbeitslosengeld wird pünktlich gezahlt
TAZ, 04.01.: „Mehr Joblose - doch Wirtschaft sieht Erholung"
TAZ, 04.01.: „brennpunkt 3 / IN NÜRNBERG"
FAZ, 04.01.: „Ende eines Traums: Es gibt wieder Arme und Reiche im Land
FAZ, 04.01.: „Ich-AGs, Minijobs und Ein-Euro-Jobs bessern Beschäftigtenstatistik auf
TAZ, 05.01.: „Arbeitslosenzahlen steigen auch mit Hartz"
TAZ, 05.01.: „Schnelle Belebung nicht in Sicht"
TAZ, 05.01.: „81.500 ohne Job"
TAZ, 05.01.: „Noch mehr Arbeitslose"
TAZ, 05.01.: „287.000 Berliner suchen offiziell einen Job
TAZ, 05.01.: „Arbeitslose sind billiger als erwartet"
TAZ, 05.01.: „Neuer Nürnberger Superlativ"
TAZ, 05.01.: „4,464 Millionen Menschen ohne Arbeit"
FAZ, 05.01.: „Trübe Jahresbilanz am Arbeitsmarkt"
FAZ, 05.01. „Nun die dritte Überraschung"
FAZ, 05.01.: „Verschlechterung auf dem Arbeitsmarkt"
SZ, 05.01.: „Mehr Arbeitslose im Dezember; Winterpause am Bau"
SZ, 05.01.: Höchste Arbeitslosigkeit seit Wiedervereinigung"
SZ, 07.01.: „VOR 50 JAHREN: Arbeitslosigkeit saisonbedingt gestiegen"
SZ, 10.01.: „Hartz-Reform wird viel teurer"
TAZ, 08.01.: Double Losers: Arm und gleich (IV)"
TAZ, 08.01.: „in kürze US-ARBEITSMARKT: 2,2 Millionen neue Jobs"
TAZ, 10.01.: „verboten"
FAZ, 10.01.: "Wenn du arm bist, musst du früher sterben" - Hartz IV und die Ostdeutschen
FAZ, 11.01.: „Die Außenseiter"
FAZ, 12.01.: „Wer aber ist arm?"
SZ, 15. 01.: „Geld ja, Job nein"
TAZ, 17.01.: „brennpunkt / Problem 1: Wirtschaft"
FAZ, 22.01.: „Voran auf dem rechten Pfad"
SZ, 24. 01.: „Regierung erwartet 150 000 Arbeitslose mehr"
TAZ, 24.01.: „Ausbildung muss Vorrang haben"
TAZ, 24.01.: „in kürze: WIRTSCHAFTSWACHSTUM/ Regierung optimistisch"
TAZ, 25.01.: „Arbeit ist Mangelware"
TAZ, 26.01.: „Gebären für die Wirtschaft"
FAZ, 26.01.: „Bundesagentur warnt vor Etatrisiko"
SZ, 26.01.: „Entschlossen ins Vakuum"
TAZ, 27.01.: „Der Export hat seine Schuldigkeit getan"
SZ, 27. 01.: „Die Schwächephase ist überwunden"

SZ, 27.01.: Mehr Armut in Deutschland"
SZ, 28.01.: "Fünf Millionen ohne Job"
FAZ, 28.01.: „Union bietet der Regierung einen "Pakt für Deutschland" an
FAZ, 28.01.: „Einmaleins der Arbeitsmarktforscher"
SZ, 29.01.: „Warteschleife in den Job"
FAZ, 30.01.: „KOPF DER WOCHE: BA-Chef Weise"
TAZ, 31.01.: „Wie geht es uns, Herr Küppersbusch?"
TAZ, 31.01.: in kürze ARBEITSLOSENZAHL: 5 Millionen möglich"
FAZ, 31.01.: „In Wahrheit"
FAZ, 31.01.: „Wirtschaftsminister Clement erwartet 5 Millionen Arbeitslose"
SZ, 31.01.: „Clement erwartet fünf Millionen Erwerbslose"

Februar (39)
TAZ, 01.02.: „THEMA DES TAGES: Hartz IV bewegt Berlin"
TAZ, 01.02.: „Hartz treibt die Quote hoch"
TAZ, 01.02.: „Miese Stimmung in Clements Frisiersalon"
FAZ, 01.02.: „Streit um Reform auf dem Arbeitsmarkt"
TAZ, 02.02.: „Arbeitslosenzahl steigt drastisch an"
TAZ, 02.02.: „Die Millionenzahl - Ideal zur Panikmache"
FAZ, 02.02.: „Fünf Millionen - Die Statistik zeigt das ganze Ausmaß..."
FAZ, 02.02.: „Der deutsche Arbeitsmarkt vor neuen Hiobsbotschaften"
FAZ, 02.02.: „Über den Daumen gepeilt"
FAZ, 02.02.,: „Der deutsche Arbeitsmarkt vor neuen Hiobsbotschaften: Teurer Vorruhe-
stand"
FAZ, 02.02.: „Der Fünf-Millionen-Mann"
TAZ, 03.02.: „Arbeitslosigkeit im Höhenflug"
TAZ, 03.02.: „Hartz lässt die Zahlen steigen"
TAZ, 03.02.: „Mehr Arbeitslose durch Hartz IV"
TAZ, 03.02.: „15 Prozent Arbeitslose in Bremen"
TAZ, 03.02.: „Jeder Fünfte ist offiziell ohne Job"
TAZ, 03.02.: „Kein Vergleich, keine Panik"
TAZ, 03.02.: „Fordern, nicht fördern"
TAZ, 03.02.: „brennpunkt / "Grundlegende Besserung""
TAZ, 03.02.: „brennpunkt 1 / Der Gegner ist die Realität"
TAZ, 03.02.: „kommentar: Echte Arbeitslosenzahlen kommen ans Licht"
SZ, 03.02.: „Regierung hat sich bei Hartz IV verrechnet"
SZ, 03.02.: „Wie viele Arbeitslose verträgt eine Demokratie?"
SZ, 03. 02.: Forum: Fünf Millionen Arbeitslose und kein Ende?"
SZ, 03.02.: „Die stille Reserve liegt offen"
FAZ, 03.02.: „Arbeitslosenzahl höher denn je"
FAZ, 03.02.: „Die Arbeitslosenzahlen sind so hoch wie nie - Tücken der Statistik"
SZ, 04.02.: „CSU: Koalition trägt Mitschuld am Erstarken der Neonazis"
TAZ, 04.02.: „Mehr Frauen arbeitslos"
TAZ, 05.02.: „war was?"
TAZ, 12.02.: „Ein bisschen Zukunft, bitte"

TAZ, 14.02.: „Der Aufwind trägt nicht"
SZ, 15.02. : „Global weniger Arbeitslose"
TAZ, 22.02.: „Immer mehr Kölner arbeitslos"
TAZ, 22.02.: „Tippfehler heizen Joblosen ein"
SZ, 23.02.: „Mehr Arbeitslose auch im Februar; Weise: Zahlen zeigen Realität"
SZ, 25.02: „Acht Millionen mit dem Rücken zur Wand"
SZ, 26.02.: „Clement scheitert mit seinen Plänen"

März (88)
TAZ, 01.03.: „Häufige Spezies: Arbeitslose"
TAZ, 01.03.: „Die Statistiklüge: Wer kann arbeiten? Wer will arbeiten?"
TAZ, 01.03.: „Arbeitslosigkeit auf neuem Rekordniveau"
FAZ, 01.03.: „Die Börse heute"
SZ, 01.03: „Mehr als 5,2 Millionen Arbeitslose"
TAZ, 02.03.: „Immer mehr Kölner arbeitslos"
TAZ, 02.03.: „Routinierte Kommentare zur Rekordmarke"
TAZ, 02.03.: „Hamburg wird immer arbeitsloser"
TAZ, 02.03.: „Mehr Arbeitslose an der Weser"
TAZ, 02.03.: „Unerwünschte Höhenflüge"
TAZ, 02.03.: „Faule Eltern wirken nach"
TAZ, 02.03.: „brennpunkt / Wenn der Weichzeichner wegfällt"
TAZ, 02.03.: „Kinder sind uns einen Dreck wert"
FAZ, 02.03.: „Arbeitslosigkeit - ‚Pakt für Deutschland' - Ein "unredliches" Angebot?
FAZ, 02.03.: „Arbeitslosenstatistik nähert sich weiter der Wirklichkeit an"
FAZ, 02.03.: „Arbeitslosigkeit auf Rekordhoch, Union fordert Steuerentlastungen"
FAZ, 02.03.: Mehr als fünf Millionen Arbeitslose wohl auch im März"
FAZ, 02.03.: „Der ideale Buhmann der Nation Wolfgang Clement braucht Erfolge"
SZ, 02.03.: "Katastrophaler Tag für Deutschland"; 5,2 Millionen Erwerbslose im Februar
SZ, 02.03.: „Was tun? Es gibt Rezepte gegen die Massenarbeitslosigkeit"
SZ, 02.03.: „Aktuelles Lexikon: ILO-Erwerbsstatistik"
SZ, 02.03.: „Die Deutschen scheuen neue Märkte"
SZ, 02.03.: „Das Gesicht der Arbeitslosigkeit"
SZ, 02.03.: „Großstädte sparen durch Hartz IV"
TAZ, 03.03.: „Nichts zu tun im Ruhrgebiet"
TAZ, 03.03.: „5,2 Millionen Arbeitslose - schön wärs"
TAZ, 03.03.: „Reformideen braucht das Land"
SZ, 03.03.: „Die internationale Presse beschäftigt sich mit der deutschen Arbeitslosen-
zahl"
SZ, 03.03.: „Das deutsche Leiden;"
SZ, 03.03.: „Baugewerbe im elften Krisenjahr"
SZ, 03.03.: "Falsches Wundermittel"; Konjunkturprogramme abgelehnt
FAZ, 03.03.: „Kassel bleibt Arbeitslosenhochburg;Jobangebote sind Mangelware"
FAZ, 03.03.: „Schachzug"
TAZ, 04.03.: „Offener politischer Verkehr"
TAZ, 04.03.: „die anderen über schrecken in Deutschland"

TAZ, 04.03.: „Briefroman gegen Arbeitslosigkeit"
FAZ, 04.03.: „Im Strafraum"
FAZ, 04.03.: „Das Spiel weiterspielen"
SZ, 04.03.: „Blick in die Presse: Modell Deutschland am Ende"
SZ, 04.03.: „Eine Farce unter dem Getröt der Medien"
SZ, 04.03.: In der Hitze kalt erwischt; Hartz IV, Qafco IV und die Krummdolche"
SZ, 04.03.: „SPD fällt in NRW zurück; Arbeitslosigkeit könnte Machtwechsel herbeiführen"
TAZ, 05.03.: „Nur Kunden könnens richten"
TAZ, 05.03.: „Arbeitslosenquote; in kürze EUROPÄISCHE UNION"
SZ, 05.03.: „Drama am Arbeitsmarkt"
SZ, 05.03.: „Wie gerecht finden die Deutschen ihr Gehalt?"
TAZ, 26.03.: „Kampf den Geiern!"
FAZ, 06.03.: „Magere Bilanz: Alle reden von Hartz IV."
FAZ, 08.03.: „Die SPD nervös "Es muss etwas geschehen"
TAZ, 08.03.: „Außenamt rügt Berichterstattung"
TAZ, 09.03.: „Baubranche bröckelt"
FAZ, 09.03.: „Arbeitsmarkt - Schröder kündigt Konjunkturprogramm an
SZ, 10.03.: „Blick in die Presse: Trübsal in Frankreich"
TAZ, 11.03.: „Arbeitslosigkeit macht Quote im Wahlkampf"
SZ, 11.03. : „Die Kollision der Koalition der Konfusion"
SZ, 12.03.: „Das Diktat der Wirklichkeit"
SZ, 12.03.: „SZ-Euroland-Indikator; ermittelt von der DekaBank"
TAZ, 14.03.: „Kölner Bündnis für Arbeit"
TAZ, 14.03.: „Koalition verspielt Kapital"
TAZ, 14.03.: „Statistik 1: Bürger ohne Sicherheit"
FAZ, 14.03.: „Reform ohne Rendite"
SZ, 15.03.: „EU-Kommission warnt die Bundesregierung"
SZ, 15.03.: „Es hapert beim Fördern"
SZ, 16.03.: „Köhler fordert Kraftakt aller Parteien"
SZ, 16.03.: „An die Spitze kommt man nicht im Schlafwagen"
SZ, 16.03.: „Vom Verwalter zum Gestalter"
TAZ, 17.03.: „Arbeitskreis soll Arbeit schaffen"
TAZ, 17.03.: „kein kommentar - Heute schon gescheitert?"
TAZ, 17.03.: „Vergessenes Erfolgsrezept"
FAZ, 17.03.: „1,5 Prozent Wachstum für mehr Arbeitsplätze"
SZ, 18.03.: „Macht der Konsumenten einsetzen; Vage Hoffnung auf mehr Wert "
TAZ, 19.03.: „Behinderte ausgeschlossen"
TAZ, 19.03.: „Lasst es uns probieren"
FAZ, 19.03.: „Den stotternden Motor wieder in Gang bringen"
TAZ, 22.03.: „Kostenlose Kultur für Arbeitslose"
TAZ, 22.03.: „Noch ein Institut senkt Prognose"
SZ, 22.03.: „Siemens droht mit Werksverlagerung"
TAZ, 24.03.: „Das Fünf-Millionen-Spiel"
FAZ, 27.03.: „Knapp 5,2 Millionen - Kein Frühling auf dem Arbeitsmarkt"

SZ, 29.03.: „Auf zum letzten Gefecht; SPD mobilisiert alle Kräfte"
SZ, 29.03.: „Weiterhin mehr als fünf Millionen Arbeitslose"
FAZ, 30.03.: „Arbeitsmarkt - Arbeitslosigkeit sinkt kaum"
SZ, 30.03.: „Zahlenspiele ohne Wert"
TAZ, 31.03.: „Die gefühlte Dunkelziffer"
TAZ, 31.03.: „brennpunkt/ Was wäre, wenn ..."
TAZ, 31.03.: „Arbeitslosigkeit bleibt auf Rekordniveau"
FAZ, 31.03.: „Clements neuer Vorschlag: ‚Langzeitarbeitslose in Ehrenämter'"
SZ, 31.03.: „OECD fordert aktive Familienpolitik"

April (9)
TAZ, 01.04.: „Zahlen und Daten"
TAZ, 01.04.: „Die Fünf vor dem Komma bleibt"
SZ, 01.04.: „Clement: Trendwende - Union: Zynismus"
SZ, 01.04.: „Clement verspricht Trendwende"
SZ, 02.04.: „Arbeitslosigkeit gestiegen"
SZ, 16.04.: „Der ausgebildete Kranke; Blaumachen gilt nicht mehr: Aber was bedeutet das?"
TAZ, 29.04.: „Ein-Euro-Jobben für die Statistik"
TAZ, 29.04.: „Vergesst die Arbeitslosenzahl!"
SZ, 30.04.: „Arbeitslosigkeit und Menschenwürde"

Mai (41)
FAZ, 02.05.: „Die "Heuschrecken" wehren sich"
SZ, 02.05.: „Auswanderungsland Bundesrepublik; Arbeitslosigkeit und Zukunftsangst..."
SZ, 03.05.: „Politik als Krawallritual"
SZ, 03.05.: „Arme sterben früher"
SZ, 03.05.: „Pathologischer Exportboom"
FAZ, 04.05.: „Höhere Arbeitslosigkeit"
SZ, 04.05.: „Träume enden in Hartz IV"
TAZ, 06.05.: „Arbeit für alle mit Merkel"
SZ, 06.05.: „Ein Hauch von Frühling"
SZ, 09.05.: „Arbeitsplatz und Suppenküche/ Thema des Tages"
TAZ, 10.05.: „Maßnahmen für die Statistik: ein-euro-jobs"
TAZ, 11.05.: „Schöne Schaubilder"
TAZ, 12.05.: Berlin ist fast am Ende
FAZ, 12.05.: „Mit gepackten Koffer nach Schweden"
TAZ, 13.05.: "Rot-Grün kriegt die Quittung"
TAZ, 13.05.: „Bye-bye, Zombie Nation!"
SZ, 14.05.: „Arbeitslosigkeit bei "jungen Alten" nimmt zu"
FAZ, 15.05.: „Ein-Euro-Jobs sanieren die leeren Stadtkassen"
FAZ, 15.05.: „Im Korsett veralteter Strukturen -Nordrhein-Westfalen vor der Wahl"
FAZ, 18.05.: „Wettbewerb der Krawallmacher"
TAZ, 18.05.: „Altes Eisen, graues Gold"
SZ, 19.05.: „TV-Duell nutzt Steinbrück"

SZ, 19.05.: „Alternative: Isarbrücke"
TAZ, 20.05.: "Das ist Gift für die Demokratie"
TAZ, 21.05.: „Ein-Euro-Jobs im Visier"
FAZ, 21.05.: „Wahlkampf in Nordrhein-Westfalen bis Sonntag, 17.59 Uhr"
FAZ, 28.05.: „Schönes, neues Arbeitsamt"
SZ, 23.05.: „Machtwechsel in Nordrhein-Westfalen"
FAZ, 23.05.: „Nun werden Fleischer nicht mehr zu Floristen umgeschult"
SZ, 23.05: „Nachrichten aus der Düsternis"
SZ, 23.05.: „Rentenkürzungen nur für Kinderlose"
SZ, 24.05.: „Kampf mit den fünf Millionen"
SZ, 24.05.: „Das Zitat: Guido Westerwelle"
TAZ, 24.05.: „Das Ende des Merkelismus"
TAZ, 24.05.: „Hartz IV-Reform wird immer teurer"
TAZ, 26.05.: „Im Mai stark gesunken"
SZ, 27.05.: „Bezüge an die Arbeitnehmerzahl anpassen"
FAZ, 30.05.: „4,8 Millionen Arbeitslose im Mai"
FAZ, 31.05.: „Auch die Beschäftigten zählen in der Statistik"
SZ, 31.05.: „Zahl der Arbeitslosen im Mai gesunken"

Juni (11)
TAZ, 01.06.: „auch das noch"
TAZ, 01.06.: „Arbeitslosenzahl leicht rückläufig"
TAZ, 01.06.: „Immer mehr ohne Job"
TAZ, 01.06.: „Quote gesunken"
SZ, 01.06.: „Weltweit 88 Millionen Jugendliche ohne Arbeit"
SZ, 02.06.: „Ohne klares Konzept"
SZ, 07.06: „Das Zitat: Wolfgang Clement (SPD)"
SZ, 11.06.: „Das große Arbeitslosenspiel"
SZ, 29.06.: „Entspannung am Arbeitsmarkt"
SZ, 30.06.: „Wettstreit der Besserwisser"
SZ, 30.06.: „Deutschlands Konjunktur bleibt schwach.

Juli (48)
TAZ, 01.07.: „Kölner ARGE wird durchleuchtet"
TAZ, 01.07.: „Keine Entwarnung"
TAZ, 01.07.: „Mehr Menschen mit Arbeit"
TAZ, 01.07.: „Arbeitsmarkt bleibt kritisch"
TAZ, 01.07.: „Arbeitslosenzahl sinkt - aus Saisongründen"
FAZ, 01.07.: „Arbeitslosenzahl deutlich höher als vor Jahresfrist"
FAZ, 01.07.: „Arbeitslosigkeit geht im Juni leicht zurück."
SZ, 01.07.: „Besserung, aber kein Aufschwung"
SZ, 02.07.: „Ihre Politik war Stückwerk"
SZ, 02.07.: „Blick in die Presse: Bitteres aus Nürnberg"
SZ, 02.07: „Und dann sagst du nichts mehr: Auch er war arbeitslos."
SZ, 02.07.: „Zwischen allen Stühlen"

TAZ, 29.08.: „Produktion von Parias - Bericht aus den Eingeweiden der Arbeitsagentur"
SZ, 29.08.: „Schröders Job-Bilanz"
SZ, 30.08.: „Arbeitslosigkeit macht krank"

September (45)
TAZ, 01.09.: „Agentur bleibt auf dem Teppich"
TAZ, 01.09.: „Die CDU taucht ab – Massenarbeitslosigkeit"
TAZ, 01.09.: „Zahlenspiele"
TAZ, 01.09.: „der tag / Minihausse an Jobbörse"
SZ, 01.09.: „Clement sieht Wende am Arbeitsmarkt erreicht"
FAZ, 01.09.: „Weniger Arbeitslose im August"
FAZ, 01.09.: „Leidenschaft"
FAZ, 01.09.: „Sechs Millionen"
FAZ, 01.09.: „Die Zahl der Arbeitslosen sinkt im August leicht"
TAZ, 02.09.: „Keine Arbeit? Kein Problem!"
FAZ, 02.09.: „Zahl der Arbeitslosen nach Kohl ‚dramatisch angestiegen'"
SZ, 02.09.: „Villepin will Wirtschaft beleben"
SZ, 02.09.: „Grenzen der Ehrlichkeit"
SZ, 03.09.: „Sozialdemokrat wider Willen"
TAZ, 05.09.: „irgendwo ein Zauberstab"
FAZ, 07.09.: „Plädoyer für eine Volkszählung, Staat ohne Daten"
SZ, 08.09.: „Münchner als Gastarbeiter"
SZ, 08.09.: „Eine große Koalition möchte ich mir nicht vorstellen"
FAZ, 09.09.: „Ausfuhr und Arbeitslosigkeit"
SZ, 09.09.: „'Es ist wichtig, dass ich das Ruder in der Hand behalte"
FAZ, 10.09.: „Der Zug der osteuropäischen Arbeiter ist noch nicht angekommen"
SZ, 10.09. : „Raus aus der Häkelecke!"
SZ, 12.09.: „Merkel nennt Zielmarke"
SZ, 13.09.: „Künftig bescheidener leben; Alt gegen Jung"
SZ, 14.09.: „Klarer Sieg für Rot-Grün in Norwegen"
SZ, 15.0 9. : „Arbeitsmarkt"
FAZ, 15.09.: „Hielscher: Verfälschung der Arbeitslosenstatistik"
FAZ, 17.09.: „Deutschland hat die Wahl"
FAZ, 19.09.: „Neues Spiel"
SZ, 19.09: „Auf geht's zum Regieren"
SZ, 23.09.: „Tobende Dunkelziffern"
SZ, 24.09.: „Das Erbe von Plisch und Plum; Karl Schiller und Franz Josef Strauß…"
SZ, 24.09.: „Miese Ehe, aber mit Erfolgsbilanz; Die Geschichte der Großen Koalition…"
TAZ, 29.09.: „brennpunkt 1 / Entspannung im Herbst"
TAZ, 29.09.: „Ich war's, Ich war's!- 100.000 Arbeitslose weniger"
SZ, 29.09.: „Zielgenaue Ost-Förderung"
FAZ, 29.09.: „Arbeitslosenzahl erstmals komplett"
TAZ, 30.09.: „Weniger Arbeitslose"
TAZ, 30.09.: „Der Aufschwung bleibt aus"
TAZ, 30.09.: „ARBEITSMARKT"

TAZ, 30.09.: „Richtige Jobs sind rar"
FAZ, 30.09.: „Herbstbelebung auf dem Arbeitsmarkt"
FAZ, 30.09.: „Clement stellt eine Senkung des Arbeitslosenbeitrags in Aussicht"
FAZ, 30.09.: „Herbstbelebung am Arbeitsmarkt ist kräftiger als üblich"
SZ, 30.09.: „Beitrag zur Arbeitslosenversicherung soll sinken"

Oktober (19)
TAZ, 06.10.: „Immer mehr junge Arbeitslose"
SZ, 06.10. : „Brutale Verkettung; Die elende Lage auf dem Ausbildungsmarkt..."
SZ, 10.10.: „Deutschland - besser als sein Ruf"
TAZ, 25.10.: „Vorsicht, Missbrauchsfalle"
TAZ, 26.10.: „Arbeitsagentur verzichtet auf Bundeszuschuss"
TAZ, 27.10.: „Die Parasiten wohnen anderswo"
SZ, 28.10.: „Korrekturen am Stadtbild; 20 Prozent Arbeitslose..."
SZ, 28.10.: „Wirtschaftslage gesundgebetet; Deutschland besser als sein Ruf"
SZ, 31.10.: „Ostdeutschland soll Sonderstatus verlieren;
Umbau der Wirtschaftsförderung."

November (33)
TAZ, 01.11.: „Arbeitsmarkt im Winterschlaf"
FAZ, 02.11.: „Im Oktober deutlich weniger Arbeitslose"
TAZ, 03.11.: „Stagnation auf hohem Niveau"
TAZ, 03.11.: „Fast 50.000 ohne Arbeit in Bremen"
TAZ, 03.11.: „Wenig Hoffnung auf dem Arbeitsmarkt"
FAZ, 03.11.: „Herbstbelebung am Arbeitsmarkt"
FAZ, 03.11.: „Leichter Rückgang der Arbeitslosigkeit"
FAZ, 03.11.:"Erholung auf dem Arbeitsmarkt hält im Oktober an –
4,56 Millionen arbeitslos"
FAZ, 03.11.: „Die Fünf-Millionen-Lüge"
SZ, 03.11.: „Hartz IV hilft der Statistik"
SZ, 03.11.: „Weniger Geburten, kaum Ausländer"
TAZ, 04.11.: „DER ARBEITSMARKT"
SZ, 05.11.: „Ein Versprechen ohne Wert"
FAZ, 05.11.: „Bedürftige zwischen Reichen"
SZ, 07.11.: „Jugend ohne Job"
SZ, 07.11.: „Gefährdete Leuchttürme"
SZ, 08.11.: „Angst vorm Rückfall; Behinderte fürchten den Sparkurs der neuen Koalition"
TAZ, 09.11.: „Das Soli-Barometer fällt"
SZ, 09.11.: Aufschwung bleibt schwach; Arbeitslosigkeit geht nur geringfügig zurück"
SZ, 11.11.: „Von kleinen Häuschen, Gefängnissen und glücklichen Schuhputzern"
SZ, 12.11.: „Zusätzlich beleidigt"
SZ, 15.11.: „Zu wenige Ingenieure, zu viele Ingenieure"
FAZ, 19.11.: "Wachstum wird die Arbeitsmarktprobleme nicht lösen"
FAZ, 19.11.: „Raus aus der Isolation - In Berlin geht es um die Reform von ‚Hartz IV'".
FAZ, 22.11.: „Dem Volk die Realität mitgeteilt"

SZ, 24.11.: „Magdeburger Modell;
FAZ, 25.11.: „Bundesagentur will Winterlöhne für ältere Bauarbeiter zahlen"
FAZ, 25.11.: „Arbeitslosenzahlen kommen später"
SZ, 26.11.: „Flucht aus Berlin"
FAZ, 30.11.: „Erster Unmut in der Union"

Dezember (3)
SZ, 01.12.: „Düstere Zahlen, fehlende Jobs"
SZ, 02.12.: „Zahl der Arbeitslosen sinkt überraschend"
SZ, 10.12.: „IAB-Studie warnt vor Fachkräftemangel"

VS Forschung | VS Research
Neu im Programm Soziologie

Sünne Andresen / Mechthild Koreuber /
Dorothea Lüdke (Hrsg.)
**Gender und Diversity:
Albtraum oder Traumpaar?**
Interdisziplinärer Dialog zur
„Modernisierung" von Geschlechter-
und Gleichstellungspolitik
2009. 260 S. Br. EUR 34,90
ISBN 978-3-531-15135-9

Kai Brauer / Gabriele Korge (Hrsg.)
Perspektive 50plus?
Theorie und Evaluation der
Arbeitsmarktintegration Älterer
2009. 355 S. (Alter(n) und Gesellschaft
Bd. 18) Br. EUR 49,90
ISBN 978-3-531-16355-0

Achim Bühl (Hrsg.)
**Auf dem Weg zur biomächtigen
Gesellschaft?**
Chancen und Risiken der Gentechnik
2009. 533 S. Br. EUR 59,90
ISBN 978-3-531-16191-4

Rudolf Fisch / Andrea Müller /
Dieter Beck (Hrsg.)
Veränderungen in Organisationen
Stand und Perspektiven
2008. 444 S. Br. EUR 49,90
ISBN 978-3-531-15973-7

Insa Cassens / Marc Luy /
Rembrandt Scholz (Hrsg.)
**Die Bevölkerung in Ost- und
Westdeutschland**
Demografische, gesellschaftliche und wirt-
schaftliche Entwicklungen seit der Wende
2009. 367 S. (Demografischer Wandel –
Hintergründe und Herausforderungen)
Br. EUR 39,90
ISBN 978-3-8350-7022-6

Rainer Greca / Stefan Schäfferling /
Sandra Siebenhüter
**Gefährdung Jugendlicher
durch Alkohol und Drogen?**
Eine Fallstudie zur Wirksamkeit
von Präventionsmaßnahmen
2009. 209 S. Br. EUR 29,90
ISBN 978-3-531-16063-4

Stephan Quensel
Wer raucht, der stiehlt...
Zur Interpretation quantitativer Daten
in der Jugendsoziologie.
Eine jugendkriminologische Studie
2009. 315 S. Br. EUR 39,90
ISBN 978-3-531-15971-3

Melanie Weber
Alltagsbilder des Klimawandels
Zum Klimabewusstsein in Deutschland
2008. 271 S. Br. EUR 34,90
ISBN 978-3-8350-7005-9

Erhältlich im Buchhandel oder beim Verlag.
Änderungen vorbehalten. Stand: Januar 2009.

www.vs-verlag.de

VS VERLAG FÜR SOZIALWISSENSCHAFTEN

Abraham-Lincoln-Straße 46
65189 Wiesbaden
Tel. 0611.7878-722
Fax 0611.7878-400